U0451186

中南财经政法大学青年学术文库

国外马克思主义技术批判理论

张星萍 ◎ 著

中国社会科学出版社

图书在版编目（CIP）数据

国外马克思主义技术批判理论 / 张星萍著. -- 北京：中国社会科学出版社，2025.7. --（中南财经政法大学青年学术文库）. -- ISBN 978-7-5227-4901-3

Ⅰ. A811.693

中国国家版本馆 CIP 数据核字第 2025DU6857 号

出 版 人	季为民
责任编辑	杨晓芳
责任校对	闫　萃
责任印制	张雪娇

出　　版	中国社会科学出版社
社　　址	北京鼓楼西大街甲 158 号
邮　　编	100720
网　　址	http://www.csspw.cn
发 行 部	010-84083685
门 市 部	010-84029450
经　　销	新华书店及其他书店
印　　刷	北京明恒达印务有限公司
装　　订	廊坊市广阳区广增装订厂
版　　次	2025 年 7 月第 1 版
印　　次	2025 年 7 月第 1 次印刷
开　　本	710×1000　1/16
印　　张	19.75
插　　页	2
字　　数	283 千字
定　　价	128.00 元

凡购买中国社会科学出版社图书，如有质量问题请与本社营销中心联系调换
电话：010-84083683
版权所有　侵权必究

《中南财经政法大学青年学术文库》编辑委员会

主　任　杨灿明

副主任　吴汉东　邹进文

委　员（按姓氏笔画排序）

丁士军　王雨辰　石智雷　刘　洪　李小平
余明桂　张克中　张　虎　张忠民　张金林
张　琦　张敬东　张敦力　陈池波　陈柏峰
金大卫　胡开忠　胡立君　胡弘弘　胡向阳
胡德才　费显政　钱学锋　徐涤宇　高利红
龚　强　常明明　鲁元平　雷　鸣

主　编　邹进文

目 录

第一章 导论 ……………………………………………………（1）
  一 选题背景与研究意义 ……………………………………（2）
  二 相关概念界定 ……………………………………………（6）
  三 国内外研究现状述评 ……………………………………（12）
  四 研究思路与主要内容 ……………………………………（26）
  五 创新与不足 ………………………………………………（28）

第二章 国外马克思主义技术批判理论的生成语境 ……………（31）
  第一节 科技革命与20世纪资本主义的新变化 ……………（31）
  第二节 国外马克思主义技术批判理论的思想渊源 ………（45）

第三章 国外马克思主义技术批判理论的历史演进 ……………（62）
  第一节 早期西方马克思主义对现代技术的物化批判 ……（63）
  第二节 法兰克福学派对现代技术的社会功能批判 ………（78）
  第三节 生态学马克思主义对现代技术的生态
        政治学批判 …………………………………………（94）

第四章 国外马克思主义技术批判理论的思想内核 ……………（117）
  第一节 价值维度：现代技术的价值负载及其解放旨趣 ………（118）
  第二节 政治维度：现代技术的意识形态化及其救赎方案 ……（136）

第三节 生态维度：现代技术的生态化转向及其
实现路径 ……………………………………（152）

第五章 国外马克思主义技术批判理论的当代发展 …………（172）
第一节 基于社会建构主义的技术代码批判思想 …………（173）
第二节 基于符号消费主义的媒介技术批判思想 …………（188）
第三节 基于社会加速主义的加速技术批判思想 …………（203）

第六章 国外马克思主义技术批判理论的特征与得失 …………（220）
第一节 国外马克思主义技术批判理论的基本特征 …………（221）
第二节 国外马克思主义技术批判理论的总体评价 …………（235）

第七章 国外马克思主义技术批判理论的借鉴价值 …………（257）
第一节 国外马克思主义技术批判理论的思想借鉴 …………（258）
第二节 国外马克思主义技术批判理论的现实启示 …………（275）

参考文献 ……………………………………………………（297）

后　记 ………………………………………………………（306）

第一章　导论

人类文明的每一次转型无一不是伴随着技术实践的不断深化和拓展而来的,尤其是自18世纪的工业革命以来,现代技术已然成为推动社会发展的主导性力量,对自然、人及其生活世界产生着广泛而深远的影响。对此,法国哲学家雅克·埃吕尔认为:"现代技术已经构成人类生存的整体环境背景,因此,无论经济的、社会的、政治的或思想的研究,都必然会涉及技术,这是不以任何人的主观意志为转移的。"[1] 从严格意义上来说,人类对技术的系统性反思是近代以后的事情,德国哲学家恩斯特·卡普于1877年出版的《技术哲学纲要》标志着西方技术哲学的形成,其主要包括技术无政府主义、技术乐观主义、技术恐惧主义和技术控制主义在内的四种理论传统。国外马克思主义理论家在承袭经典马克思主义社会批判路向的前提下汲取西方技术哲学思想,立足当代资本主义社会思考技术异化问题及其解决方案,从而形成了以技术合理性问题为逻辑起点、以社会批判理论为基本框架、以人的自由和解放为价值诉求的理论大厦。通过深度解读国外马克思主义技术批判理论的整体图景,不仅有助于我们全面认识马克思主义技术哲学的理论谱系,而且为我国加快建设创新型国家提供了重要的理论参照。正如习近平总书记所说:"学习研究当代世界马克思主义思潮,对我们推进马克思主

---

[1] Jacques Ellul. *The Technological Order*, Philosophy and Technology. New York: The Free Press, 1983, p. 86.

义中国化，发展 21 世纪马克思主义、当代中国马克思主义具有积极作用。"①

一 选题背景与研究意义

回顾世界各国走向现代化的历程，虽然道路不尽相同，但科技创新始终是一个国家、一个民族实现繁荣富强的重要推手和强大引擎。面对全球范围内新一轮科技革命和产业变革的深入发展，我们要把握历史规律、发挥历史主动，紧紧抓住科技创新这一牵动经济社会发展全局的牛鼻子，"深入实施科教兴国战略、人才强国战略、创新驱动发展战略"②。研究国外马克思主义的技术批判理论及其当代价值，既有利于丰富和完善马克思主义技术哲学理论谱系，又能为我们妥善处理"人—技术—社会"之间的关系提供宝贵的思想资源。

（一）选题背景

科学技术不仅作为人类改造世界的重要手段而彰显着人自身的本质力量，而且作为构造世界的必要环节塑造着人类社会的基本风貌。自20 世纪以来，科学与技术一体化发展极大地增强了人类认识和改造自然的能力，同时还加剧了对人与自然的奴役。基于技术批判的视域重新审视当代资本主义危机，并从总体上把握国外马克思主义技术理性批判的理论图景及其当代价值是十分必要的。

面对全球范围内的核战争威胁、能源短缺、生态失衡、信仰危机、文化冲突、人口膨胀等一系列关乎人类生存与发展的重大命题，人们开始反省构筑在理性和科学基础上的西方文明，对宣称"科技万能论"的理性主义和科学主义产生了严重怀疑，在 20 世纪形成了科学主义与

---

① 习近平：《习近平谈治国理政》第二卷，外文出版社 2017 年版，第 65 页。
② 习近平：《高举中国特色社会主义伟大旗帜 为全面建设社会主义现代化国家而团结奋斗——在中国共产党第二十次全国代表大会上的报告》，人民出版社 2022 年版，第 5 页。

人文主义两大文化思潮相互对峙的基本格局。从卢梭的伦理批判开始，经由马克思的政治经济学批判，到尼采、海德格尔等现代西方哲学家的存在论批判和法兰克福学派成员的意识形态批判，及至生态学马克思主义的生态政治学批判，科学技术始终是西方思想家反思现代性问题的焦点之一，对这一问题的正确回答为处在人类文明十字路口的现代人指明前行的方向。国外马克思主义技术批判理论作为技术批判主义的"家族成员"，显示不同于以往浪漫主义、人文主义、历史主义等思想流派的独特性。一方面，以卢卡奇、柯尔施、葛兰西为代表的西方马克思主义者是以反思西欧无产阶级革命失败的原因为理论诉求，技术理性作为当代资本主义的统治逻辑而必然成为其批判的对象；另一方面，马克思主义哲学和现代西方哲学构成了国外马克思主义技术批判理论的思想来源，使之在坚持马克思主义理论立场的同时融合现代西方哲学思潮而对技术进行多向度批判——从生产方式、文化意识形态、生态危机等视域专注于发达工业社会的技术批判，由此展现多元性、开放性、批判性的理论特征。要言之，国外马克思主义技术批判理论以兼容并蓄的开放精神不断地拓展着马克思主义技术哲学的理论视域，以直面现实的批判精神为技术社会中的自然、人及其自身之间关系的良性互构提供了现实的可能。但目前对国外马克思主义技术批判理论的研究更侧重于个别人物的思想阐释而缺乏整体论的视角，这不仅影响对国外马克思主义技术批判理论的全局把握与合理评价，而且在很大限度内削弱了马克思主义哲学的批判锋芒和时代精神。

根据日本科学史学家汤浅光朝的研究成果显示，近现代世界科学中心的五次转移路径大致是"意大利→英国→法国→德国→美国"，大国崛起与科技发展之间呈正相关的关系，它们正是凭借科技创新和制度创新增强国家综合实力。中国作为一个后发外生型国家，要建成社会主义现代化强国就必须重视科技的发展与创新，因为"中国要强盛、要复兴，就一定要大力发展科学技术，努力成为世界主要科学中心和创新高地。我们比历史上任何时期都更接近中华民族伟大复兴的目标，我们比历史上任何时期都更需要建设世界科技强国"①。回顾中华人民共和国成立七十多年的发展历程，中国在科技领域已经取得了一系列举世瞩目的成就，如屠呦呦团队青蒿素的发现、世界最大射电望远镜 FAST 的投入使用、光量子计算机的诞生、超级杂交水稻的培育、港珠澳大桥的建成、长征号系列运载火箭的成功发射等。但不容忽视的是，我国在向"科技强国"迈进的过程中仍存在诸多问题，主要表现为三个方面：一是科技发展的不均衡加剧了社会的两极分化，东部地区利用先天的技术优势进一步扩大与中西部的经济差距；二是功利主义价值观的侵蚀导致对工具理性的过分推崇，既造成了技术滥用以及由此引发的环境问题，又使社会处于普遍的焦虑之中；三是科技体制尚不完善导致科技资源的严重浪费，科研院所对科技成果的研究相对滞后于市场需求，使得科学知识在向技术生产转化的过程中效率较低。正因如此，中国需要在社会主义现代化建设中遭遇的现实问题亟须在理论层面上作出进一步阐释和妥善解决，作为"他山之石"的国外马克思主义技术批判理论无疑为我们提供了有益的理论借鉴。只是任何国家的现代化道路都有其特殊性，仍处在社会主义现代化进程中的中国与已经完成现代化的西方国家是不可混为一谈的。所以，我们绝不能将国外马克思主义的理论资源不加甄别地全盘接收，而应当从历史唯物主义的理论立场出发"去其糟粕，取其精华"，探索出一条适合中国国情的社会主义现代化建设道路，为加快实现高水平科技自立自强创造有利条件。

(二) 研究意义

国外马克思主义理论家立足西方发达工业社会所展开的技术批判，一方面彰显了马克思主义哲学与时俱进的理论品格，另一方面展现了国外马克思主义哲学为挣脱现代性牢笼而不懈努力的实践旨趣。所以，从

---

① 习近平：《在中国科学院第十九次院士大会、中国工程院第十四次院士大会上的讲话》，人民出版社 2018 年版，第 8 页。

历史唯物主义立场出发对国外马克思主义技术批判理论进行系统性研究具有重要的理论和现实意义。

1. 理论意义

第一，从研究内容来看，不仅进一步拓宽了马克思主义技术批判理论的视域，而且有利于中国特色马克思主义技术哲学的理论建构。目前关于马克思主义技术哲学的研究主要聚焦于马克思和恩格斯的文本解读，对作为其继承者的国外马克思主义技术思想的系统性研究较少。因此，基于历史唯物主义视角的国外马克思主义技术批判理论研究，既丰富了马克思主义技术哲学的理论内涵又拓展了它的问题域，并从中汲取的合理因素有助于推动中国马克思主义技术哲学的不断发展。

第二，从研究视角来看，以学科融合的整体论视角探究国外马克思主义技术批判理论，不仅打破了西方技术哲学与马克思主义哲学之间的学科壁垒，而且有利于推进国外马克思主义技术哲学思想的整体性研究。把"国外马克思主义技术批判理论"作为研究主题，至少涵盖了马克思主义理论谱系和西方技术哲学理论谱系的思想家关于技术问题的思考。为了澄清这一理论的历史更迭、基本内涵及其发展趋势，就要采取学科融合的整体论视角去研究这一问题。这极大地拓宽了技术哲学与马克思主义哲学各自的理论视野，还深化了对这一理论的整体性认识和全局性把握。

2. 现实意义

第一，透过国外马克思主义理论家的批判性眼光重新审视技术的合理性及其社会效应，一方面有利于在理论层面澄清技术进步与人类解放的关系问题，另一方面能够在现实层面为现代技术朝着造福于人类的方向发展提供行动指南。

第二，基于历史唯物主义立场深度开掘国外马克思主义技术批判理论的历史逻辑和理论内涵，为矫正国外马克思主义技术观的局限性提供可能的思路，同时有利于我们妥善处理技术与价值、政治、生态、消费之间的复杂关系，实现"人—社会—自然"的良性互构与协同发展。

二 相关概念界定

国外马克思主义技术批判理论研究，顾名思义，就是关于国外马克思主义理论家对技术问题所作的批判性反思的研究。其中涉及"国外马克思主义"和"技术批判"两个关键性的概念，前者作为研究的主要论域内在地规定了展开技术批判的逻辑边界，后者作为研究的主要对象明确地指向了国外马克思主义哲学研究的对象。正因如此，对上述概念内涵与外延的廓清是探讨国外马克思主义技术批判理论的必要前提。

（一）"国外马克思主义"的定义

自1982年徐崇温先生首次引进"西方马克思主义"的概念至今，中国的国外马克思主义研究已走过四十多年的发展历程，并成为马克思主义哲学研究中思想最为活跃的领域之一。随着中国学术界实现从西方马克思主义研究到国外马克思主义研究的范式转换，当代中国马克思主义研究的重心逐渐转移到对20世纪70年代以后的西方马克思主义新流派、新思潮的追踪。为此，国内学者一般从概念的界定入手澄清国外马克思主义理论的研究对象、基本问题、发展阶段、阐释路径、方法论原则等，从而进一步推动国外马克思主义理论研究的深化和拓展。

关于国外马克思主义的概念，国内学者一般认为它是与西方马克思主义既相互联系又相互区别的一对概念，强调前者是一个相较于西方马克思主义而言更为宽泛的地域性概念。通常来说，西方马克思主义指的是20世纪20年代以来的西欧共产党内一批知识分子，为探索适合于西方社会主义革命道路而形成的一股不同于"正统马克思主义"的理论思潮。学术界对于西方马克思主义的概念使用有狭义和广义之分：狭义上是指20世纪20—60年代从卢卡奇到阿尔都塞的西欧马克思主义理论（也称为"经典西方马克思主义"）；广义上是指从经典西方马克思主义逐渐拓展到70年代的分析学、生态学和女权主义的马克思主义理论。① 国外马克思主义则是指除了中国以外的各种马克思主义理论，主要涵盖了西方马克思主义、东欧新马克思主义、西方"马克思学"、后马克思主义和晚期马克思主义五大领域。相较西方马克思主义，国外马克思主义理论边界的向外"漂移"，甚至将具有"后学"特征的后现代马克思主义、后马克思思潮以及各种激进左翼思潮也纳入其中，就此而言，国外马克思主义显然不是一种统一的、同质性的理论思潮，而是一场兴起于20世纪20年代的多线索多形态的、内容庞杂的理论运动，尤其是在1968年学生运动之后呈现更为多元化的发展趋势。

那么，究竟在何种意义上使用"国外马克思主义"这一概念呢？国外马克思主义理论从来不是一个统一的思潮，但它作为马克思主义家族的成员而必然与之具有"家族相似"，因其在不同程度上坚守经典马克思主义的理论内核，同时还汲取了存在主义、人本主义、弗洛伊德主义、生态主义等西方社会思潮以回应当代资本主义的发展困境。事实上，维特根斯坦的"家族相似"理论为我们提供了一种避免概念的混乱、清除形而上学的幻象、摧毁符号体系和心理学的神话之综观的方法。② 所以，本书在综合国内外相关研究的同时借用维特根斯坦"家族相似"概念指出，国外马克思主义是一个处在经典西方马克思主义理论延长线上的、与之具有共同理论基因的广义范畴，又因它在不同程度上承袭了早期西方马克思主义的"批判性"传统③而具有反对资本

---

① 王雨辰：《中国语境中的西方马克思主义哲学研究》，湖北长江出版集团、湖北人民出版社2010年版，第94—104页。

② 李红：《对维特根斯坦"家族相似"概念的澄清》，《哲学研究》2004年第3期。

③ 王雨辰：《西方马克思主义的学术传统与问题逻辑》，《中国社会科学》2010年第5期。

主义制度和实现人类解放的价值诉求,既克服了"思想僵化"又避免了"立场丧失"。如果回顾从卢卡奇到阿尔都塞的经典西方马克思主义,就不难发现这一时期的理论探索奠定了整个国外马克思主义的理论基调,主要体现在三个方面:(1)从本质内涵上看,它不仅仅是一个地域性的概念,更是一个意识形态的概念,指自十月革命以来的西方进步知识分子"与马克思一道超越马克思"以探寻适合西方革命道路的一般理论思潮和社会政治思潮;(2)从理论性质上看,它在"总体上"坚持了马克思主义的基本立场,同时也结合了各种西方社会思潮来阐释、补充或重建马克思主义,因而呈现"一源多流"的发展趋势;(3)从理论旨趣上看,它由"理论体系"的建构转向"现实问题"的实践,从卢卡奇到法兰克福学派再到生态学马克思主义,都是为了找到挣脱当代资本主义社会总体统治的革命道路。就其内涵而言,国外马克思主义是指20世纪20年代以来的西方知识分子从"总体上"继承马克思主义的"批判性"传统,旨在探索一条适合西方社会民主革命道路的社会思潮。这就是说,国外马克思主义是以对正统马克思主义哲学的理论反思与对当代资本主义社会的激进批判为"问题意识"和"典型特征"的。作为一个"开放的集合",在它的内部各流派之间及其发展的不同阶段都存在一定的逻辑差异,据此将国外马克思主义的理论边界划定在下述范围,即以卢卡奇、科尔施、葛兰西为代表的早期西方马克思主义理论,以霍克海默、马尔库塞、哈贝马斯为代表的法兰克福学派,以莱斯、阿格尔、福斯特为代表的生态学马克思主义,以芬伯格、维利里奥、斯蒂格勒、齐泽克、奈格里等为代表的当代激进左翼思潮。

(二)"技术"的释义

科学(science)和技术(technology)是一对联系紧密的范畴,人们在日常生活中通常把二者统称为"科学技术",这实际上是科学与技术高度一体化的结果。回溯西方哲学的理论传统不难发现,科学与技术分别源自理性主义和功利主义①，二者在追求目的、研究对象、思维方式、构成要素、评价标准、遵循规范等诸多方面表现不同的特征，倘若把它们等同起来不仅会造成思想上的混乱而且会带来实践上的偏差。由于国外马克思主义理论家更多地谈论现代技术及其社会功能，这里仅对"技术"的含义进行澄清。尽管国内外学者从不同的视角出发对技术的概念进行了相关界定，但是我们在此并不打算给出一个精确而完备的定义。这主要是因为"技术"作为一个历史性范畴，是处在一个不断变化、发展的动态过程之中，而对于历史性的东西我们也只能给出历史性的阐释。

众所周知，人类借助技术手段而与自然打交道的实践过程，在拓展其生存空间的同时丰富着他们的精神世界，技术日益成为社会的基础性力量并不断地推动着人类社会的发展。毫不夸张地说，有了人类就有了技术的萌芽，技术的历史同人类的历史一样久远，"一部技术发展史也就是一部人类文明史"。从词源学上看，中国古代的"技术"一词是由"技"和"术"构成的，前者泛指技艺、才能、本领，后者指一切能使目的实现者皆可称为术，包括方法、手段、策略、知识、计谋、权术等。就此而言，技术至少包含三层意思：一是与个人自身经验相关的能力和本领，二是一般意义上的知识、方法和策略，三是作为职业分工的工匠代称。② 西方世界的技术（technology）一词是希腊文"techne"（工艺、技能）与"logos"（言辞、逻各斯）的组合，泛指某种与自然（phusis）相区别的人类活动，尤指某种具体的技能或工艺（通常是论辩、修辞的技巧）。古希腊语境中的技术往往是与科学、艺术等同起来加以使用的，亚里士多德把事物及其生成过程分为自然之物和技术制品两大类，以对极的方式阐明了技术是作为"制作活动"而完成自然所

---

① 笛卡儿提出的"我思故我在"命题代表了古典的理性主义传统，表明了一种"为求知而求知"的学术价值取向；培根提出的"知识就是力量"口号则代表了功利主义传统，通过科学与技术的结合而征服和改造自然以达到"服务于人类"的目的。

② 吴国盛：《技术释义》，《哲学动态》2010年第4期。

不能实现的事物之本质。直至 17 世纪，法国思想家狄德罗在其编纂的《百科全书》（1751—1772）中才第一次对技术进行了比较明晰的阐释，认为"技术是为了完成特定目标而协调动作的方法、手段和规则相结合的体系"①。著名马克思主义哲学家康斯坦丁诺夫主编的《苏联哲学百科全书》（1970）从发生学角度界定技术，他明确指出："技术一词源于希腊文τέχνη——技能、技艺、能力，是社会活动的工具和技能的系统。经过一定历史过程而发展着的劳动技能、技巧、经验和知识，是认识和利用自然力及其规律的手段。"② 国内学者大多赞同上述"总和说"和"劳动手段说"的观点，主张从狭义上把技术看作人类为满足自身生存和发展的需要而运用的包括物质装置、劳动工具和操作性知识在内的一切物质手段，这种观点更倾向于技术哲学的工程学传统。③

如果说自文艺复兴以降的近代工业技术阶段仍是以工匠的经验型技术为主，那么到了 19 世纪中叶以后的现代技术阶段则是以技术专家或工程师的科学型技术为主。之所以作出如此论断，是由于科学技术化与技术科学化的双向作用使现代技术呈现科学与技术的一体化发展趋势，尤其是在第二次技术革命之后，科学逐渐走到了技术的前面并引导技术的进步，一方面科学知识被越来越广泛地应用于生产实践而促进技术的发展，如电磁理论催生了电动机、电灯、电报、电话等技术的发明；另一方面越来越职业化的工程师以科学知识和科学方法为指导来研究技术问题，由此建立起相对独立的技术科学体系。现代技术以科学知识为理论规范和方法指导，从而摆脱了传统技术的经验探索模式，劳动生产过程也随之从"生产→技术→科学"的模式转

---

① 刘则渊、王续琨：《工程·技术·哲学——2001 年技术哲学研究年鉴》，大连理工大学出版社 2002 年版，第 47 页。
② 邹珊刚：《技术与技术哲学》，知识出版社 1987 年版，第 15 页。
③ 美国技术哲学家米切姆把技术哲学划分为两大传统，即以卡普、德绍尔等为代表的工程学传统和以芒福德、奥特加等为代表的人文主义传统。前者从技术自身的角度对技术进行审视，因更强调工具理性的价值而倾向于技术乐观主义；后者从技术的外部对技术进行批判性反思，因更关注技术运用的社会后果而倾向于技术悲观主义。参见［美］卡尔·米切姆《技术哲学概论》，殷登祥译，天津科学技术出版社 1999 年版。

换成"科学→技术→生产"的模式,第二次世界大战后美国的"科学工业综合体"就是后者的典型形式。这就意味着技术的概念开始从工具手段向作为"应用科学"的知识体系扩散,正如加拿大技术哲学家邦格在1977年出版的《技术的丰富哲理》一书中所认为的那样,技术是"按照某种有价值的实践目的用来控制、改造和创造自然的和社会的事物和过程并受科学方法制约的知识总和"[①]。不仅如此,作为知识形态的现代技术还从生产领域向政治、思维、文化以及日常生活领域不断渗透,更确切地说,技术使不合理性合理化、偏好效率优先、注重整齐划一,以至于它沦为了国家统治工具、遮蔽了人的主体性以及消解了文化的差异性。现代技术犹如无缝之网一般内嵌于人类社会生活,在这个意义上生成了同自然环境和社会环境一样重要的技术环境——"技术化社会"。要言之,作为历史性范畴的"技术"实则从表征人与自然之间关系的"自然技术"进一步拓展至表征人与人之间关系的"社会技术"。这表明技术在广义上是构成人类目的性活动的内在要素,一方面连接着不以人的意志为转移的客观世界,另一方面直接关涉包括意志、愿望、心理等在内的主观世界。通常来说,西方技术哲学的人文主义传统持这种观点,侧重于从技术体系的外部审视技术现象、评判技术价值、揭示技术对社会的深层影响。[②] 从国外马克思主义哲学的现实语境看,它是发轫于以科学和技术的一体化为特征的组织化资本主义时代,加之从卢卡奇到生态学马克思主义理论家在论及技术问题时往往把现代技术同科学一样归之于文化意识形态领域。因此,本书不予对科学和技术作更为细致的区分,主要从广义的技术观念出发考察国外马克思主义理论家对现代技术与政治统治、思想文化、生态环境等之间关系问题的批判性反思,从而厘清国外马克思主义技术批判理论的历史嬗变、基本观点和发展趋势。

---

① 陈其荣:《当代科学技术哲学导论》,复旦大学出版社2006年版,第365页。
② 王伯鲁:《马克思技术思想纲要》,科学出版社2009年版,第31页。

三 国内外研究现状述评

西方学者往往引述或批判马克思关于技术的经典论述，其中"科学技术是生产力"和"生产力在人类社会发展中起决定性作用"两个命题构成了国外学者对于马克思主义技术哲学研究的逻辑起点。在马克思、恩格斯之后，经由苏联—东欧学派、法兰克福学派和生态学马克思主义的发展，逐渐形成了技术哲学的社会批判理论传统。简要梳理国内外学者的已有理论成果，有利于为进一步深化相关理论研究奠定坚实的基础。

（一）国外学术史梳理及其研究动态

国外学者对马克思主义技术哲学思想的研究始于20世纪20年代，大致可分为西方马克思主义学者、苏联和东欧学者、日本技术论学者三大研究群体。但直至20世纪80年代才开始把西方马克思主义与技术问题勾连起来，尤为注重探究法兰克福学派和生态学马克思主义的技术批判思想。

1. 以卢卡奇的物化理论为基点展开研究

鉴于早期西方马克思主义坚持马克思的彻底批判精神，反对第二国际的"经济决定论"和"技术决定论"，国外学者通过对卢卡奇物化理论的研究叩开了西方马克思主义技术批判理论探索的大门，主要从下述两个方面展开：一是注重对卢卡奇晚期思想的研究，在理性观部分讨论其科学认识论问题。美国马克思主义者汤姆·洛克莫尔详细研究了卢卡奇式的马克思主义理性观，依据其思想发展的线索讨论了非理性主义问题，指出"卢卡奇的理性观强调实践，强调整体主义，用一种范畴的方法来分析知识"[①]，这使得他的哲学具有反体系化的

[①] 国际著名的马克思主义学者汤姆·洛克莫尔：《非理性主义：卢卡奇与马克思主义理性观》，孟丹译，中国人民大学出版社2014年版，第244页。

倾向和历史性的特征。美国生态社会主义者保罗·柏克特则考察了卢卡奇关于科学在悲剧问题的相关论述中扮演的角色问题，指出他一方面声称自己是客观辩证法的支持者，另一方面又否认将辩证方法应用到自然界中的可能性，其对科学的矛盾态度不利于科学技术的价值评价。① 二是在比较视域中考察卢卡奇与其他思想家在真理观上的异同之处，认为前者承继了马克思的实践真理观、拒绝自然辩证法，强调无产阶级自我意识的特殊性、批判实证主义的马克思主义。美国学者纳德·萨义德在博士论文《卢卡奇、阿尔都塞和哈贝马斯关于真理、价值以及合理性的理论》中，从社会学视角揭示从马克思到哈贝马斯真理观的核心要义，认为卢卡奇批判理性的目的在于把人从总体性的异化交往中解救出来②。

2. 以法兰克福学派的批判理论为依托推进研究

自 20 世纪 30 年代以来，西方马克思主义理论家在反思正统马克思主义和两次世界大战的同时，对技术异化及其社会后果的讨论也日益增加，其中法兰克福学派对技术理性的批判最为深刻。因此，该学派技术批判思想受到了国外学者的普遍关注，从下述两个方面展开：

一是基于文本阐释法兰克福学派的技术批判理论，重点考察技术理性批判的基本内涵和历史逻辑。就其基本内涵而言，强调社会批判理论蕴含着丰富的技术伦理思想。1977 年，美国技术哲学家兰登·温纳在《自主性技术：作为政治思想主题的失控技术》一书中表示："法兰克福学派的新马克思主义批判的多数作品，聚焦于马克思视野中人类成就在技术社会中的恶化。"③ 2015 年，丹麦学者芬恩·科林和大卫·佩德森在《法兰克福学派，科学技术研究与人文科学》一文中

---

① Paul Burkett, "Lukács on Science: A New Act in the Tragedy", *Historical Materialism-research in Critical Marxist Theroy*, Vol. 3, 2015, pp. 3-15.

② Nader Saiedi, "Theories of Truth, Value and Rationality in Lukács, Althusser and Habermas", *The University of Wisconsin-Madison*, 1983, p. 2.

③ Langdon Winner, *Autonomous Technology: Technics-out-of-Control as a Theme in Political Thought*, Cambridge, MA: MIT Press, 1977, p. 39.

指出，德国法兰克福学派的批判理论与英国科学技术研究的相似之处在于试图阐明科学作为一种社会现象的批判理论。① 就其历史逻辑而言，强调从物化批判向技术批判的逻辑转换是以法兰克福学派为中介的。英国社会学家安东尼·吉登斯在《没有革命的理性？——论哈贝马斯的交往行动理论》一文中指出："在韦伯对合理化的诠释、卢卡奇的物化批判和霍克海默以及阿多诺所表达的工具理性批判之间有一种明显的关联性。"②

二是立足信息时代发掘法兰克福学派技术批判思想的现实价值，尤为重视马尔库塞和哈贝马斯对当代社会的重大影响。英国学者西尔万·西班古认为，马尔库塞之所以能起到连接信息科学与信息通信技术领域发展的作用，是因为他的现代技术概念能够使人逐渐从信息技术的"最佳消费者"转变为自身命运的"思考者"和"行动者"③。瑞典学者德温德尔·塔帕和丹·哈内斯克出于信息安全问题而建议运用批判性思维，主张用哈贝马斯的四个概念（工具性、战略性、交际和话语）来重新评估安全风险，有利于在新的技术发展中准确识别与意识形态及其解放结果相关的风险概念。④ 英国马克思主义者克里斯蒂安·福克斯探讨了马尔库塞的批判理论是如何帮助我们批判性地理解"社交媒体"，指出他"奠定了辩证的、实践的、人道的、定位于社会结构矛盾的批判理论"，将资本主义与现代通信技术的辩证法联系起来，为理解和改变当代资本主义社会媒体的对抗性、阶级斗争及

---

① Finn Collin, David Pedersen, "The Frankfurt School, Science and Technology Studies, and the Humanities", *Social Epistemology*, Vol. 1, 2015, pp. 44–72.

② ［英］安东尼·吉登斯：《没有革命的理性？——论哈贝马斯的交往行动理论》，田佑中、文军译，《马克思主义与现实》2002年第2期。

③ Sylvain K. Cibangu, "Toward a critique of the information age: Herbert Marcuse's Contribution to Information Science's Conceptions", *Information Research an International Electonic Journal*, Vol. 3, 2013, pp. 3–18.

④ Devinder Thapa, Dan Harnesk, "Rethinking the Information Security Risk Practices: A Critical Social Theory Perspective", *The 47th Hawaii International Conference on System Sciences*, 2014, IEEE Computer Society, p. 397.

其意识形态提供了认识论、方法论和政治动力①。

3. 以生态学马克思主义的生态批判为主线深化研究

国外学者从生态批判和生态政治建构两个方面，对该学派的技术批判思想加以研究，其理论成果集中于《资本主义、自然和社会主义》和《社会主义纪实》这两个颇具国际影响力的学术期刊。其一，基于不同视角对"技术原罪论"展开批判，指出生态危机与技术异化的根源在于资本主义私有制。印度生态学马克思主义者萨拉·萨卡指出，技术异化内在于资本主义制度中，"技术进步能够直接减少污染，但一般不能解决问题，只能达到一般的、局部的和有限的转移"②。但少数学者持相反意见，第三代生态学马克思主义的代表人物瑞尼尔·格伦德曼认为，生态问题的根源不是资本主义制度而是技术的内部结构。其二，从理论指南、变革力量、行动策略等方面，推进生态学马克思主义技术观研究。具体来说：（1）在理论层面注重对福斯特技术观的研究，如保罗·伯克特通过解读福斯特思想指出，马克思主义就其本质而言是从生态视角鞭挞资本主义制度、指导革命性社会实践、建立生态社会主义社会的完备而科学的理论指南③；（2）在变革力量方面强调"红"与"绿"的交融和生态话语体系的建构，如帕特里克·比格认为绿色分子（生态主义者）和红色分子（生态马克思主义者）之间的联盟运动，是通往生态社会主义社会道路的前提④；（3）在行动策略方面探索无产阶级革命与生态主义、女性主义等其他社会力量联合的可能性，如维克托·沃利斯主张生态马克思主义者除了寻求与生态主

---

① ［英］克里斯蒂安·福克斯：《交往批判理论：互联网时代重读卢卡奇、阿多诺、马尔库塞、霍耐特和哈贝马斯》，王锦刚译，中国传媒大学出版社2019年版，第146页。

② 解保军：《生态学马克思主义名著导读》，哈尔滨工业大学出版社2014年版，第165页。

③ Paul Burkett, "Marx's Ecology and the Limits of Contemporary Eco-socialism", *Captialism, Nature, Socialism*, Vol. 3, 2001, pp. 126-133.

④ Patrick Bigger, "Different hues of Red and Green", *Captialism, Nature, Socialism*, Vol. 3, 2013, pp. 249-251.

义者的联盟外，还应建立与生态女权主义者的联盟。①

4. 以当代国外马克思主义的多元批判为趋向拓展研究

作为经典西方马克思主义理论延长线上的后马克思主义，以不同的方式介入技术问题，旨在通过对技术体系的全面颠覆消解理性主义传统，从而揭示技术的本质及其在现代社会中的复杂权力关系。近年来，国外学者不仅继续深化对经典西方马克思主义技术批判思想的诠释，而且还把技术问题与社会革命联系起来思考技术进步的社会影响。其一，作为马尔库塞弟子的安德鲁·芬伯格②一直致力于技术批判理论研究，他的"技术批判三部曲"③从不同角度讨论了技术社会的激进民主化问题。2006 年 10 月，美国学者泰勒·维克主编的论文集《技术民主化：安德鲁·费恩伯格的技术批判理论》，在很大程度上代表了对芬伯格技术哲学研究的最新进展。其中，希克曼、伯格曼等从实用主义技术哲学、技术实体论、技术民主、生态女权主义等视域，对芬伯格技术哲学提出了质疑，他本人对这些问题作出详尽的答复。芬伯格此后又发表了一系列论文以深化其技术民主化理论④，使西方马克思主义对技术的批判不再停留在浪漫的思辨玄想中，进而推动技术政治学和现代性问题的研究。其二，部分学者围绕技术化和智能化时代是否为社会主义提供可能展开了激烈的讨论。一方是以考克肖特和科特瑞尔为代表的支持派，他们把楚泽的计算机编程、彼得斯的苏联互联网史研究和迪特里希的新

---

① Victor Wallis, "On Marxism, Socialism and Eco-feminism: Continuing the Dialogue", *Captialism, Nature, Socialism*, Vol. 1, 2008, pp. 107-111.

② 安德鲁·芬柏格（Andrew Feenberg, 1943-），是当代西方著名的技术批判理论家、新一代法兰克福学派的重要人物，后文出现的费恩伯格与芬伯格是同一人，因表述需要不用统一。

③ 这三部著作分别是：《技术批判理论》（1991）、《可选择的现代性——哲学和社会科学中的技术转向》（1995）和《质问技术》（1999）。

④ 笔者以"技术"为关键词检索芬伯格近年来发表的论文，主要包括："From Critical Theory of Technology to the Rational Critique of Rationality", *Social Epistemology*, Vol. 1, 2008, pp. 5-28; "Marxism and the Critique of Social Rationality: From Surplus Value to the Politics of Technology", *Cambridge Journal of Economics*, Vol. 1, 2009, pp. 37-49; "Lukács's Theory of Reification and Contemporary Social Movements", *Rethinking Marxism*, Vol. 4, 2015, pp. 490-507; "Beyond the Hype", *Foundations of Science*, Vol. 2, 2017, pp. 381-383。

历史主义等作为基础，提出所谓的"计算机社会主义"构想；另一方则是以泰施为代表的反对派，他们认为"断言21世纪是实现'计算机社会主义'的时代还为时过早，这基本上还只是一个共产主义的远景目标"①。

（二）国内学术史梳理及其研究动态

国内学者对国外马克思主义技术批判理论的研究起步较晚，是在20世纪七八十年代科学技术论研究的兴起中逐渐关注这一论题，历经了从译介西方马克思主义者的代表性著作到对其技术理论展开专题式研究的范式转变，由此形成以人本主义马克思主义的思想解读为主，同时兼顾科学主义马克思主义、生态学马克思主义，并逐渐拓展至当代国外马克思主义新思潮的基本格局。鉴于国外马克思主义理论所涉及的人物流派众多，以下从不同专题对其研究现状进行系统梳理。

1. 从马克思、韦伯和海德格尔的思想探寻理论来源

国外马克思主义技术批判理论涉及技术与理性、政治、文化、伦理、生态等诸多话题，以至于在其发展历程中可窥见不同的思想要素和理论来源。关于这一问题的研究，大多数学者主张它是在发展批判实证主义的同时，继承和发展了马克思、韦伯、海德格尔等人思想的过程中得以生成的。

第一，把马克思的异化理论视为重要的思想资源，更有甚者追溯至黑格尔哲学。一方面，衣俊卿（1997）、李艳霞（2007）、管晓刚（2012）等学者从文化批判、异化理论、实践哲学等不同论题，具体剖析了西方马克思主义技术批判思想得以生成的主要原因，指出马克思的异化理论及其实践哲学传统对西方马克思主义产生了深刻影响②。另一

---

① 邹诗鹏：《国外马克思主义研究状况及前沿》，《社会科学报》2008年10月9日第4版。
② 这几篇文章分别是：衣俊卿：《异化理论、物化理论、技术理性批判——20世纪文化批判理论的一种演进思路》，《哲学研究》1997年第8期；李艳霞、王贤卿：《论法兰克福学派科学技术批判理论生成的缘由》，《求索》2007年第3期；管晓刚、吕立邦：《从技术批判看马克思的实践哲学》，《科学技术哲学研究》2012年第3期。

方面，王晓升（2019）①在阐释现代性批判理论的同时考察了黑格尔对马克思和法兰克福学派的影响，认为法兰克福学派对工具理性的批判是黑格尔左派对于现代性问题思考的表现；许勇为（2021）②则从方法论层面考察了西方马克思主义批判理论对黑格尔的借鉴及其理论局限性。

第二，把韦伯的合理化理论作为最直接的理论来源，着重考察了合理化理论对卢卡奇和法兰克福学派技术批判思想的思想启发。一般认为，西方马克思主义理论家是借助韦伯的"合理性"概念而展开的技术批判。张盾（2005）③在指认韦伯与马克思深层契合的同时，强调西方马克思主义对资本主义批判的重新理解是以韦伯作为中介的；郑飞（2017）④从技术批判视角考察了韦伯合理化理论的思想效应，认为它通过卢卡奇的理论中介影响到后来的西方马克思主义；唐爱军（2013）⑤具体分析了卢卡奇、霍克海默和阿多诺、马尔库塞、哈贝马斯等人对合理化理论的接受与批判。此外，姜华的《物化的遮蔽：韦伯的合理化原则》（2017）、程敬华和韩志伟的《卢卡奇对韦伯社会科学方法论的批判》（2018）等，也从不同角度论述韦伯与西方马克思主义之间的理论关联。

第三，把海德格尔的技术思想看作理论参照，集中讨论他与卢卡奇、马尔库塞等西方马克思主义理论家在技术问题上的思想互动。一是从理论逻辑剖析海德格尔与西方马克思主义技术批判之间的理论联系，周立斌（2007）、高海青（2015）、王继（2016）等侧重于探究卢卡奇的物化批判与海德格尔生存论哲学之间交融和互补的可能性；冯德浩

---

① 王晓升：《黑格尔与法兰克福学派的现代性批判理论》，《社会科学战线》2019年第1期。
② 许勇为：《在黑格尔与马克思之间：西方马克思主义的方法论迷局》，《理论视野》2021年第8期。
③ 张盾：《马克思主义当代视域中的韦伯》，《南京大学学报》（哲学·人文科学·社会科学版）2005年第3期。
④ 郑飞：《韦伯与西方马克思主义中的技术批判理论》，《哲学研究》2017年第5期。
⑤ 唐爱军：《西方马克思主义对韦伯合理化理论的接受与批判》，《理论视野》2013年第5期。

(2015) 和黄璇（2016）则从技术异化和技术控制的不同主题，分别揭示海德格尔与马尔库塞的技术批判思想之间的内在连续性。二是从历史逻辑梳理海德格尔对西方马克思主义技术批判所产生的理论效应，安维复（2002）① 基于社会建构主义视域重构从海德格尔到哈贝马斯再到芬伯格的技术哲学进路，高海青和陈真君（2017）② 则从现象学存在主义视角论述马尔库塞在技术批判领域对现象学社会空间的开拓。

2. 从宏观、中观和微观三个层面阐发思想内涵

国外马克思主义自20世纪80年代初传入中国以来，学者紧紧围绕技术的合理性问题，从不同维度对西方马克思主义批判理论展开全面的研究，由此极大地拓展了马克思主义研究在技术与社会、技术与人性、技术与生态等诸多方面的理论视野。

第一，在宏观层面上勾勒西方马克思主义技术批判理论的基本内容。赵玉瑾（1989）③ 较早关注了这一问题，指出西方马克思主义批判理论体现在对"技术理性""异化消费""极权政治"和"文化工业"的批判上。其后的学者从不同视角展开总体性研究，如陈振明的《法兰克福学派与科学技术哲学》（1992）仔细研究了西方马克思主义关于科学技术哲学的理论观点，认为理性观、"批判的科学哲学"、科学技术社会学和自然观构成其主要内容；陈学明和罗富尊的《评"西方马克思主义"对科学技术社会功能的批判》（2005）强调，"科学技术是第一生产力"和"科学技术履行意识形态的社会职能"是西方马克思主义对科学技术的两大基本判断；王雨辰的《西方马克思主义技术理性批判的三个维度》（2007）指明，西方马克思主义把技术理性作为异化根源、政治统治工具以及生态危机的根源。此外，高亮华的《人文

---

① 安维复：《走向社会建构主义：海德格尔、哈贝马斯和芬伯格的技术理念》，《科学技术与辩证法》2002年第6期。
② 高海青、陈真君：《现象学的社会空间：海德格尔、马尔库塞和技术批判》，《广西大学学报》（哲学社会科学版）2017年第3期。
③ 赵玉瑾：《"西方马克思主义"批判性理论概述》，《哲学动态》1989年第8期。

主义视野中的技术》（1996）、高海青的《从物化批判到技术批判：韦伯式马克思主义技术哲学思想发展研究》（2012）、郑飞的《马克思与技术批判》（2016）、王文敬的《西方马克思主义的科学技术价值观研究》（2018）等，也阐发了西方马克思主义技术批判理论的基本内涵。

第二，在中观层面上探讨法兰克福学派和生态学马克思主义的技术批判思想。一是从历史逻辑、理论主题、发展困境等方面考察法兰克福学派的技术批判思想，认为启蒙理性是法兰克福学派开启技术批判的逻辑起点。张一兵的《工具理性对社会生活的渗透——中后期法兰克福学派的一种社会批判》（2001）、陈爱华的《法兰克福学派科学伦理思想的历史逻辑》（2007）、刘光斌的《技术合理性的社会批判：从马尔库塞、哈贝马斯到芬伯格》（2012）、王文敬和洪晓楠的《法兰克福学派的科学技术价值观批判》（2017）等，分别对法兰克福学派及其代表人物的技术批判思想进行了深入研究。此外，姚大志、王凤才、俞吾金等还就科学技术与意识形态之间的关系问题展开激烈的讨论，由此引发国内学者对科技意识形态论的普遍关注。① 二是从理论维度、辩证视域、基本特点等方面考察生态学马克思主义的技术批判思想，认为生态学马克思主义理论家的重要议题是技术与生态之间的关系问题。王雨辰的《技术批判与自然的解放——评西方生态学马克思主义的技术观》（2008），从技术和价值、技术和制度的关系来诠释其技术观；郑忆石的《生态学马克思主义：科学技术观辩证视域论析》（2010），指出该流派论及科学技术问题时所具有的肯定和否定视域；郑湘萍的《生态学马克思主义的生态批判理论研究》（2013），把技术作为生态批判

---

① 近年来围绕科技意识形态论展开讨论的文章主要有：岳文钊：《论马克思主义意识形态的科学性——兼析西方的"意识形态非科学理论"》，《理论学刊》1992年第4期；王凤才：《论法兰克福学派"科学技术即意识形态"理论》，《山东大学学报》（哲学社会科学版）1999年第3期；俞吾金：《从意识形态的科学性到科学技术的意识形态性》，《马克思主义与现实》2007年第3期；管锦绣：《哈贝马斯的科学技术意识形态论的时代意蕴》，《武汉理工大学学报》（社会科学版）2013年第6期；王雨辰：《法兰克福学派意识形态批判理论的三个维度及其价值》，《吉首大学学报》（社会科学版）2022年第5期。

理论不可或缺的视角之一；邓小玲和庞清《生态学马克思主义技术批判的立体透析》（2022），论述通过制度和价值观双重变革摆脱生态危机的积极意义。此外，越来越多的学者聚焦于数字资本主义时代展开技术批判研究，蓝江、贾振博、韩秋红等强调数字资本仍是一种新型资本样态，从不同视域揭示了智能科技对人的公开的或隐蔽的宰制，认为只有在马克思的唯物史观视域中才能实现对数字异化劳动的真正扬弃。

第三，在微观层面上就某个思想家的技术批判理论加以详细考察。现有研究比较重视对卢卡奇、马尔库塞、哈贝马斯、芬伯格等人的技术批判思想阐释，并逐渐拓展至维利里奥、斯蒂格勒、哈维等当代西方马克思主义理论家。其中，具有代表性的理论成果有：朱春艳的《费恩伯格技术批判理论研究》（2006），郑晓松的《技术与合理化——哈贝马斯的技术哲学研究》（2007）、周立斌的《卢卡奇的物化理论及其演变》（2012）、陈俊的《技术与自由——马尔库塞技术哲学思想研究》（2013）、张一兵的《斯蒂格勒：西方技术哲学的评论——〈技术与时间〉解读》（2017）、卓承芳的《速度与生存恐慌——维希留的技术批判理论》（2019）、连水兴等的《作为"现代性"问题的媒介技术与时间危机：基于罗萨与韩炳哲的不同视角》（2021）、陈明宽的《技术替补与广义器官——斯蒂格勒哲学研究》（2021）、刘日明等的《斯蒂格勒对马克思技术思想的吸纳与误读》（2024）。

3. 从横向和纵向两个维度评价理论得失

国外马克思主义技术批判理论的得失问题，既是深化当代马克思主义技术哲学思想的必然要求，又是发挥国外马克思主义研究对中国社会主义现代化建设借鉴作用的前提条件。然而，国内重述而轻评的现象较为常见、专门研究其理论得失的论著不多，主要是在内涵阐释基础上考察其合理性与局限性。

第一，基于理论内核的横向维度评价国外马克思主义技术批判理论。大多数学者立足历史唯物主义的立场指出，西方马克思主义的人道主义技术观侧重于对技术的社会学和生态学批判，是对马克思主义政治经济学批判的一种背叛，如任暟（2001）[①]就表示，法兰克福学派的科学技术非中立性观点，把科学混同于技术、撇开技术的社会基础、忽视科学的内在价值，最终走向了技术统治论；洪克强、曹欢荣（2004）[②]也认为，法兰克福学派的工具理性批判把科学与技术混为一谈、过分夸大技术的价值因素，从而割裂了真理和价值的统一；孟飞、冯明宇（2021）[③]则指出，国外马克思主义的技术批判妄图以文化力量改善导致技术异化的物质社会关系，至此通向乌托邦建构的理论回路。尽管上述成果揭披了国外马克思主义技术批判理论的内在困境，但仍有少数学者从肯定意义探寻其理论出路，如管锦绣（2011）[④]强调，西方马克思主义从人本主义和科学主义的不同角度深化和拓展了马克思的技术思想；史巍、杨赫姣（2013）[⑤]提出，西方马克思主义在事实领域中的技术理性批判和价值领域中的伦理精神重塑是水乳交融的，其以感性的方式回归对价值伦理塑造的原始意图表明其伦理转向。此外，胡大平的《解放政治学·生命政治学·无为政治学——现代性批判技术视角的旨趣和逻辑转换》（2018）、蓝江的《从物化批判到数字资本：西方马克思主义的演变历程》（2021）、卓承芳的《后马克思主义激进技术批判理论及其反思》（2022）等，还把研究视线投向了当代西方马克思主义的技术批判理论，强调它在新技术条件下直面人的生存问题所具有的积极意义。

第二，基于历史演进的纵向维度评价国外马克思主义技术批判理

[①] 任暟：《对科学技术价值的哲学思考——兼评法兰克福学派的科技价值观》，《求是学刊》2001年第3期。

[②] 洪克强、曹欢荣：《现代高科技的价值体现及其伦理化趋向》，《科学技术与辩证法》2004年第4期。

[③] 孟飞、冯明宇：《国外马克思主义技术批判思想评析》，《中国社会科学报》2021年12月30日第5版。

[④] 管锦绣：《马克思技术哲学思想研究》，博士学位论文，武汉大学，2011年。

[⑤] 史巍、杨赫姣：《在事实与价值之间——兼论西方马克思主义的伦理转向》，《道德与文明》2013年第6期。

论。一是重点考察从卢卡奇到法兰克福学派、再到生态学马克思主义的技术批判理论之嬗变，据此把握国外马克思主义技术批判的理论得失，如鲁本录、陈坤明（2008）①反对西方马克思主义把资本主义危机归结于科技本身的做法，这启示我们不能脱离制度批判去谈技术异化问题；刘祥乐（2017）②指出，从卢卡奇到马尔库塞、再到哈贝马斯在技术理性批判的总体逻辑嬗变中滑向技术实体主义的批判陷阱；朱荔（2018）③认为，无论卢卡奇还是法兰克福学派对科学技术的批判都缺乏考察问题的社会历史视野；李猛（2022）④强调，社会批判理论家技术批判的政治伦理转向从根本上放弃了总体革命的主张。二是围绕着某一思想家或流派在不同阶段理论主题的转换，深入剖析国外马克思主义技术批判的理论得失，如张一兵（2001）⑤依据霍克海默和阿多诺的经典著作《启蒙辩证法》，指认中、后期法兰克福学派是以工具理性为核心展开社会批判；白春雨（2009）⑥着重讨论法兰克福学派技术批判的内在逻辑，认为马尔库塞的技术统治论、哈贝马斯的科学技术意识形态论、芬伯格的"技术代码"等都体现了西方人文主义传统；赵海峰（2012）⑦重点分析了法兰克福学派技术理性批判的理论困境，提出通过人类实践克服技术意识形态批判的抽象性及其决定论思维方式。

---

① 鲁本录、陈坤明：《技术异化人性——西方马克思主义"技术理性批判"思想之反思》，《江汉大学学报》（人文科学版）2008年第3期。

② 刘祥乐：《技术理性批判的逻辑嬗变及其困境：从卢卡奇、马尔库塞到哈贝马斯》，《内蒙古大学学报》（哲学社会科学版）2017年第5期。

③ 朱荔：《科学技术批判：从卢卡奇到法兰克福学派》，《大连干部学刊》2018年第10期。

④ 李猛：《物化与技术解放的可能性——兼论社会批判理论技术观的政治伦理转向》，《科学技术哲学研究》2022年第2期。

⑤ 张一兵：《工具理性对社会生活的渗透——中后期法兰克福学派的一种社会批判》，《教学与研究》2001年第7期。

⑥ 白春雨：《对西方马克思主义技术批判理论的反思》，《内蒙古师范大学学报》（哲学社会科学版）2009年第6期。

⑦ 赵海峰：《法兰克福学派"技术理性批判"之困境及启示》，《学术交流》2012年第9期。

(三) 国内外研究现状评析

前贤时修从不同视角全面考察国外马克思主义的技术批判理论，为后续研究奠定了坚实的基础。但现有成果在研究内容上表现重人物而轻问题、重经典而轻发展、重阐释而轻评述的倾向，在理论立场上呈现"有研究而无信仰"的特征，这不利于我们对国外马克思主义技术批判理论的全局把握，为深化和拓展马克思主义技术哲学研究预留了较大的理论空间。

国外学者是以回答"马克思是否是一个技术决定论者"问题为逻辑起点，逐渐开始关注国外马克思主义的技术批判理论。他们从哲学、社会学、心理学、认知科学等跨学科视域展开研究，深入探讨了国外马克思主义理论家关于技术与人性、自然环境、政治权力、社会结构之间相互建构的复杂关系，并取得了一系列丰硕的理论成果。然而，当前研究仍存在着下述问题：一是在理论立场上呈现"有研究而无信仰"的特征。无论从国外马克思主义理论的"内核"还是"外围"来看，他们对现代技术及其社会功能的阐发是批判当代资本主义发展悖论极为重要的一环。但国外学者大多以现实问题为导向的研究使各种取向胶着在一起，其立场也在自由主义、保守主义和激进主义之间摇摆不定，在很大限度内弱化了马克思主义的信仰。二是在理论范式上呈现多元化的特征。国外学者对马克思及其追随者技术思想的探索缺乏统一的研究纲领，有时甚至将其作为"辅助材料"论证某种观点的合理性而使之日趋边缘化。此外，还忽视了对科学主义马克思主义、生态学马克思主义以及后马克思主义技术批判思想的比较性研究。

国内学者从国外马克思主义的代表性人物及其理论观点入手，围绕技术异化论、工具理性批判、科技意识形态论、生态危机论等诸多论题进行广泛而深入地研究，使技术问题成为中国的国外马克思主义研究的新理论增长点之一。但还有三点不足：（1）在研究内容方面，对个别人物的微观研究多于系统研究、阐述性研究多于评价性研究。一方面集中论述了国外马克思主义（尤其是法兰克福学派）个别"重要人物"的技术批判理论，而在技术哲学框架下探讨技术批判的理论内核、基本精神、逻辑理路、核心地位等关键性问题的研究并不多见；另一方面将这一理论草率地归结为一种背叛马克思主义理论的技术决定论变种，对其不加甄别地否定往往多于肯定性评价，使我们难以从中汲取有益于中国现代化进程的理论养分。（2）在研究视域方面，重视经典西方马克思主义而相对忽视20世纪六七十年代以后国外马克思主义技术批判理论的新发展。这种缺乏整体论视角的点状式研究造成了对技术批判理论的片段性理解，有时甚至会出现"断章取义"的主观臆想和逻辑上的混乱状况。（3）在研究方法方面，因过分强调马克思主义立场而走向了它的对立面，没有对理论内部的异质性和多元化趋向进行细致入微的研究，把"技术决定论""技术悲观主义"和"技术虚无主义"等标签都贴在国外马克思主义理论家身上，从本质上并未坚持历史唯物主义的方法论原则。

尽管技术批判理论不是国外马克思主义研究中最时髦的话题，但是科学技术实践既彰显了人的本质力量又构造着现代社会的基本风貌，如何释放现代技术的解放潜能无论在理论层面还是现实层面都意义重大。为此，在今后的研究中理应在以下几个方面作出努力：一是关注国外马克思主义技术批判理论的当代发展，特别是对数字资本、速度暴政、智能官僚等诸多问题的研究；二是立足历史唯物主义的基本立场回答国外马克思主义技术批判的理论得失问题，即从国外马克思主义理论家所处的历史条件、文化传统、社会运动出发把握其合理性与局限性；三是深化对国外马克思主义技术批判理论当代效应的阐释，如何看待国外马克思主义技术批判理论与马克思技术哲学、西方技术哲学之间的关系，如何汲取合理内核以促进科技发展，依然是推进当代国外马克思主义研究的重要维度。

四 研究思路与主要内容

本书旨在揭示国外马克思主义技术批判理论的历史嬗变、基本内涵、发展趋向及其当代价值。因此，从历史唯物主义的基本立场、观点和方法出发，采取历史与逻辑相统一的方法，基于历时性和共时性双重向度对国外马克思主义理论家经典文本进行系统梳理和深度解读，从而重构国外马克思主义技术理性批判的理论图景，并从思想和现实两个方面阐发其当代价值。具体而言：首先，在系统梳理国外马克思主义理论家论及科学技术问题的相关论著基础上，从思想史视域揭示其历史逻辑与思想内核；其次，通过追踪当代国外马克思主义技术理性批判的理论动态，阐明这一理论在当代日益走向多元化和激进化的发展趋向；再次，援引马克思技术批判思想和当代西方技术哲学两大参照系，在思想比较中解答国外马克思主义技术批判理论的基本特征和得失问题；最后，结合全面推进中国式现代化的实践探索，深入挖掘国外马克思主义技术批判理论的思想资源和现实借鉴。

第一章详细说明研究的意义、现状、思路及其创新和不足。一是在阐明选题背景与研究意义的前提下，明确聚焦于技术批判理论研究的必要性和紧迫性；二是通过相关概念界定："国外马克思主义"和"技术"两个核心范畴廓清研究的问题域，同时对国内外学者的相关理论成果进行概要式述评；三是着眼于当前研究的局限性，提出解读国外马克思主义技术批判理论及其当代价值的基本思路、研究方法、创新与不足之处。

第二章具体考察国外马克思主义技术批判理论的生成语境：一是从社会层面揭示技术批判理论形成的现实条件，把当代资本主义社会与两次科技革命勾连起来，分析前者在政治统治、经济模式以及生活理念等方面的新变化；二是从理论层面澄清技术理性批判形成的思想渊源，着眼于早期西方马克思主义理论家特别是卢卡奇进行理论溯源，强调它既有马克思技术批判思想的遗传基因，又有韦伯合理性问题的思想要素，还与同时代思想家海德格尔的技术哲学思想有着千丝万缕的联系。

第三章全面梳理国外马克思主义技术批判理论的演变过程。基于历时性研究厘清发展脉络：一是通过分析卢卡奇对资本主义社会的诊断与"技术合理性问题"的提出，进一步确证西方马克思主义技术批判的逻辑起点以及由此所开启的理论路向；二是重点考察法兰克福学派对技术的文化批判，阐明技术理性批判是如何从霍克海默、阿多诺到马尔库塞再到哈贝马斯不断得以深化的过程；三是聚焦于技术的"资本主义使用方式"批判及其"生态社会主义指向"建构，揭示生态学马克思主义理论家对技术的生态政治学批判。

第四章系统阐释国外马克思主义技术批判理论的基本内涵。基于共时性研究明晰理论维度：一是从人本主义立场出发重估现代技术的价值，指认内嵌其中的政治偏好、肯定性思维以及控制自然观念都使技术实践背离了"人的解放"和"自然祛魅"的初衷；二是立足晚期资本主义社会揭示现代技术的双重社会功能，无情地批判作为一种新的社会控制形式的科学技术及其制造的不平等社会秩序；三是在对西方绿色思潮的清算中探寻资本主义生态危机的根源及其解决之道，强调问题的症结在于技术的资本主义使用，在此基础上形成以生态理性为原则的技术价值观和以社会正义为导向的技术发展观。

第五章追踪国外马克思主义技术批判理论在20世纪80年代以后的发展动向。当代国外马克思主义理论家从多元的、微观的、边缘的视角反思技术的合理性问题：一是芬伯格基于社会建构论的视域对技术理论传统展开全面清算，提出了以"技术代码"为内核的工具化理论，把公众参与代码设计视为通向技术民主化之路的关键；二是伯明翰学派和鲍德里亚基于符号消费理论的视域分别对媒介文本的意识形态化和媒介拟真的超真实性进行批判，他们不是把解放的希望寄托在积极受众身上，就是呼吁大众在沉默中彻底放弃抵抗；三是维利里奥、罗萨、威廉姆斯等人基于速度政治学视域对社会全面加速进行批判，主张以"减速""共鸣""加速"等方式实现"速度帝国"的突围。

第六章重点分析国外马克思主义技术批判理论的基本特质和得失问题。在坚持历史唯物主义的基本立场、观点和方法论的前提下：一是从理论的主题、进路及其旨趣对国外马克思主义技术理性批判的基本特征予以说明，强调它的独特性在于以技术的合理性问题为主题、以价值批判和制度批判为进路、以人的自由和解放为旨趣；二是深入国外马克思主义理论家所处的社会条件和文化传统中对其给予同情式理解，既肯定其在拓展马克思主义技术哲学批判性视域方面的贡献，又清醒地认识到其对政治经济学批判范式的偏离使理论的革命性和现实性被大大削弱的局限性。

第七章深度挖掘国外马克思主义技术批判理论的当代价值。基于对国外马克思主义技术批判理论的历史性和共时性研究，我们有必要"跳出来"对其当代价值进行总体性把握，从中发掘有利于中国全面建成社会主义现代化强国的思想资源和现实借鉴。就前者而言，侧重从构建中国特色技术批判话语体系、推动传统技术文化转型和强化跨学科研究方法运用三个方面切入，阐释这一理论对于中国当代技术哲学研究的理论价值。就后者而言，注重从坚持人民至上的根本宗旨、重塑现代技术的人文向度、树立正确的劳动价值观念、赋能高质量生态文明建设四个方面着力，探究这一理论对于推动中国科技事业高质量发展的实践价值。

五 创新与不足

(一) 可能的创新点

1. 研究视角的创新

本书力图打破国外马克思主义技术批判理论研究的"碎片化"格局，从历时性与共时性两个视角对国外马克思主义技术批判理论进行专题性研究，在提炼主题、澄清观点和明辨得失的同时，将研究同中国马克思主义理论建设与现代化实践结合起来。

2. 研究内容的创新

第一，提炼国外马克思主义技术批判理论的三个核心论点。国外马克思主义理论家以技术合理性问题为基点进行当代资本主义批判，强调技术是负载伦理价值的非中立性存在、履行生产力和意识形态的双重职能，以及它的资本主义使用导致生态危机。

第二，揭示国外马克思主义技术批判理论的最新发展动向。当代左翼学者从不同视角对技术代码、媒介文化以及速度暴政展开无情地批判，表明其借技术视角推进哲学文化批判和政治经济学批判的理论努力，但绝不能就此忽视蕴含其中的"后学"性质。

第三，澄清国外马克思主义技术批判理论的思想和实践效应。坚持以马克思主义世界观和方法论辩证地审视国外马克思主义技术批判理论，不仅强调积极构建中国特色技术批判话语体系、推动传统技术文化的现代转型和加强跨学科方法的运用，而且提出坚持人民至上的根本立场、恢复技术人文主义向度、摒弃后物质主义价值观和发展生态友好型技术。

3. 研究方法的创新

第一，运用历史与逻辑相统一的研究方法。在澄清思想轨迹的同时揭示核心要义，从历时性与共时性两个视角把握国外马克思主义技术批判理论的历史逻辑、思想内核及其发展趋向。

第二，坚持比较哲学的研究方法。在国外马克思主义与马克思主义科技观、当代技术哲学思想之间展开对话，通过比较研究的方法更为客观地评价国外马克思主义技术批判理论的贡献与不足。

（二）存在的主要缺陷

基于整体论视角对国外马克思主义技术批判理论进行专题式研究，因呈现人物流派的众多、思想观点的繁杂、理论逻辑的跃迁等理论样态，加之一手文献掌握不足、时间精力有限等诸多因素的限制，本书存在如下不足之处：

第一，对国外马克思主义技术批判理论发展历程的论述较为局限，基于技术的批判立场而对作为"家族成员"的科学主义流派着墨甚少，但其与人本主义流派的理论分歧却从不同侧面反映技术批判思想的内在缺陷。

第二，对国外马克思主义技术批判理论总体评价的研究有待深化，技术批判涉及主题庞杂，特别是日益呈现多元化、微观化、激进化的发展趋势，使如何处理它与西方社会思潮之间的理论联系及其所属谱系，以及从理论家所处的时代语境准确地把握理论得失成为研究的难题。

第三，对国外马克思主义技术批判理论当代价值的理解不够深刻，作为"他山之石"的国外马克思主义技术批判理论有其内在缺陷，且它的生成语境与中国技术实践大相径庭，如何把它同中国式现代化建设相结合并有取舍地汲取思想养分存在一定的现实困难。

第二章　国外马克思主义技术批判理论的生成语境

马克思主义哲学是以实践性为本质特征，主张在人的感性活动中认识和改造世界的观点，正如青年马克思在《〈科隆日报〉第179号社论》中所强调的那样，哲学不是"世界之外的遐想"，而是"时代精神的精华"和"文明的活的灵魂"①。国外马克思主义技术批判理论也不例外，它是以20世纪的资本主义社会为时代背景，尤其是在第二次科技革命推动下，资本主义从自由竞争阶段向垄断阶段过渡所形成的特定社会氛围下产生的。面对当代资本主义社会的一系列新变化和第二国际马克思主义理论的教条主义、实证主义、机会主义等种种错误的理论倾向，国外马克思主义理论家通过与经典马克思主义和现代西方哲学的双重联结重建历史唯物主义，从而探索出一条适合于西方社会的人的自由解放之路。因此，国外马克思主义技术批判理论的形成绝不是一种偶然，而是有着特定的历史语境和复杂的理论来源。只有先对其生成语境予以澄清，才能真正理解"为什么技术批判成为国外马克思主义社会批判的核心议题"这一前提性问题。

第一节　科技革命与20世纪资本主义的新变化

国外马克思主义技术批判理论的产生、发展和转型之所以可能，同

---

① 《马克思恩格斯全集》第1卷，人民出版社1995年版，第220页。

20世纪西欧社会的发展状况密切相关。当代资本主义的新变化在很大限度内受到科技革命的影响，更确切地说，以电力的广泛应用为标志的第二次科技革命使资本主义发展到垄断阶段，以原子能的利用和计算机的诞生为标志的第三次科技革命使资本主义发展到国家垄断阶段，以信息技术为标志且仍处于方兴未艾之势的第四次科技革命则使资本主义呈现国际垄断的趋势。这表明20世纪的世界已经步入帝国主义和无产阶级革命的新时代，科学与技术的一体化发展成为推动历史进步的有力杠杆和决定性力量，极大地改变了当代资本主义的控制形式、产业结构、价值观念等诸多方面，由此构筑了国外马克思主义技术批判理论生成的现实基础和历史条件。

一 从暴力镇压转向意识形态控制的统治方式

资本主义从自由竞争阶段向垄断阶段过渡始于19世纪末20世纪初，在此后的六十多年中进行了两次重大调整，经历了以凯恩斯主义、新自由主义和"第三条道路"为典型特征的三个历史时期，通过对垄断资本主义自身的形式进行大幅度的改革，促进了国家垄断资本主义和国际垄断资本主义（也称全球垄断资本主义、超国家垄断资本主义）的发展。在这一过程中，发达资本主义国家更多的是采取金融、经济和文化手段而非直接的暴力手段巩固其统治，它们实行的一系列变革深刻地影响着国外马克思主义理论的发展和实践。

马克思在批判性地继承黑格尔理性国家观的基础上，指出应从"物质生活关系"出发理解市民社会，认为资本主义国家在不同历史发展阶段的主要职能具有不同特点，因为国家统治方式的改变必然要与一定的经济基础相适应，"在不同的财产形式上，在社会生存条件上，耸立着由各种不同的、表现独特的情感、幻想、思想方式和人生观构成的整个上层建筑"[①]。从马克思主义的观点看，资本主义的原始积累过程

---

① 《马克思恩格斯文集》第2卷，人民出版社2009年版，第498页。

就是一部充满着征服、奴役和杀戮的血腥史,通过"圈地运动"、国债制度、商业战争以及殖民扩张等暴力手段使资本迅速集聚到少数人手中,为资本主义的发展创造了极为有利的条件。因此,马克思在《资本论》第一卷中无情地鞭挞了"资本来到世间,从头到脚,每个毛孔都滴着血和肮脏的东西"①。如果说资本主义前史是通过赤裸裸的公开掠夺方式来实现原始积累,那么资本主义自由竞争阶段则是主要依靠掩盖在等价交换和公平竞争表象下的不平等商品贸易来实现资本增殖。19世纪的资本主义国家基于对个体权利的伦理承诺和自由竞争原则的信奉而主张政府扮演"守夜人"或"保护者"的角色,尽可能少地干预或不去干预市场经济活动,以市场机制自发地调节机制使资源配置合理化。亚当·斯密认为保护型政府具有三个主要职能:"第一,保护社会,使不受其他独立社会的侵犯;第二,尽可能保护社会上各个人,使不受社会上任何其他人的侵害或压迫,这就是说,要设立严正的司法机关;第三,建立并维持某些公共事业及公共设施。"② 从表面上看,自由资本主义的形象俨然已从一个居高临下的"统治者"转变为一个温情脉脉的"守望者",但其只不过是以更为隐蔽的方式无偿占有劳动剩余价值。这种以古典自由主义为理论基础的统治方式,造成了机器排挤工人、劳动和人的异化、贫富的两极分化、生产过剩和资源浪费等不合理现象。1929—1933年,席卷整个资本主义世界的经济大萧条使得无序型资本主义统治方式和放任型经济政策的问题暴露无遗,如市场的滞后性、信息的不对称、市场垄断的形成等。这不仅击碎了古典自由主义给政府施加的"守夜人"魔咒,而且为政府职能的扩张和转型提供了充足理由律。

随着资本主义从自由竞争阶段发展到垄断阶段,必然引起生产和资本的高度集中,既因激化社会基本矛盾而使周期性经济危机愈演愈烈,

---

① 《马克思恩格斯文集》第5卷,人民出版社2009年版,第871页。
② [英] 亚当·斯密:《国民财富的性质和原因的研究》下卷,郭大力、王亚男译,商务印书馆1974年版,第252—253页。

又因加剧主要资本主义国家之间竞争和发展的不平衡而引发了两次世界大战的灾难性后果。上述两个方面的冲击迫使资产阶级不得不调整其统治方式，即从保守型政府转变为管控型政府，通过财政、货币、税收等政策来加强政府对经济的宏观调控，罗斯福新政就是这一模式的成功典范。1936 年，英国著名经济学家凯恩斯在《就业、利息和货币通论》中，以有效需求原理对大量失业和生产过剩的形成原因作出解释，主张政府对经济社会生活进行必要的干预消解生产过剩和失业问题，这一看法对西方资本主义国家产生了深远的影响。在 20 世纪 30—70 年代，欧美发达资本主义国家普遍选择了干预型政府职能模式，力图通过政府调控、工会组织、福利制度等多元手段实现组织化管理，加之科技革命对经济社会的推动作用，在很大限度内缓和了资本主义日益激化的社会矛盾，并使之再一次获得历史性喘息的机会，甚至还在 20 世纪 50—70 年代迎来资本主义经济发展的第二个"黄金时代"。这些自我调节措施包括以下几个方面[1]：一是在物质生产过程方面，资产阶级为攫取更高额的剩余价值而将电子计算机、网络通信等新兴技术应用于工业生产，使剩余价值的生产以高度自动化和信息化的方式在全球范围内急剧扩张，在为人们带来极为丰富的物质财富的同时，也加剧了国际社会之间的不均衡发展；二是在生产资料所有制方面，通过实行所有权与经营权的分离、雇员持股计划等方式逐步调整私有制的实现形式，其中股份制是资本主义大企业的主要组织形式；三是在管理机制方面，企业经营管理倾向于采取激励手段而不是惩罚手段，尽可能让更多的工人参与管理决策，且更加重视和利用工会的力量来解决问题；四是在收入分配方面，通过"把蛋糕做大"，实行高工资、高消费的政策，并建立起一套比较完善的社会福利制度以扩大市场需求、改善劳动者生存状况、维持社会稳定；五是在上层建筑方面，通过工会组织的合法化和自由谈判建立劳资之间的对话协商机制，把无产阶级革命纳入改良主义的轨道中。尽管

---

[1] 徐崇温：《论发达资本主义国家的自我调节》，《求是》2001 年第 10 期。

第二章　国外马克思主义技术批判理论的生成语境

凯恩斯主义在20世纪70年代之后受到以公共选择学派、新制度主义学派等为代表的新自由主义的挑战，但在这一思想的深刻影响下，欧美垄断资本主义国家一改其在19世纪之前作为"阶级镇压工具"的可憎面目，开始扮演调节经济社会发展主体性力量的重要角色。当代资本主义的统治方式日益走出权威主义的窠臼而趋向多元化，尤其是自第三次科技革命以来，其借助科技发展、学校教育、文化传统、消费习惯等手段使资本逻辑成为支配社会生活的"铁的定律"，由此导致资产阶级意识形态的强化和无产阶级革命意识的丧失。

资本主义统治方式的转变是多种要素彼此影响、相互制约而发挥合力作用的结果，科技革命浪潮和资本全球化运动是促成这一变化的重要推手。现代科学技术的飞速发展及其对人类社会生活产生的影响不容小觑，正如英国科学哲学家约翰·齐曼所言："在不足一代人的时间里，我们见证了在科学知识、管理和实施方式中发生的一个根本性、不可逆转的、遍及世界的变革。"[①] 科学技术的突飞猛进及其建制化发展有利于推进国家治理体系和治理能力的现代化。历史一再地证明：任何企图把化解社会问题的希望寄托于全能型政府的做法必将无功而返，因为现代政府在进行决策时所涉及的范围、规模、复杂性均达到了前所未有的程度，如环境保护、信息安全，这项工作已远非政治家的个人经验与才智所能胜任。事实上，今天那些拥有科学和技术专业知识的科学家群体恰恰可以充当政府的"外脑"，用集体智慧为决策者服务以确保决策的科学性、民主性和前瞻性。而现代科学技术深度嵌入政府治理体系，又不可避免地带来这样的后果：其一，科学技术在向"政府赋能"的同时必然向"公民赋权"，从而促逼政府不断提升治理能力。譬如，在第三次科技革命浪潮中不断发展的移动互联网、信息工程等新技术，不仅为政府实行电子政务的办公方式奠定了物质基础，而且也为公众表达诉

---

① [英]约翰·齐曼：《真科学：它是什么，它指什么》，曾国屏等译，上海科技教育出版社2002年版，第81—82页。

求、捍卫权利提供了更多的机会和渠道。为了应对公众舆论压力和社会突发事件，政府需要不断提升其危机公关能力和善治水平。其二，科学技术信奉的效率至上原则渗透社会生活的各个领域，使之扮演着意识形态的社会角色。究其原因，科学技术的发展为现代人提供了极其丰富的物质文化生活，但却在与资本的共谋中成为资产阶级维护自身利益的统治工具，通常是借助电视广告、互联网等大众传媒科技将资产阶级的特殊利益作为所有人的共同利益来兜售，以此促使与资本的本性相契合的消费主义文化深入人心而弱化了其批判精神和反抗意识，同时也因技术理性的扩张和资本的全球化运动而引发了全球性的生态危机和其他一系列社会问题。就此而言，政府治理模式与现代科技革命之间呈现双向互动的关系，如果说前者决定着后者发生的深度和广度，那么后者则在很大限度内影响甚至决定着前者的主要形式。

对于20世纪资本主义统治方式的当代变化及其负面效应，国外马克思主义理论家不仅敏锐地洞悉了新的控制形式下政府职能的转变，而且在继承马克思主义批判性精神的同时把视线聚焦于科学技术的合理性问题。他们借由以技术理性为表征的文化意识形态批判，积极探索当代资本主义畸形发展的原因及其解放策略。这就内在地规定了国外马克思主义理论家对待科学技术问题的批判态度和辩证维度，由此构成经典西方马克思主义社会批判理论的核心内容之一。

二 从"福特主义"转向"弹性"的生产方式

美国马克思主义经济学家哈里·布雷弗曼（Harry Braverman）在《劳动与垄断资本》一书中明确表示，马克思"从来不对历史采取一种公式主义的看法，从来不随意玩弄无遮无盖的相互关系……也从来不打算通过极度简化的做法来掌握历史"[①]。正是从人的感性活动出发，马

[①] ［美］哈里·布雷弗曼：《劳动与垄断资本：二十世纪中劳动的退化》，方生等译，商务印书馆1978年版，第23页。

第二章　国外马克思主义技术批判理论的生成语境

克思才找到了理解整个人类社会发展史的"钥匙"——劳动，这对我们认识阶级斗争、生产关系以及社会意识的历史至关重要。基于此，把握国外马克思主义理论范式的转换离不开对当代资本主义生产范式的深度解剖，其实现形式是以弹性生产为特征的"后福特制"替代以流水线生产为特征"福特制"的资本主义积累过程。这一转变过程既加速了资本、劳动力、信息的全球流动又引发制度和管理上的一系列变革，从而使资本主义生产效率得以大幅提升，但也进一步为资本拓殖及其总体控制提供了便利条件。

从福特主义积累体制的形成来看，最初是源于20世纪30年代的美国企业家亨利·福特（Henry Ford），他主张在标准化生产的基础上迫使工人高强度劳动，从而不断地增加产品数量、降低生产成本和榨取更多利润。为了更好地适应生产的高度社会化和帝国主义间的激烈竞争，美国率先在工业领域大规模地推行福特制生产管理模式，并逐步确立起它在西方国家的主导性地位。至于"福特主义"一词，则是较早出现在葛兰西的《狱中札记》一书中，主要用以指称一种基于美国方式的新的工业生活模式，它的特点可归结为"首先在于它提供了（至少就目前来说）更高的工资以及它所关注于工人的业余时间"[①]。到20世纪70年代后期，法国调节学派[②]以"积累体制""调节模式""发展模式"为理论框架，对当代资本主义累进方式进行系统研究，明确指出福特主义是一种以市场消费需求为导向、以专业分工为基础、以低价商品为竞争手段的刚性生产模式，它的主要特征在于大规模生产、标准化消费和国家福利主义。而福特主义之所以能够替代传统的工场手工业生产模式，则是基于以下两个方面的原

---

① ［英］斯蒂夫·琼斯：《葛兰西导读》，相明译，重庆大学出版社2014年版，第139—140页。

② 法国调节学派（Regulation School），是20世纪70年代末以阿格里塔（Michel Aglietta）、利佩茨（Alain Lipietz）以及布瓦耶（Robert Boyer）等人为代表的一批法国学者，在马克思主义经济学理论框架的基础上，吸收了凯恩斯、卡耐斯基和法国年鉴学派的理论，发展了一种研究资本主义经济长期发展的理论框架而形成的学派。

因：其一，大规模的、高度自动化的生产流水线极大地提高了劳动效率。就其生产过程而言，福特主义生产模式在承袭"科学管理之父"泰勒的思想基础上，强调坚持自动化流水线的机器原则以及它对劳动过程的精细分工，至此确立了资本的社会霸权地位。然而，这种以脑与手、概念与执行的分离为代价的垂直整合和科层制管理，使资本主义生产体系的各个环节变得更加简单，但又不失专业性，旨在通过专用性机器和低能化工人的有效结合提高资本的有机构成以达成生产效率的成倍增长。只是福特主义因强调生产标准化而把劳动过程划分得极为细致，以至于劳动者从机器的操控者沦为机器的附属品，更准确地说，他们作为内嵌于资本主义生产流水线上的中间环节，最终丧失了主体的个性化和创造性。其二，批量生产与大众消费的有效结合保证了生产的可持续发展。福特主义运行机制确保了大批量的工业制品被源源不断地生产出来，特别是满足人们日常生活所需的各类消费品也在标准化生产中形成价格优势，从而吸引了越来越多的消费者，使资本主义市场不断扩大、规模经济成为可能。基于政治经济学的视域，商品只有通过交换才能实现其价值，货币也才能转换成资本并扩大再生产，否则就会导致资本主义再生产链条的断裂，甚至是引发严重的全球性经济危机。所以，福特制生产模式的独特之处就在于促成生产与消费的融合，同时建立劳资之间的谈判机制，把原本不具备购买力的人纳入消费群体，通过鼓励消费促进大规模生产的进一步发展，使资本主义生产链条得以维系并焕发新的生机。法国经济学家阿格里塔把生产过程与消费模式的统一视为福特主义积累模式的原则，指出发达资本主义国家在从外延式积累体制向内涵型体制转变的过程中，通过引入自动化流水线生产模式使人们以消费的方式参与资本主义生产体系，主要是"因为在前资本主义的日常生活形式连同其处于其中的社会结构被连根拔起之后，这种社会化的消费模式就显得更为必要。当雇佣关系被延伸至整个社会的整体领域时，消费资料的社会化也必然会跟上，不管它是作为商品被购买，还是直接由公共当局来提供"①。此外，凯恩斯主义对社会经济的干预、社会福利对工人生活状况的改善、标准化生产对标准化消费的形塑等措施，在客观上确保了工人既具备支付的能力，又拥有闲暇时间和消费意愿。正因如此，福特制生产模式以及随之流行的大众消费，使西方社会走向以消费为主导的后工业社会。

在20世纪70年代以后，福特主义的内在结构性矛盾因一系列外部条件的变化而逐渐显性化。一方面，由于两次石油危机、布雷顿森林体系的崩溃、社会性动荡等偶发性事件的外部冲击，福特主义生产模式运行的稳定环境遭到侵扰；另一方面，大规模流水线作业是一种取消生产者的生产方式，带来的社会后果是可变资本相对于不变资本的投入大量减少，但资本有机构成的提高又引起利润率全面下降的趋势，最终必然造成资本积累过程的被迫中断。为了走出"福特主义危机"，资本主义弹性制生产方式应运而生，它主张采用灵活多样的生产方式打破标准化生产的僵化刻板和对需求关系的过度依赖，有利于资本主义社会继续向前发展，以"第三意大利"②的轻工业产业区模式和日本丰田的汽车精益生产体系为典型范式。英国左翼思想家大卫·哈维（David Harvey）认为，后福特主义生产方式就是"依靠同劳动过程、劳动力市场、产品和消费模式相关的灵活性"的资本积累体制，其灵活性体现为以下四点：一是在生产机制方面，以少量多变的生产形态为主要特征。福特制生产带来的规模经济"已经遭遇了日益增加的小批量廉价制造各种商品的生产力的抗衡"③，后福特主义则采取小批量生产、弹性外包、

---

① Michel Aglietta, *A Theory of Capitalist Regulation: The US Experience*, London: NLB, 1979, p. 165.

② "第三意大利"的概念来自意大利学者Arnaldo Bagnasco，是指意大利中部和东北部地区，有别于历史上经济发达但目前逐渐衰落的西北部（第一意大利）和经济落后的南方（第二意大利）。具体包括：翁布利亚、马尔凯、艾米里亚—罗马格纳、弗留利—威尼斯朱利亚、威尼托、特兰提诺—上阿迪杰和托斯卡纳在内的7个地区。

③ [美]戴维·哈维：《后现代的状况——对文化变迁之缘起的探究》，阎嘉译，商务印书馆2003年版，第200—201页。

大规模定制等方式建立柔性生产体系，以更好地适应个性化、多元化和全球化的市场需求。二是在雇佣方式方面，以灵活的用人机制为主要特征。后福特主义时代的劳动力结构一般是由围绕生产核心的非全日制生产群体组成，其中全日制员工享有最好的工作保障和社会福利、非全日制员工则具有较大的流动性。这种灵活而立体的用人方式，有利于避免因需求不稳定而导致的生产力浪费和因阶层固化而带来的阶级对抗。三是在劳动力市场结构方面，以家庭劳动的复兴和工会力量的衰落为主要特征。工业结构的变化尤其是业务转包的方式，不仅为中小企业的成长提供了机会，而且使过去较为灵活的手工业式和家庭式的劳动体制得以复活。四是，在文化形态方面，以多样性、差异化的消费为主要特征。从福特制的标准化消费到后福特制的差异化消费意味着从宏大叙事走向多元话语，这是后福特主义灵活的弹性制生产在文化领域的生动表达。晚期资本主义与后现代主义在文化层面上取得了一种彼此共谋的辩护关系，也就是说，"福特主义的现代主义相对稳定的美学，已经让位于后现代主义美学的一切骚动、不稳定和短暂的特质，这种美学赞美差异、短暂、表演、时尚和各种文化形式的商品化"[①]。

倘若从技术视角考察当代资本主义组织方式的转变，那么我们可以毫不犹豫地作出这样的论断：以信息技术和微电子技术为先导的第三次科技革命和产业革命，促使资本主义生产方式从"福特主义"转向"后福特主义"。因为现代科技的革新及其应用必然会引起生产力诸要素的变化，进而影响到人类历史的发展进程。就第三次科技革命而言，电子信息技术拥有其他科技手段所不具备的超时空特性，一旦当它向生产过程全面渗透，就能凭借建立灵活的信息流通机制和精准的生产模式，把生产各个环节的资本周转时间和生产成本尽可能降到最低。如此一来，既有助于资源配置的不断优化和生产结构的合理化，又为资本在

---

① ［美］戴维·哈维：《后现代的状况——对文化变迁之缘起的探究》，阎嘉译，商务印书馆2003年版，第201—202页。

全球范围的扩张和重组提供有利的条件，而网络通信及其接入设备为不同于福特制的新型生产方式提供了强大的技术支撑。作为西方传播政治学的标杆人物之一，丹·席勒（Dan Schiller）对此有着深刻的认识，他认为信息通信技术绝非与资本主义形同陌路，而是已内生为资本主义发展的重要组成部分，"当网络现代化以势不可当的方式席卷各个领域时，每个领域中扩张与钳制、（供应）过剩与不足之间的平衡模式，也随之发生猛烈且短暂的变化"[①]。在现代信息技术的促逼下，泰勒式流水生产线必将成为历史的遗迹。尽管当代资本主义在后福特制的主导下实现了生产的智能化、弹性化和精细化，但这并不意味着资本对劳动者及其劳动过程的剥削程度有所减轻，反而以更不易被人察觉的方式加剧了。

从福特制向后福特制的转型，在很大限度内得益于电子信息技术与现代工业体系的高度融合，不仅改变了当代资本主义的积累模式和剥削方式，而且还对整个社会生活的各个方面都产生着重要影响。只有深入研究当代资本主义生产方式及其运行机制，才能准确把握国外马克思主义理论家把批判的矛头指向科学技术及其思维方式的理论逻辑，为进一步澄清其思想内核、发展路向以及精神实质提供了充足理由律。

三　从机械化生存转向数字化生存的生活方式

生存方式作为一个历史性范畴，通常标识着人类在不同历史时期被特定的主导性生存要素所规定的生活特征。这种主导性生存要素又往往是由该时代的生产力发展状况所决定的，因为"个人怎样表现自己的生活，他们自己也就怎样……这同他们的生产是一致的——既和他们生产什么一致，又和他们怎样生产一致"[②]。迄今为止，人类的生存方式大致分为自然化生存与技术化生存两种类型。前者是指近代之前以人对

---

① ［美］丹·席勒：《数字化衰退：信息技术与经济危机》，吴畅畅译，中国传媒大学出版社 2017 年版，第 77 页。
② 《马克思恩格斯文集》第 1 卷，人民出版社 2009 年版，第 520 页。

自然（物）的依赖性为轴心展开的生命活动，因对自然的崇拜而倡导一种自然主义的价值观；后者是指近代之后以人对技术（物）的依赖性为轴心展开的生命活动，因对理性的张扬而形成了一种人类中心主义的价值观。显然，生活在后工业社会的人们是以技术化生存为主要方式的，尤其是高度依赖于技术人工物和技术知识，日益呈现从机械化生存转向数字化生存的典型特征。

如果说自然化生存是人作为动物或半动物式的一种自在的生存状态，那么技术化生存就是人作为人自身的一种自为的生存状态。人类正是凭借科学技术和"理性的机巧"才挣脱了自然的束缚和神性的统治，这主要有两个方面原因：其一，现代技术在工具论意义上是人类肢体和感官的补充与延伸，使人们在与自然长期打交道的过程中不再感到惊恐和慌乱，而是在科技理性的帮助下摆脱对自然和他人的依赖性，从而成为认识和改造自然的主体性存在；其二，现代技术在生存论意义上是人类通达世界的"中介"和"桥梁"，通过解蔽的方式使世界的真实面目向人类敞开，把人们从迷信和盲从的蒙昧状态中拯救出来，至此宗教神学世界观也就被哲学科学世界观所取代了。由此可见，当生命活动的主要依赖因素完成了由自然物向技术物的让渡时，人的生存方式也随之过渡到以技术规则为核心的技术化生存阶段，尤其是在以第一次科技革命为标志的工业社会之后，人类借助技术物弥补自身的"先天不足"而不断超越自然的限制，不仅使之从繁重的体力劳动中解放出来，而且为人的自由而全面地发展提供了更多的现实可能性。按照林德宏的观点，技术化生存的实现过程大致分为以下三种基本类型：一是用机器运转全面替代人的实践活动；二是用人工智能替代部分人脑智能；三是用各种人造物体全面替代人的身体。① 这种依据技术与人类的结合程度区分技术化生存的看法具有合理性，从部分到整体、从外在到内在的实现路径基本上符合技术发展模式。事实上，欧美发达资本主义国家是在

---

① 林德宏：《"技术化生存"与人的"非人化"》，《江苏社会科学》2000年第4期。

第二章 国外马克思主义技术批判理论的生成语境

现代技术与工业体系的联袂中实现生产的自动化和人的技术化,从宏观层面的国家治理到微观层面的日常生活无一不体现着技术的中介性甚至是决定性作用。今天人们的高效率、快节奏、多元化生活之所以可能,须臾离不开技术进步及其社会应用。在饮食结构方面,现代营养科学和生物技术的发展使人们吃得更加健康安全,也更加符合人体需要;在穿着打扮方面,纳米技术的发展使集耐磨、耐蚀和耐热功能于一体的衣物成为最佳选择;在家居生活方面,住宅借助高科技变得越来越智能化和人性化,女性也从烦琐的家庭事务中解放出来步入职场;在交通出行方面,动车、高铁、飞机等公共交通工具的革新使"朝发夕至"的快捷生活成为可能,人们的活动范围不断向外拓展的同时带来了多元文化的交融。由于日常生活现象的细微变化如同一面三棱镜折射出人类社会的历史嬗变,所以欧美国家主导性生存方式也从侧面反映了当代资本主义不断信息化、智能化和数字化的发展趋向。尽管以自然化生存为主的前工业社会效率较低,但技术实践非但没有成为凌驾于人之上的异己性力量,反而作为人的生命活动的内在要素彰显着人的本质。然而,以技术化生存为主的工业社会因现代技术对日常生活的全面侵蚀,使人们在依据技术规则解构和建构自身的过程中沦为无意义的存在,此时"社会结构的'生活方式'是在核算原则、劳动和实践的合理安排以及某种线性进步感的基础上形成的。这一切都根源于人类用技术去控制大自然的努力,根源于企图用全新的生活节奏代替受季节变化和土地收益递减规律制约的生活节奏的努力。技术控制转而同某种特征结构相融合"①。

随着第三次科技革命浪潮的席卷而来,欧美发达资本主义国家在20世纪50年代以后基本从"工业社会"走向"信息社会",人类生存的技术基础也从机械技术转变为信息技术,加之作为信息处理中枢系统的互联网平台,人们的日常生活逐步从真实可感的现实世界转至虚拟的

---

① [美]丹尼尔·贝尔:《后工业社会》,彭强译,科学普及出版社1985年版,第158页。

数字空间。关于信息革命给人类生存方式带来的重大变革，美国著名学者尼葛洛庞蒂（Nicholas Negroponte）早在其代表性著作《数字化生存》中作出系统性阐释，他指出数字化生存表征着处于世纪之交的人们过上了一种"每时每刻与电脑为伍"的生活，以此挣脱时空的限制和"原子"的束缚，"使每个人变得更容易接近，让弱小孤寂者也能发出他们的心声"①。今天智能手机已经成为人们居家旅行的必备单品之一，"手不离机，机不离手"是绝大多数人的真实写照，在很大限度内印证了尼葛洛庞蒂的预言。作为技术化生存的特殊形式，数字化生存与机械化生存一样在本质上是人基于技术的一种生存状态。与机械化生存不同的是，数字化生存将人的"生活世界"以计算机语言（"0"和"1"的二进制）的极简形式压缩进"信息世界"，其后果是人的生活世界表现为分散化、全球化、和谐化、简易化等主要特征。在数字化生存的社会环境中，真实与虚拟、在场与不在场、地方与全球、私人空间与公共空间的交叠、人机交互或人机一体化的存在成了日常生活的常态。从交往方式看，人与人之间的交流与相处是以电子信息技术为基础展开，这样不仅打破传统面对面交往活动的时空限制，而且构造了一个平等的、开放的、去标签化的"赛博空间"（cyberspace），即使身体不在场也能通过符号中介系统进行人际互动。但令人吊诡的是，数字化生存在拓展人类生存空间、增加自由劳动时间和促进人类解放等的同时从技术领域延伸至人的内心世界，进一步加剧了现代人的生存困境，具体表现如下：一是数字化生存强化人对技术物的依赖程度。在人的技术化和技术的人性化过程中工具性压倒了目的性，技术反客为主使人性彻底地屈从于物性的统治，甚至还出现了诸如手机依赖症、整容成瘾症、网瘾少年等令人担忧的社会现象；二是数字化生存导致人的生存趋于平面化。只要打开电脑、手机、平板等电子设备，人们就可以"足不出户而知天下

---

① ［美］尼葛洛庞蒂：《数字化生存》，胡泳、范海燕译，海南出版社1997年版，第7页。

事",因为"网络原住民"借助数字符号来传递情感,依赖专家系统或技术精英思考问题,通过电视广告或网络游戏等满足娱乐需要。只是被锁定在屏幕前的现代人,看似能更加自由地表达、科学地决策以及拥有更多元化的休闲方式,但实际上个体生命的真实体验和文化价值却被符号化、抽象化和虚无化了。三是数字化生存造成了自我认同的混乱。数字化生存的视线依托虚拟技术和远程登录,如此一来,这些被制造出来的没有位置感和空间感的共同体,总是在地方性与全球性之间游移不定、在现实与虚拟之间不断切换身份,以至于迷失在网络世界中而无法辨认自我的真实性,更是在信息与符号的激增中使自我同一性被无情地遮蔽直至消解。所以,在数字化生存方式全面展开的时代,"在现代技术的发展过程中,个人习惯、理解、自我概念、时空观念、社会关系、道德和政治界面都被强有力地重构"[①],人们的生存境遇呈现流变与固化、焦虑与希望及风险与机遇并存的复杂格局。

人类生存方式从自然化生存向技术化生存的跃迁,实质上是人的生命活动在物质层面和精神层面上的进一步延展。而作为技术化生存特殊形式的机械化生存和数字化生存,则标识着西方社会从私人垄断资本主义向国家垄断资本主义过渡的演变过程。然而,当代资本主义的数字化转型非但没有指引人类走向自由解放之路,反而还带来了主体性的丧失、真实性被遮蔽、同一性的肢解等生存困境,这正是国外马克思主义理论家不得不思考的现实问题,更是他们探索适合西方社会主义革命道路必须扎根的历史文化土壤。

第二节 国外马克思主义技术批判理论的思想渊源

国外马克思主义技术批判理论的形成并不是一蹴而就的。一方面,

[①] Landon Winner, *The Whale and the Reactor: A Search for Limits in an Age of High Technology*, Chicago: University of Chicago Press, 1986, p.9.

它是对当代资本主义因技术异化而引发的一系列社会问题所作的理论回响；另一方面，它是对马克思主义技术哲学思想谱系的深化拓展。作为"家族相似"的敞开性理论，国外马克思主义技术批判理论在继承马克思技术批判思想的基础上，不仅合理借鉴韦伯合理化理论，还汲取了同时代思想家海德格尔的技术哲学思想。正是在经典马克思主义哲学和现代西方哲学思潮的双重影响下，才使国外马克思主义技术批判理论不仅具有强烈的社会政治批判倾向，而且染就了浓重的人本主义色彩并充满浓厚的生存价值关怀。[1]

一 对马克思技术批判思想的继承和发展

德国技术哲学家F. 拉普（Friedrich Rapp）对马克思主义技术哲学给予了充分肯定，他在1981年出版的《技术哲学导论》一书中指出："马克思列宁主义的技术哲学大概最接近于一个确定的思想流派了，因为马克思、恩格斯和列宁已经奠定了基础（如对历史的唯物主义解释、关于劳动和生产过程的基本观点等）。"[2] 马克思、恩格斯通过对唯心主义哲学和旧唯物主义哲学的批判性反思确立了历史唯物主义的总体性原则，强调技术（实践）不仅是确证人的本质力量的基本形式，而且是表征着特定社会关系的感性活动方式，从而实现对技术哲学本质主义传统的扬弃与超越。此后，经过苏联—东欧学派、法兰克福学派和生态学马克思主义的理论探索，马克思主义技术哲学的"技术—社会批判"传统得以确立起来。

马克思、恩格斯基于历史唯物主义的总体性框架，围绕技术进步与工业生产、劳动异化、人的自由以及环境问题等关系问题进行理论探索，形成了以技术实践论、技术价值论和技术异化论为基本内容的技术

---

[1] 衣俊卿：《20 世纪的文化批判：西方马克思主义的深层解读》，中央编译出版社 2003 年版，第 123 页。

[2] ［联邦德国］F. 拉普：《技术哲学导论》，刘武译，辽宁科学技术出版社 1986 年版，第 182 页。

批判思想。他们之所以借由技术批判的形式来观照人的生存境遇和揭露资本的剥削本性，主要是基于理论和现实的双重考量。就理论层面而言，科学技术问题能够进入马克思、恩格斯的理论视野，是因为技术进步关乎"人的解放"旨趣。在"清算自己从前的哲学信仰"时，他们发现近代形而上学脱离了技术产生与发展的现实基础，而将技术实践神秘化、抽象化为主体意志或类本质的表象形式，使其无法承担起"改造世界"的理论任务。因此，马克思和恩格斯强调"思辨终止的地方，即在现实生活面前，正是描述人们的实践活动和实际发展过程的真正的实证的科学开始的地方"[①]，把历史唯物主义范式作为分析资本主义技术体系也成为一种理论上的必然。就现实层面而言，马克思和恩格斯生活在资本主义迅速发展的19世纪，科学技术作为推动生产力发展的重要杠杆而被嵌入现代工业体系中，这无疑进一步加剧了资产阶级对无产阶级的剥削和压榨，在客观上要求从历史唯物主义的视域来探究技术的本质、技术与社会的互动、技术与人的发展等现实问题。因为只有通过对技术现象和技术实践的社会批判来揭示人类历史的发展规律，才能为实现无产阶级和全人类的解放指明方向，否则工人运动就只能停留在仇视、捣毁作为技术物化形态的各种机器的卢德主义阶段。归结起来，无论从理论旨趣还是现实语境出发，马克思、恩格斯对科学技术问题的思索始终以历史唯物主义为理论基石，从"实践"这一核心范畴展开技术与社会之间关系的批判性反思，实现了从狭义的技术观念到广义的技术观念的逻辑转换。

马克思主义经典作家在《1844年经济学哲学手稿》《德意志意识形态》《自然辩证法》《资本论》等著作中较少直接使用"技术"一词，他们在说明技术及其异化现象时更多地使用技术的下位概念，如"棉纺品""手纺机""手纺车""蒸汽""科学""农业和手工业

---

① 《马克思恩格斯文集》第1卷，人民出版社2009年版，第526页。

的结合"等词语，这些都是对技术产品、技术设备或技术流程的直接说明。① 从马克思的"工艺学笔记"中不难发现，他坚持把技术理解为一种社会过程而非既有的东西，在广义上揭示了技术不仅延长人的自然生命，而且拓展了人的社会生命、丰富了人的精神生命。在马克思和恩格斯的文本语境中，广义的技术观念从来都是以人的解放为价值诉求的人之于世界的"活动方式"，包括身体技术、社会技术和思维技术在内的自然属性与社会属性的统一。就此而言，技术性生产劳动作为人类的基本生存方式，在其原初意义上蕴含着人本主义的精神，如增加幸福感、改善生存处境、消灭身体疾病、提高土壤肥力、便利人际交往、加快运动速度等。但技术的人文向度在历史的延宕中却走向了人的对立面，逐渐沦为压榨人和自然的极权主义，尤其是工业革命以来，技术以机器（体系）的物化形态出场使人与物之间的关系"倒转"。随着机器自动化技术的不断提升和广泛应用，资本主义机器大生产体系逐渐瓦解了传统的手工工厂业，作为资本物质形态的机器及其运行规律在生产过程中加剧了对工人肉体与精神上的规训。具体来说，技术的逻辑内在地要求工人按照统一的标准进行重复性的、机械化的和非创造性的劳动，这就造成了人的完整性被肢解为生产流水线上的某个零部件，人的独特性被消解在庞大的机器系统的内在规则中，以及人的内在价值被物化为金钱、资本、权力、商品等外在形式的社会后果。正因如此，马克思在人们为科学技术取得的巨大成就而欢呼雀跃时却发出了振聋发聩的呐喊，他清醒地认识到："在我们这个时代，每种事物好像都包含有自己的反面，我们看到，机器具有减少人类劳动和使劳动更为有效的神奇力量；然而却引起了饥饿和过度的疲劳。技术的胜利，似乎是以道德的败坏为代价换来的。……我们的一切发现和进步，似乎结果是使物质力量成为有智慧的生命，而人的生命则化为愚钝的物质力量。现代工业和科

---

① 参见刘大椿《审度：马克思科学技术观与当代科学技术论研究》，中国人民大学出版社2017年版，第46—47页。

第二章　国外马克思主义技术批判理论的生成语境

学为一方与现代贫困和衰颓为另一方的这种对抗,我们时代的生产力与社会关系之间的这种对抗,是显而易见的、不可避免的和毋庸争辩的事实。"① 这表明马克思在肯定技术物（机器系统）与工业生产过程的结合有利于提高生产力的同时,也敏锐地觉察到技术异化对无产阶级及其生活世界的压榨,在此基础上形成了以实践为核心范畴的广义技术观。

马克思、恩格斯将机器与机器的资本主义使用区分开来,他们并不认为造成资本主义畸形发展的罪魁祸首是技术本身,而是将其归因于技术的资本主义应用与工业的资本主义性质。这也是马克思主义技术哲学思想的独特之处,不仅揭示了技术规则与资本逻辑具有内在的一致性和同构性,而且还发现技术的进步和发展为克服自身的异化提供了物质基础。在马克思和恩格斯看来,技术的资本属性只有在与之相适应的社会关系中才能获得其现实存在,在资本主义生产条件下,生产资料私人占有与生产社会化之间的基本矛盾导致资本与劳动的对立、资本家与工人的冲突、技术与人的分裂,原本彰显人的本质力量的感性活动也在资本逻辑的支配下沦为异化劳动,技术在这一过程中充当为资本家攫取更多剩余价值的"帮凶"角色。因此,机器技术实质上是一种资本的物化形式,发挥着维护和巩固资产阶级统治地位的作用,用马克思的话来说："一个毫无疑问的事实是：机器本身对于把工人从生活资料中'游离'出来是没有责任的。……矛盾和对抗不是从机器本身产生的,而是从机器的资本主义应用产生的！因为机器就其本身来说缩短劳动时间,而它的资本主义应用延长工作日；因为机器本身减轻劳动,而它的资本主义应用提高劳动强度；因为机器本身是人对自然力的胜利,而它的资本主义应用使人受自然力奴役；因为机器本身增加生产者的财富,而它的资本主义应用使生产者变成需要救济的贫民。"② 这里的技术指的是一种"经济的技术"或"资本的技术","技术—资本"

---

① 《马克思恩格斯文集》第 1 卷,人民出版社 2009 年版,第 580 页。
② 《马克思恩格斯文集》第 5 卷,人民出版社 2009 年版,第 508 页。

的一体化为资本增殖开辟了更大的空间，同时让工人逐渐丧失了对技术的话语权，人与技术的关系颠倒为技术对人的身体和心理的双重折磨，这一新的异化过程实则包括了"离开劳动生产过程的技术实践和科学研究活动中纯粹塑形、构序和赋型，以及重新返回到生产过程中的机器—劳动过程的对象化应用"①。尽管资本在"招募"技术为其服务的同时不可避免地带来各种异化现象，但马克思并未就此彻底否定技术的进步意义，而是通过对人类历史和社会发展的整体思考将这一问题与资本主义生产体系勾连起来。他不再局限于浪漫主义对技术异化的道德指控，而是基于生产范式批判深入剖析资本主义条件下的技术使用过程，并在此基础上指明无产阶级的政治解放是走出技术奴役困境的前提与基础。所以，与其说经典马克思主义偏好于技术现象的理论研究，倒不如说他们更注重对技术实践的唯物史观阐释和政治经济学批判。

国外马克思主义技术批判理论不仅秉承马克思技术批判思想的精神实质，而且还以存在主义、弗洛伊德主义、生态主义等哲学思潮为理论养分对其进行了合乎时代情境的发挥。就前者而言，早期西方马克思主义理论家借由技术批判而把矛头指向资本主义的总体性控制，法兰克福学派、生态学马克思主义以及当代国外马克思主义新思潮则从文化哲学、生态政治学、符号消费理论等不同视角重新审视技术的合理性问题，但其追求人类解放的理论旨趣在本质上与马克思是一脉相承的。就后者而言，国外马克思主义理论家以组织化的资本主义社会为现实基础，在与同时代思想家的理论交锋和思想碰撞中将马克思技术批判思想拓展至意识形态批判、生态政治批判、加速社会批判等诸多论域，并赋予了马克思主义技术哲学新的历史内涵，使马克思主义与时俱进的理论品格得以开显和贯通。

---

① 张一兵：《科学技术与机器生产对工人劳动的深刻变革——历史唯物主义的经济哲学构境》，《探索与争鸣》2022 年第 5 期。

二　对韦伯技术合理化理论的借鉴和批判

马克斯·韦伯（Max Weber）是20世纪德国最有影响力的知识分子之一，他同马克思和涂尔干被后人并称为"现代社会学的三大奠基人"，其中韦伯和马克思在理论上的联系与差异历来备受关注。与马克思一样，韦伯是以西方资本主义的兴起和发展为切入点洞察人类的生存境遇，阐明资本主义的现代化与合理化实质上是同一历史过程，组织化的资本主义社会在"价值合理性"逐渐式微而"目的合理性"不断膨胀的祛魅中陷入现代性的牢笼。但与之不同的是，韦伯因深受新康德主义的影响而主张事实与价值二分，从价值中立的立场出发断言资本主义合理化的历史必然性，并把"资产阶级的二律背反"视为现代人不可逃避的命运，带有一定的悲观主义色彩。

韦伯社会学理论的核心实质上是合理化（rationalization）问题，这"不只是宗教社会学和方法论的基本原理"，更是贯穿于"韦伯整个理论体系（包括经济社会学、宗教社会学、政治社会学、法律社会学——引者注）的基本原理"[①]。根据社会行动的意向性，韦伯把人的行为划分为目的理性行为、价值理性行为、情感行为和传统行为，分别对这四种不同类型作出详细的规定："①目的合乎理性的，即通过对外界事务的情况和其他人的举止的期待，并利用这种期待作为'条件'或者作为'手段'，以期实现自己合乎理性所争取和考虑的作为成果的目的；②价值合乎理性的，即通过有意识地对一个特定的举止的——伦理的、美学的、宗教的或作任何其他阐释的——无条件的固有价值的纯粹信仰，不管是否取得成就；③情绪的，尤其是感情的，即由现时的情绪或感情状况；④传统的，有约定俗成的习惯。"[②] 在以上四种社会行

[①] Karl Lowith, Bryan Turner, *Max Weber and Karl Marx*, London and New York: Routledge, 1993, p.63.

[②] [德] 马克斯·韦伯：《经济与社会》（上卷），林远荣译，商务印书馆1997年版，第56页。

为类型中，前两种属于理性支配的社会行为，在社会秩序领域分别表现为形式合理性和实质合理性；后两种则属于非理性支配的社会行为。基于此，韦伯把合理化作为剖析经济社会、政治社会和宗教社会的理论工具，认为资本主义的产生和发展就是人类行为由非理性逐步向理性发展的历史过程，同时也是一个形式合理性不断扩张而实质合理性日趋萎缩的"祛魅"过程，此时理性主义则成为资本主义社会的一个重要特征。

第一，合理化在政治经济领域主要体现为以科层制为表征的"行政行为的制度化"和以现代企业为表征的"目的理性的经济行为"。关于前者，资本主义科层制度（或官僚制度）是社会合理化的必然结果。一方面，现代法律体系为行政管理过程的有章可循提供了制度保障，通过摒除个人的情感因素，既避免了管理的混乱又大大提升了行政的效率。正如韦伯所认为的那样，"到处经验都显示，纯粹官僚型的行政组织——即一元化的官僚制——由纯技术的观点来看，可能获得最高的效率。就此意义而言，它乃是对人类行使支配的已知方式中，最理性者"①。另一方面，官僚理性主义是以组织目标的实现为先决条件，由此造成了人的"机械化"和社会的"非人化"后果，原本负载伦理意义的实践活动——如新教禁欲主义赋予人类劳动以荣耀上帝的价值——因理性化和形式化而彻底沦为无意义的重复性劳动。关于后者，作为一种合理的经济组织，资本主义企业是以和平的方式"有计划地行使以经济为取向（资本的增殖和利益的最大化——引者注）的支配权力"②，在形式上有效安排自由劳动力、在技术上合理利用科学知识、在组织上进行科学管理。只不过这种以合理化为主导性原则的社会秩序，使人们乐此不疲地沉浸于追逐经济利益的物质性活动中，长此以往就造成了对价值信仰的漠视和淡忘。此外，在理性原则支配下的交往实践变得越来

---

① [德] 马克斯·韦伯：《经济·社会·宗教——马克斯·韦伯文选》，郑乐平编译，上海社会科学院出版社1997年版，第180页。
② [德] 马克斯·韦伯：《经济与社会》（上卷），林远荣译，商务印书馆1997年版，第85页。

第二章　国外马克思主义技术批判理论的生成语境

越世俗化、物质化和抽象化，在很大限度内加剧了人与人之间关系的紧张感和疏离感。而谈及原因时，韦伯则坦率地表示资源和市场的有限性势必造成人与人之间的利益竞争，毕竟"对于任何合理的货币计算，尤其是任何资本计算，在市场赢利中都以价格机会为取向，价格机会是通过在市场上的利益斗争（价格斗争和竞争斗争）和利益妥协形成的"①。伴随着资本主义的合理化过程，人际交往的原则不再是"含情脉脉"的情感因素而是"冷冰冰"的利润最大化，这也就决定了人与人之间的关系从"兄友弟恭"的和谐相处转变为"勾心斗角"的敌对状态。

第二，合理化在文化领域主要表现为传统宗教—形而上学世界观的瓦解和以价值多元为特征的世俗文化的生成过程。在《新教伦理与资本主义精神》中，韦伯从社会学的视角揭示以入世禁欲主义为特征的新教伦理与近代资本主义精神之间存在的"亲和性"关系。所谓"入世的禁欲"，是一种相较于"出世的冥想"而言截然不同的救赎宗教伦理，通常把自己当作"神的工具"而非"神的容器"，因此在尘世生活中积极践行神或上帝的意志。②世俗禁欲主义肇始于16世纪以来的欧洲宗教改革运动，特别是在路德派影响下形成了以"天职观"为中心的新教伦理精神。在韦伯看来，"天职"观念通过谴责享乐主义和赞许勤勉进取，把"彼岸"的宗教信仰与"此岸"的伦理道德联系起来，鼓励人们在自律的世俗生活中获得上帝的恩宠和人生的意义。如此一来，越来越多的人开始从事职业劳动，这不仅为致力于发现和改造自然的经验科学开辟了道路，而且还为资本主义财富的积累和社会的稳定奠定了基础。然而，新教伦理精神向政治、经济、法律等各个领域渗透的同时逐渐抛弃了原本教义的实质内容，保留下来的只有道德规范这一理

---

① ［德］马克斯·韦伯：《经济与社会》（上卷），林远荣译，商务印书馆1997年版，第113—114页。

② ［德］马克斯·韦伯：《中国的宗教：宗教与世界》，康乐、简惠美译，广西师范大学出版社2004年版，第510页。

性形式,并且随着现代技术的纵深发展,工具理性原则(或效用原则)与资本逻辑相耦合使世界祛魅化,传统的宗教—形而上学世界观遭到毁灭性打击并彻底丧失了合法性基础。在这个意义上,韦伯断言现代社会从此进入"诸神争斗"的价值混乱时代,因为"一个饱餐了知识之树的文化时代,其命运是必须知道,无论对世界事件研究的结果多么完善,都不可能从中获知世界事件的意义"[①]。

基于上述分析可知,韦伯是以合理化理论为主线重构了资本主义从"世界观的合理化(新教伦理)→文化的合理化(资本主义精神)→社会的合理化(科层制)"的历史过程。同时,他还觉察到隐匿其中的实质合理性与形式合理性之间的内在矛盾,以及由此带来的目的与手段的分裂、人的个性丧失、价值秩序的颠倒等现代人的生存困境。简而言之,在社会领域的自由丧失和文化领域的意义丧失构成了韦伯"现代性诊断"的两大主题,他的合理化理论对西方马克思主义技术批判理论产生了深刻影响,具体表现为以下两点:其一,"技术批判"是西方马克思主义从技术角度对现代性问题所作的理论回应,而这一问题之所以凸显出来要直接归功于韦伯以"合理性"为核心的研究范式。现代性叙事实际上是以形式合理性为主导性话语形成的"一个既没有神也没有先知的时代",现代技术因过于强调客观性和效用性而被韦伯判定为一种形式合理性,这成为西方马克思主义技术批判理论最为直接的思想来源。尽管西方马克思主义理论家以不同的方式接受了韦伯的合理化理论,但卢卡奇、霍克海默、阿多诺、马尔库塞、哈贝马斯等侧重于在工具理性层面理解技术的本质问题,通过借鉴韦伯的合理化理论揭示了当代资本主义社会的诸多弊病。以青年卢卡奇为例,他将合理化理论从韦伯社会学语境中剥离出来的同时纳入马克思商品拜物教批判中,从而确证了现代资本主义在工具理性主导下呈现全面物化的发展趋势,

---

① [德]马克斯·韦伯:《韦伯作品集I:学术与政治》,钱永祥等译,广西师范大学出版社2004年版,第98页。

使技术批判从合理化理论转向物化理论的话语逻辑、从客观描述走向现实批判。其二，西方马克思主义理论家因在精神气质上承继了马克思而使技术批判成为反抗现代性的"理论武器"，这与韦伯一贯坚持的"价值中立"原则是截然不同的。韦伯基于形式合理性和实质合理性的理论框架展陈了现代性的后果，认为"我们的时代，是一个理性化、理知化的时代，尤其是将世界之迷魅加以祛除的时代；我们这个时代的宿命，便是一切终极而最崇高的价值，已自社会生活隐没，或者遁入神秘生活的一个超越世界，或者流于个人之间直接关系上的一种博爱"①。在严格意义上，他对现代性问题的回答持一种不偏不倚的价值中立态度，只在"实然"而非"应然"层面给予相关分析。西方马克思主义理论家则因袭了黑格尔的辩证逻辑和马克思的批判精神，在韦伯"现代性诊断"的基础上运用批判理论的分析框架，从意识形态层面对现代技术进行更为激进的批判，以实现人的自由和解放的价值诉求。

作为国外马克思主义技术批判逻辑起点，物化理论构成了马克思与韦伯"相遇"的地平线，因为它不仅以马克思的技术思想为理论来源，而且还与韦伯的合理化理论之间存在一种"路径依赖"关系②，青年卢卡奇正是通过把韦伯因素纳入马克思的现代性批判传统中才建构了物化理论。此后，法兰克福学派把物化批判从生产领域拓展至政治、文化和消费等领域，生态学马克思主义又把理论触角进一步延伸到生态政治学。尽管侧重点有所不同，但他们以技术的合理性问题为切入点审视当代资本主义系统性危机的做法，大致沿着卢卡奇开启的文化批判传统朝多元方向发展，在不同程度上带有韦伯合理化理论的思想印记。

---

① [德] 马克斯·韦伯：《韦伯作品集Ⅰ：学术与政治》，钱永祥等译，广西师范大学出版社2004年版，第190页。

② 郑飞：《韦伯与西方马克思主义中的技术批判理论》，《哲学研究》2017年第5期。

三 与海德格尔技术哲学思想的碰撞和交融

当代技术哲学基本上可以被看作对海德格尔思想的诠释与发展，他们或肯定，或批判，或反对海德格尔的技术观念。海德格尔不仅没有回避人和物全部被卷入技术旋涡的现实处境，而且通过对技术本质的追问指认形而上学思维方式是问题的症结所在，进而把跳出技术怪圈的希望寄托在沉思之上，使拯救之途在澄明为"存在者"遮蔽的"存在"过程中成为一种可能。不可否认，他因过分忧心技术失控而使其理论主张不免带有悲观主义色彩，但对现代技术的"座架"本质的确证和审视对后世产生了深远影响。因此，荷兰技术哲学家皮特·克罗斯毫不讳言地表示："从20世纪60年代到80年代晚期，技术哲学受制于对技术的形而上学分析（受海德格尔的影响）和对科学技术对个人与社会生活方式的批判性思辨。"[①]

现代技术以及由此确立的社会秩序对"存在"的长期遗忘使人们逃不开"无家可归的命运"，故而技术问题成为海德格尔后期哲学最为关切的理论主题。然而，技术总是在现象学意义上避而不见，许多关于技术问题的讨论都远离了技术的本质。基于此，他从"存在"而非"存在者"出发追问现代技术的根基，指认技术本质的深藏不露与西方形而上学的理论传统密切相关，"技术这个名称本质上应被理解成'完成了的形而上学'"[②]。自柏拉图以来，所有的形而上学家从一开始就把目光投射在"存在者"，渴求在纷繁复杂且变动不居的世界中捕获某种确定性的东西，如"理念""上帝""我思""绝对精神""权力意志"等范畴，并将这些特殊的存在者推演至最高的、终极的、具有神性的存在者，尤其是在笛卡儿提出"我思故我在"的理论命题以后，

---

① Peter Kroes, Anthonie Meijers, *The Empirical Turn in the Philosophy of Technology*, UK: Elsever Science Limited, 2000, p. 18.

② Martin Heidegger, "Overcoming Metaphysics", *The Heidegger Controversy: A Critical Reader*, Cambridge, MA: MIT Press, 1993, p. 75.

作为"一般主体"的人一跃成为高于其他存在者的"无限主体",而其他存在者则沦为相对于人的"客体"或"对象"。这一过程塑造的表象世界,在海德格尔看来"必然是一种计算……在表象中,并非在场者起着支配作用,而是进攻占着上风……表象就是从自身而来向已被确证之物的首先要确证的领域的一种挺进。存在者不再是在场者,而是在表象活动中才被对立地摆置的东西,亦即是对象。表象乃是挺进着、控制着的对象化。由此,表象把万物纠集于如此这般的对象的统一体中"①。这意味着注重对象化思维、主体性原则和控制精神的主体形而上学为现代技术的发展奠定了非技术性基础,只是在世界图像化的过程中遮蔽了存在本身,由此形塑了形而上学的终极形态,同时令现代技术与形而上学在本质上达成一致。海德格尔基于存在论的视域驳斥了技术的工具论和人类学定义,前者认为技术是合目的的手段、后者则主张技术是人的行为。他认为,上述两种流俗的看法虽然是"正确的"东西,但却不是"真实的"东西,这主要取决于两点:其一,技术的工具性规定把"现成性"当作基本特征,以至于停留于经验层面的认识掩盖了现代技术与古代技术的本质性差异;其二,技术的人类学释义颠倒了人与技术之间控制与被控制的关系,将技术视为价值中立的、由人(的活动)任意摆弄的物质性存在,最终阻隔了通达技术本质的现实道路。

关于"工具性本身是什么?"的问题,海德格尔通过对因果性观念的原初澄明来领会技术的本质,在回溯到亚里士多德"四因说"(它具体是指质料因、形式因、目的因和动力因)的基础上,强调技术作为四种不同的招致方式共同把某物"带出"或"产出",使之从不在场过渡到在场,"并因而使之起动,也即使进入其完成了的到达之中"②。也就是说,技术在这样的因果关系中绝不单单是手段或工具,而是以一定

---

① [德]马丁·海德格尔:《海德格尔选集》,孙周兴译,上海三联书店1996年版,第918—919页。
② [德]马丁·海德格尔:《海德格尔选集》,孙周兴译,上海三联书店1996年版,第929页。

的形式把质料带入外形以使其显现。海德格尔把技术的发生学归结为在去蔽意义上而非制造意义上的一种产生（poiesis），认为"技术是一种解蔽方式。技术乃是在解蔽和无蔽状态的发生领域中，在无蔽即真理的发生领域中成其本质的"①。技术作为一种真理的展示，既是人们获取生存资料的必要手段，又包含着"对人和事物的存在的一种特定的理解、某种特定种类的活动在世界中的开放可能性"②。现代技术与古希腊的技艺一样都具有解蔽功能，但前者却是以促逼的方式使存在者进入无蔽状态的发生领域，使"物"按照人向自然提出的要求和挑战而成为"持存物"，使人的存在本身的敞开性和无限性被限定为某种单一功能。这表明了现代技术的"座架"（gestell，stell）本质，因为"座架意味着对那种摆置的聚集，这种摆置摆置着人，也即促逼着人，使人以订造方式把现实当作持存物来解蔽"③，通过开发、转换、储存、分配和转换等具体环节揭示真理和打造自然。这里的"技术摆置"又包含了两个方面的内容：一是现代技术之于自然而言是一种支配性力量，它将天然事物从世界的整体性联系中抽离出来并加以任意裁剪和制作，使之成为人类得心应手的工具，如荒山成为"采矿场"、潮汐转换为"水能"、森林变成"伐木场"，此时的自然是作为人类的"上手之物"而被发现的，在"有用性"的遮蔽下失去"纯粹之物"的自足性；二是现代技术之于人而言是一种"计算性思维"，人在技术摆置和促逼下将自己带入"去蔽之境"，但在开发自然中贮存的能量过程中，人因听从"揭示"的指令而沉沦为技术的"持存物"，人在世界之中的存在也被封存于以可核算性和有用性为原则的技术系统中，最后"此在"表现为抽象的、无差别的、千篇一律的状态。面对这样的情况，海德格尔忧

---

① ［德］马丁·海德格尔：《演讲与论文集》，孙周兴译，生活·读书·新知三联书店 2005 年版，第 12 页。

② ［美］大卫·库尔珀：《纯粹现代性批判——黑格尔、海德格尔及其以后》，臧佩洪译，商务印书馆 2004 年版，第 232—233 页。

③ ［德］马丁·海德格尔：《海德格尔选集》，孙周兴译，上海三联书店 1996 年版，第 938 页。

第二章 国外马克思主义技术批判理论的生成语境

心忡忡地表示技术的疯狂与理性的僭越给人类带来了生态毁灭、精神匮乏、个性丧失等诸多不幸后果，而这是现代人不得不面对的真实世界。但他并没有因此彻底地否定并抛弃技术，认为既然我们不得不依赖技术对象，那么盲目抵制技术世界则是愚蠢之举。基于此，他主张采取一种"泰然处之"的态度，号召人们"从技术进程中站出来，有能力做一个旁观者"①。这要求我们既不对技术濒临失控漠不关心，也不对人们投身技术竞争放任不管，而是通过唤起其对按自身本性发展的技术世界之沉思使自我救赎成为可能。究其原因，座架作为危险和拯救力量的双重意涵隐藏着克服技术危险的可能性，只有"当沉思的思想在任何可能的机会那里考虑对自然和世界的强求和限定时，它或许能在人与存在的关系方面准备新的基本的并允许事物和世界具有自己特性和自身性的关系"②，诉诸"思"（思想）与"诗"（艺术）以达成向存在之澄明的折返和技术之本质的追问。然而，这条通向人的本真存在的思想道路却忽视了社会生活的现实维度，把"此在"的社会性悬置起来了，使人们在对"诗意栖居"的向往中再次跌入形而上学的深渊。

如果说国外马克思主义技术理性批判与马克思的技术批判思想、韦伯的合理化理论呈现吸收继承与合理借鉴的关系，那么同海德格尔技术哲学的理论联系则更多地表现为处在共同时代背景下思想的碰撞与融合。这种联系具有以隐性或显性的形式呈现相互影响、彼此借鉴和理论争鸣的基本特征，不仅是因为他们都在当代资本主义社会危机和实证主义思潮盛行的时代语境中出场，而且是由于他们都把人的觉醒和自我救赎作为理论旨归。卢卡奇与海德格尔之间的思想联系早就引起学界的关注，其中比较有影响力的观点来自法国马克思主义思想家戈德曼，他认为海德格尔的《存在与时间》是对卢卡奇《历史与阶级意识》的应和，

---

① 吴书林：《马克思和海德格尔技术思想比较研究》，中国社会科学出版社2020年版，第158页。

② ［德］冈特·绍伊博尔德：《海德格尔分析新时代的技术》，宋祖良译，中国社会科学出版社1993年版，第190页。

前者只是将后者的历史社会批判转化为形而上学而已。① 在卢卡奇的文本中也有着明确的论述,他认为"对资产阶级哲学的文化批判说来(我们只要看一下海德格尔就可以了),将一种社会批判升华为纯粹的哲学问题,即将本质上是一种社会的异化转变为一种永恒的'人类状况'(这是后来才产生出来的术语),是十分自然的事情。很明显,《历史与阶级意识》迎合了这种观点,虽然它的意图与这种观点不同,而且的确是对立的"②。卢卡奇和海德格尔是从不同的角度观照个体生存境遇,前者在对资产阶级意识形态的批判中阐明了现代技术作为物化形式对人的全面控制,后者是通过对主体形而上学的清算发现了技术"座架"对存在的遮蔽。他们都强调近代形而上学的"主—客"二分思维是资产阶级文化的哲学基础,正是出于这种考量,海德格尔对技术的批判态度与卢卡奇基本趋于一致。法兰克福学派对技术理性及其社会效应的批判更是深深打上了海德格尔的思想烙印,尤其是师承海德格尔的马尔库塞。一方面,他与海德格尔一样并未停留在对技术的经验认识层面,而是立足发达工业社会进一步确证现代技术的意识形态性,并对技术理性的肯定向度进行深层批判,极力反对它因片面褒扬物的价值、贬抑人的价值而成为控制人和自然的有效手段。另一方面,他通过海德格尔的"座架"理论以及对古代技艺和现代技术的比较,把现代技术与政治统治联系起来,揭示了现代技术的合理性在于作为意识形态对社会进行全面控制,主张以艺术审美对现代技术进行激进化改造,从而走向一个新的非压抑性社会。就此而言,马尔库塞对现代技术形塑的单向度社会的生动刻画和深层批判深受海德格尔技术哲学的影响,在这个意义上说,《单向度的人:发达工业社会意识形态研究》对《技术的追问》进行了详细注解。与马尔库塞对海德格尔的高度肯定截然不同,阿多

---

① David Couzens Hoy, "Lukács and Heidegger: Towards a New Philosophy (review)", Philosophy and Literature, Vol. 1, 1979, pp. 107–118.
② [匈]格奥尔格·卢卡奇:《历史与阶级意识》,杜章智等译,商务印书馆1999年版,第19—20页。

诺、哈贝马斯、芬伯格等在对海德格尔的批判性反思中与之分道扬镳，哈贝马斯主张以交往理性抑制工具理性的扩张，芬伯格结合社会建构主义提出立足技术整体论的民主化道路。但总体而言，国外马克思主义恰恰是在同海德格尔的会通中开启了以马尔库塞和科西克为代表的"海德格尔式的马克思主义"的研究路向。

归结起来，重思技术问题是国外马克思主义社会批判理论的题中之义，它的生成是在现实逻辑和理论逻辑共同作用下的必然结果。一方面，国外马克思主义理论家通过技术批判对当代资本主义展开病理学的分析，使技术视角成为社会批判理论不可或缺的维度；另一方面，国外马克思主义理论家在承袭马克思"技术—社会批判"传统基础上，合理借鉴了韦伯的合理化理论框架，并批判性地吸收了海德格尔的技术哲学思想。就此而言，国外马克思主义技术批判理论从来不是脱离现实的夸夸其谈，它的出场不仅是回应20世纪科学和技术一体化发展及其社会后果的时代需要，而且是对于马克思、韦伯、海德格尔等思想家深入思考技术与自由之间的关系问题的理论延宕。

第三章　国外马克思主义技术批判理论的历史演进[*]

国外马克思主义哲学不是一个拥有共同纲领和明确边界的思想流派，而是在同 20 世纪西方文化思潮的激荡和交融中呈现多源并发、多流并进的发展态势，甚至同一流派内部以及同一理论家在不同阶段的立场、观点和方法都可能是相互异质的。因此，从整体上把握国外马克思主义技术批判理论的发展脉络并非易事，从早期西方马克思主义兴起，到人本主义和科学主义分化，再到当代左翼激进思潮涌现的思想更迭，所涉及的流派众多、思想繁杂、视野开阔。这就需要我们在继承已有研究成果的基础上，以"工具理性"或"技术异化"为主线，以经典文本为依据，仔细甄别和全面总结国外马克思主义理论家对现代技术问题的看法，从总体上把握技术批判理论的历史逻辑。然而，依据时间顺序进行事无巨细的思想史梳理既不现实也无必要，本章重点考察从早期西方马克思主义到法兰克福学派再到生态学马克思主义的技术批判理论。这样做的原因主要有两点：一是经典西方马克思主义奠定了整个国外马克思主义理论的技术批判立场，二是后马克思主义者敌视技术、反对增长和消解主体等极端做法彻底偏离了技

---

[*] 本章部分内容曾在下列论著发表：张星萍：《赫伯特·马尔库塞的生态伦理思想探究及其当代启示》，《三峡大学学报》（人文社会科学版）2016 年第 4 期；张星萍：《马尔库塞生态思想对生态学马克思主义的影响》，《郑州师范教育》2020 年第 1 期；王雨辰等：《西方马克思主义学术史研究》（第五章），天津人民出版社 2024 年版。

术批判的初衷。

第一节　早期西方马克思主义对现代技术的物化批判

国外马克思主义发轫于20世纪二三十年代，最初是由卢卡奇、柯尔施、葛兰西等人为代表的一批党内知识分子，在总结西欧社会革命相继失败的原因和探索适合于西方社会主义革命的道路过程中，立足现代资本主义社会现实和文化传统所提出的区别于"正统马克思主义"的理论思潮。在他们看来，现代技术作为一种物化意识消解了人的主体性和总体性，只有以主客体统一的辩证法恢复马克思主义哲学的批判功能，才能唤醒为技术理性所遮蔽的无产阶级意识，使社会主义革命成为可能。在早期西方马克思主义理论家中，卢卡奇及其作品《历史与阶级意识》关于科学技术问题的论述最为集中且批判立场鲜明，由此进入早期西方马克思主义对现代技术的物化批判视域再合适不过了。

一　当代资本主义社会普遍物化的时代诊断

技术理性批判之所以成为国外马克思主义哲学的重要议题，是因为当代资本主义条件下科学技术的社会负面效应日益凸显。因此，首先有必要弄清楚早期西方马克思主义理论家处在一个什么样的时代，才能理解为什么他们不约而同地把技术问题置于社会批判的理论视域中，而且在各自的理论规划中总是表现对总体性革命的强烈渴望。

西方马克思主义早期的代表人物卢卡奇、葛兰西、柯尔施所生活的时代，整体处于资本主义从自由竞争阶段走向垄断阶段的历史时期。倘若用德国哲学家伽达默尔的话来说，那么他在《科学时代的理性》一书中的描述恰如其分，即"二十世纪是第一个以技术起决定作用的方式重新确定的时代，并且开始使技术知识从掌握自然力量扩展为掌握社会生活，所有这一切都是成熟的标志，或者可以说，是我们文明危机的标志"①。此时，自然科学随之从"搜集资料"发展到"整理资料"阶段，而科学技术化与技术科学化的发展趋向使之逐渐向政治、文化、心理以及日常生活领域扩展，从而改变了发达资本主义社会结构及其危机表征方式。首先，从现代技术对社会结构的影响来看，当代资本主义生产模式经历了从泰罗制到福特制再到后福特制的演变过程，主要得益于现代技术与工业制造的深度融合，尤其是从机械化到数字化转型发展。这意味着劳动过程越发复杂化、社会分工也日益精确化，传统意义上的工人阶级被不断分化和重新组合，而科学家、工程师、蓝领精英等新兴知识分子阶层因地位日益提升而成为社会的中坚力量。其次，从现代技术对社会危机表征方式的影响来看，当代资本主义社会及其合法化危机不再是由生产相对过剩引发的经济危机，而更多的是以文化危机的方式表现出来。发达资本主义社会通过现代技术手段制造了"富裕工人阶级"的假象，如改善工作环境、增加社会福利、投放电视广告，这在很大程度上缓和了社会矛盾，但资产阶级意识形态则以更加隐秘的方式从生产领域渗透人们的日常生活甚至内心世界。那么社会矛盾和冲突的焦点，就从赤裸裸的经济剥削和政权争夺转变为思想观念和意识形态所表征的文化层面，文化困境成为 20 世纪人类面临的最根本的现实问题。在早期西方马克思主义那里，倘若马克思主义理论仍停留在政治经济学批判的视域，它就会因脱离资本主义文化危机的现实语境而丧失批判性和革命性。对此，当代著名马克思主义史学家佩里·安德森指出："自二十年代以来，西方马克思主义渐渐地不再从理论上正视重大的经济或政治问题了……西方马克思主义作为一个整体，当它从方法问题进而涉及实质问题时，就几乎全力研究上层建筑了……西方马克思主义典型的研究对象，并不是国家或法律，它注意的焦点是文化。"②

---

① [德] 汉斯-格奥尔格·伽达默尔：《科学时代的理性》，薛华译，国际文化出版公司 1988 年版，第 63 页。
② [英] 佩里·安德森：《西方马克思主义探讨》，高铦等译，人民出版社 1981 年版，第 96—97 页。

第三章 国外马克思主义技术批判理论的历史演进

卢卡奇认为,组织化资本主义就是一个受物化意识支配的病态社会。通过对马克思《资本论》中商品拜物教的深层解读,他结合由齐美尔中介的韦伯合理化理论,洞察到"工人的命运成为整个社会的普遍命运;这种命运的普遍性的确是工厂劳动过程在这个方向上发展的前提"①。然而,卢卡奇并不满足于只是在经验层面的物化现象描述,而是深入资本主义经济结构中揭示物化成因,指出资本主义生产方式的组织化、合理化和机械化加剧了对人和自然的控制。随着资本主义经济不断向前发展,商品"作为社会构造的普遍形式"以不易被人察觉的方式纳入工业体系,在可核算性与效用性原则的支配下,劳动者及其劳动过程无一例外地沦为市场经济物化意识的附庸。也就是说,当代资本主义生产的合理化和专门化使实证科学和工具理性盛行,导致无产阶级失去了劳动过程的主体地位,他们所从事的生产实践也在形式化和抽象化的过程中被简化为无意义的、枯燥乏味的、重复性的劳动。至此,卢卡奇通过对"纵观劳动过程从手工业经过协作、手工工厂到机器工业的发展所走过的道路"的剖析,发现工人的特性因社会合理化程度的提高而"越来越被消除"。这具体表现为两个方面:其一,劳动分工的专门化和局部化使人被肢解为生产流水线上的零部件,原子式、碎片化的个人就失去了与劳动产品的有机联系,同时意味着他不仅从生产体系中被剥离出来,而且他还同作为总体的人自身相分离;其二,社会的合理化使人外在于自己的劳动过程,劳动者的意愿、情感、思想等主观因素都是不被允许的,他们只有最大限度地遵循机器的运行规律才能提高生产效率,但是"随着对劳动过程的现代'心理'分析(泰罗制),这种合理的机械化意志推行到工人的'灵魂';甚至他的心理特性也同他的整个人格相分离,同这种人格相对立地被客体化,以便能够被结合到合理的专门系统里去,并在这里归入计算的概念"②。基于当代资本主义

---

① [匈]格奥尔格·卢卡奇:《历史与阶级意识》,杜章智等译,商务印书馆1999年版,第158页。

② [匈]格奥尔格·卢卡奇:《历史与阶级意识》,杜章智等译,商务印书馆1999年版,第154—155页。

社会存在普遍物化现象的病理学诊断,卢卡奇揭示了无产阶级的生存境遇和资产阶级的伪善面目。

葛兰西与卢卡奇生活在同一时代,他也注意到资本主义生产结构的转型对社会生活的深刻影响,并在《狱中札记》的"福特主义与美国主义"章节集中探讨了这一问题。20世纪初期资本主义的又一次转型——从传统的自由资本主义转向福特主义的资本主义,而发生在经济领域的生产模式变革最终导致社会结构的总体转型,正如韦伯所认为的那样,"现代国家的发展是由现代原则激发的。现代国家为取消自治和'私人'拥有的权力打开了道路……这整个过程与资本主义企业通过逐渐吞并独立的生产者的发展过程相平衡。最后,现代国家控制了整个政治组织"[①]。当代资本主义建基于现代技术的自动化生产体系,要求劳动者具备熟练操纵机器的能力而非精湛的技艺水平,这就使人在生产过程中变得无足轻重。对此,葛兰西无情地批评道:"泰罗的确极端恬不知耻地表达了美国社会的目的:在劳动者中间发展机器的和自动的技能至于最大限度,打破要求一定限度内发挥劳动者智力、幻想和主动精神的熟练和专业劳动的旧的心理生理关系,把一切劳动作业都归结到它们的体力和机器的一方面。"[②] 原本彰显人的本质力量的感性活动被限定在符合机器和工艺流程的客观规律中,其结果是劳动的"人的内容"被剥夺、人的能动性和创造性被抹杀以及人的自由意志被束缚,以至于机械性构成了人的"第二本性"。此外,他还进一步分析了劳动方式的转型对人的生存状态、道德伦理关系、生理和心理结构等方面产生的重要影响。以"禁酒令"的颁布和对性问题的干预为例,葛兰西认为福特主义对工人身体的控制减少了其酗酒和纵欲现象,在客观上有利于他们形成勤俭节约的生活习惯、稳定的家庭关系等新道德观。不过他仍清醒地意识到,尽管思想上层建筑的控制合乎福特主义的资本主义

[①] Max Weber, "Politics as a Vocation", *From Max Weber: Essays in Sociology*, New York: Oxford University Press, 1970, p. 82.

[②] [意] 安东尼奥·葛兰西:《狱中札记》,葆煦译,人民出版社1983年版,第403页。

要求，但清教徒式的生活使工人保持充沛精力进行高效生产，目的是以最少的代价获取高额的剩余价值。所以葛兰西毫不留情地指出："工业家（尤其是福特）很关心自己工作人员的性的关系"，但这并不是"一般的关心他们家庭生活的安排情况"，我们"不要被这种关心所披着的'清教主义'的外衣所迷惑"，而真实的原因在于"生产和劳动合理化所要求的新型劳动者，在性的本能没有得到相应的调节之前，是不能发展的"①。这里葛兰西已经超出了生产关系批判范式，开始转向文化意识形态领域的生产力（技术）批判，这在他早期关于戏剧评论和剧院批判的大量文章中就埋下了伏笔。葛兰西对于剧院（文化）的工业化和资本化持一种反对态度，抨击在利益驱使下的文化产业是以庸俗低级的商品荼毒了大众的审美趣味和反抗意识。

通过对这一时期资本主义生产过程的历史性考察，卢卡奇、葛兰西等代表性思想家阐明了西方社会的普遍物化根源于当代资本主义生产方式及其总体性控制。相较于卢卡奇而言，葛兰西更强调福特主义作为一种新型生产模式的必然性和进步性，"直到现在，每次生活方式的改换，都是通过残酷的强制，通过树立一个社会集团对社会一切生产力量的统治而实现的"②。所以，早期西方马克思主义者对当代资本主义总体物化的时代诊断，不仅构成了技术批判理论的现实基础，而且充分彰显了马克思主义的开放性和时代性。

二 作为物化意识的技术理性及其社会功能批判

尽管在早期西方马克思主义者的经典文本中似乎没有直接论述技术问题的篇章，但是如果以阿尔都塞的"症候阅读法"来重新审视《历史与阶级意识》《马克思主义与哲学》《狱中札记》等著作，就会从其"字里行间"中发现这样一个事实：早期西方马克思主义内在地蕴含着

---

① ［意］安东尼奥·葛兰西：《狱中札记》，葆煦译，人民出版社1983年版，第404页。
② ［意］安东尼奥·葛兰西：《狱中札记》，葆煦译，人民出版社1983年版，第399页。

反对实证主义和反思科学技术社会功能的理论倾向,它把马克思主义的实证化和现代工业文明作为批判对象。卢卡奇不仅是西方马克思主义哲学中最早关注异化论题的理论家,而且他在揭示技术理性同物化现象之间内在联系的基础上提出"技术合理性的问题",从而确立了国外马克思主义技术理性批判的逻辑起点。

由于物化现象是卢卡奇展开现代技术及其社会功能批判的切入点,这就有必要对"物化"这一核心范畴予以澄清。依据黑格尔的《精神现象学》和马克思在《资本论》第一卷中对商品与商品拜物教的论述,卢卡奇得出"商品拜物教问题是我们这个时代、即现代资本主义的一个特有的问题"①的结论。在此基础上,他进一步明确了"物化"的概念:"人自己的活动,人自己的劳动,作为某种客观的东西,某种不依赖于人的东西,某种通过异于人的自律性来控制人的东西,同人相对立。"②紧接着,他又从客观和主观的两个方面对"物化"作出具体规定,强调"在客观方面是产生出一个由现成的物以及物与物之间关系构成的世界(即商品及其在市场上运动的世界),它的规律虽然逐渐被人们所认识,但是即使在这种情况下还是无法作为制服的、由自身发生作用的力量同人们相对立。……在主观方面——在商品经济充分发展的地方,人的活动同人本身相对立地被客体化,变成一种商品,这种商品服从社会的自然规律的异于人的客观性,它正如变成商品的任何消费品一样,必然不依赖于人而进行自己的运动"③。简言之,物化的客观方面是指作为人的劳动产品的商品及其在市场上的运动所遵循的经济规律成为外在于人的客观性存在,即"物的异化";物化的主观方面是指包括人的能力、活动及其关系等在内的人自身成为支配人的异己性力量,

---

① [匈]格奥尔格·卢卡奇:《历史与阶级意识》,杜章智等译,商务印书馆1999年版,第149页。
② [匈]格奥尔格·卢卡奇:《历史与阶级意识》,杜章智等译,商务印书馆1999年版,第152页。
③ [匈]格奥尔格·卢卡奇:《历史与阶级意识》,杜章智等译,商务印书馆1999年版,第153页。

即"人的异化"。这与马克思在《1844年经济学哲学手稿》中对"异化"范畴的界定有异曲同工之处,但青年卢卡奇还吸收和借鉴了韦伯的合理化理论,使他与马克思的"异化"① 有所区别。对此,张一兵强调卢卡奇的物化理论存在"表面语义上的马克思主义上商品结构(生产关系)之上的物化与深层逻辑规定的韦伯意义上生产过程(技术)的物化"② 的双重逻辑纠缠。

在马克思与韦伯的视域融合中,卢卡奇把资本主义社会普遍物化现象的形成原因归结于资本主义现代化过程中形式理性与商品经济的耦合,而现代技术则是形式理性的高级表现形式。在他看来,形式理性具有三个基本特征③:(1)它与数学、物理学等自然科学的发展同步,反过来又同越来越复杂的现代技术以及生产体系发生相互作用;(2)它将包括人在内的一切事物都看作工具或手段,将生产的各个方面孤立起来,这必然招致各种形式规律的出现,一切都被归结为建立在同等关系基础上的可计算性和可操作性;(3)它表现为资本主义社会合理化的现实过程,形式理性或技术理性对高效率的无限渴求,使现代社会变得越来越合乎物性而非人性的发展规律。关于技术理性与资本主义物化现象之间内在联系的论述,实际上揭示了资本主义现代性价值体系和现代化的悖论。自启蒙运动以来,资本主义现代性价值体系承诺只要凭借理性和科学就能实现人的自由和平等,但随之而来的却

---

① 目前学界一般认为,"物化"与"异化"是两个既相互联系又有所不同的范畴,前者凸显的是人和社会所具有的物的特性,表现为由物象中介而形成的至少三元的社会关系结构;后者强调的是人及其活动的结果对人的压制,表现的是主体同主体客体化之间的二元结构。在马克思哲学的语境中二者是加以区别的,如日本学者广松涉在《唯物史观的原像》一书中把马克思的思想转变界定为"从异化论向物象论的转变";卢卡奇在叙述物化现象时却常常把异化、对象化、拜物教同物化混淆起来使用,由此造成对物化批判作为马克思主义历史观中一个重要的方法论原则的忽视,如国内学者王南湜就持此观点。这不是本章节论述的重点,因此不再展开详细论述。

② 张一兵:《文本的深度耕犁》第1卷,中国人民大学出版社2004年版,第50—54页。

③ 陈振明:《卢卡奇的"批判的科学哲学"理论——〈历史与阶级意识〉的一个论题》,《科学技术与辩证法》1992年第4期。

是在技术理性主导下片面追求高效率的资本主义生产体系对人的全面控制。就其肯定方面而言，资本主义的现代化过程推动着生产方式的变革、日常生活的高效化乃至社会的转型，马克思更多的是在生产力范畴讨论科学技术的历史杠杆作用；就其否定方面而言，资本主义的现代化过程遵循的是可计算性和功用性原则，在不断强化资本主义物化逻辑的同时肢解了人的主体性，卢卡奇更倾向于在韦伯意义上理解科学技术与现代性之间的理论联系。他认为，现代技术实质上就是一种屈从于资产阶级意识形态的物化形式，尽管二者从不同侧面反映社会的现代化进程但具有内在的一致性，即资本主义生产体系是按照抽象化、形式化和合理化原则组织起来的，形式理性作为现代技术的精神内核所强调的实证性、客观性、精确性和可重复性则与之相契合。正因如此，作为物化形式的现代技术及其精神气质同商品经济的物化结构一同成为卢卡奇批判的对象，他主要是从技术理性盛行的哲学基础和社会功能两个方面展开论述。

一是从技术理性盛行的哲学基础层面看，卢卡奇是在反思欧洲无产阶级革命的失败原因和"正统"马克思主义的实证化倾向的过程中，对当时盛行的实证主义与科学主义思潮进行了无情的批判。19世纪末20世纪初，逻辑实证主义伴随着自然科学的繁荣而成为西方哲学的主流话语，马赫、孔德、波普尔等人在"拒斥形而上学"的旗帜下用实证科学的方法论原则对传统形而上学加以彻底改造。第二国际理论家在很大程度上受其影响，从科学主义的视角把马克思主义哲学理解为经济决定论或技术决定论，如考茨基就认为"马克思主义不是哲学，而是一种经验科学"[①]。早期马克思主义者认为第二国际把马克思主义哲学实证化和庸俗化的做法削弱了其革命性和科学性，从而导致国际工人运动屡屡受挫。由于现代技术的发展是以实证哲学为理论基础的，故而他

---

① [德] 卡尔·考茨基：《一封关于马克思和马赫的信》，《国际共运史研究资料》第三辑，人民出版社1981年版，第251页。

第三章 国外马克思主义技术批判理论的历史演进

们在批判正统马克思主义的过程中始终无法绕开对自然科学及其方法论的驳斥。在卢卡奇看来，各门具体的实证科学和实证主义方法论适应了当代资本主义生产专门化和合理化的要求——因为自然科学是通过观察、实验、抽象等方法获得真理性认识的，"自然科学的'纯'事实是在现实世界的现象被放到（在实际上或思想中）能够不受外界干扰而探究其规律的环境中得出的"，但是"现象被归结为纯粹数量、用数和数的关系表现的本质"，形式理性的空洞结构势必会加剧对事实的历史性剥夺和遮蔽[①]。实证主义孜孜以求的客观性和精确性实际上秉承的是一种形而上学的思维方式，要求把作为整体的事物从原本的生活联系中剥离出来，主张采取孤立的、静止的、片面的方法，因为遗忘作为事物内在根据的社会语境，使科学认识变成了非科学的认识。所以，他反对忽视整体而只看重部分的机械论思维方法，主张"回到黑格尔"的总体性范畴以重构马克思主义的历史辩证法，透过形形色色的现象世界通达对历史总过程的认识。在此基础上，卢卡奇进一步区分了自然科学运用于自然和社会的不同后果，指出自然科学一旦被置于社会历史领域就会成为资产阶级的思想武器，进而为资本主义统治的合法性辩护以确证其永恒性。正是在对实证主义的批判中，他才戳穿了现代资本主义借助标榜价值中立的现代技术所编织起来的谎言。然而，卢卡奇极力反对从价值无涉的立场来看待以自然科学为先导的现代技术，几乎不假思索地把科学技术本身与作为物化形式的科学技术（技术理性）等同起来，在对非批判性的实证哲学和科学方法的批判中最终走向对科学技术的全盘否定。

二是从技术理性盛行的社会功能层面看，卢卡奇基于物化批判的理论范式在生产过程和社会生活两个层面揭示了现代技术应用于发达资本主义社会所导致的一系列负面效应。他认为现代资本主义社会的全面物

[①] [匈] 格奥尔格·卢卡奇:《历史与阶级意识》，杜章智等译，商务印书馆1999年版，第54页。

化根源于其特有的社会结构，尤其是商品形式的普遍化，不仅影响了生产的过程而且改变了生活的面貌。就前者而言，发达资本主义社会对高额剩余价值的追求是生产过程合理化（如流水线作业）的内驱力，现代技术作为生产过程的客体要素使生产活动日益成为一个高度自动化的过程，劳动者作为生产过程的主体要素同样只有服从生产过程中的"自然规律的非人的客观性"才能获得生存的物质基础。但是，生产过程的合理化和机械化使生产的对象被切割成许多部分，与之相适应的是精细化的分工和职业化的主体，这就使劳动者成为相对于资本主义生产体系而言无足轻重的存在，"他们不再直接—有机地通过他们的劳动成果属于一个整体，相反，他们的联系越来越仅仅由他们所结合进去的机械过程的抽象规律来中介"①。也就是说，以现代技术为基础的工业体系因过分强调生产的自律性而取消了人的自主性和创造性，于是人就被固定在整个生产流水线上的某个环节或局部，失去了与他人的联系和全局意识，这表现为卢卡奇所说的人对其劳动过程的直观态度。就后者而言，作为物化意识的形式合理性或工具合理性，在经济领域以抽象的、量化的、可计算性的物性展现人与人的关系，这种物化意识在形式合理性的扩张中越来越深入地"渗进了人的肉体和心灵的最深处"②。一方面，以科学技术为主导的现代工业体系不再依赖于"个人的任性"，被卷入自动化生产旋涡中的人不仅受制于技术逻各斯的统治，而且受限于单调而封闭的商品交往活动，如人对物的占有和出卖，人的现实的感性活动因通过商品形式表现出来而榨干了生命的活力，人与人的社会交往越来越屈从于这种物化形式；另一方面，建立在私有经济计算基础上的资本主义合理化过程，通过社会分工在客观上和事实上使之更符合形式理性的效用原则，但与此同时导致了形式合理性对实质合理性的僭越、

---

① ［匈］格奥尔格·卢卡奇：《历史与阶级意识》，杜章智等译，商务印书馆1999年版，第157页。
② ［匈］格奥尔格·卢卡奇：《历史与阶级意识》，杜章智等译，商务印书馆1999年版，第170页。

客体与主体的敌对关系以及物化意识对日常生活的侵蚀。所以，卢卡奇指责道："这种分工破坏了任何一个有机统一的劳动过程和生活过程，把它分解为它的各种组成部分，以便让在精神上和肉体上特别适合于这些组成部分的'专家'，以最合理的方式来完成这些合理的和人为分离开的局部职能。"① 此外，他还分析了这种物化的伦理意识在政治法律结构层面体现的官僚主义特征，在下层官僚统治那里表现为完全机械化的、无聊的劳动方式，在新闻从业者身上则表现为出卖信念和经验的怪诞行为。

卢卡奇在物化理论的框架中把形式合理性视为现代技术的本质规定性，通过对第二国际庸俗马克思主义的批判和当代资本主义物化结构的剖析，着重讨论了作为科学技术理论基础的实证哲学之理论缺失、作为物化意识的现代技术对社会生活的消极影响，甚至还隐晦地谈到了现代技术对自然的破坏问题。因此，青年卢卡奇对现代技术的历史性批判是资本主义总体性批判的具体展现，他把技术问题与阶级意识问题联系起来，使对技术的批判上升至对社会的批判，对国外马克思主义理论家关于科学技术问题的看法产生了极为深刻的影响。

三 主体性重塑和"总体革命"道路的探索

卢卡奇的物化批判理论，不仅创造性地把物化意识同社会理性化过程结合起来，揭示了 20 世纪资本主义技术理性泛滥的原因及其负面影响；而且面对资本主义对无产阶级从物质生产到心理层面的"总体统治"，主张以辩证法反对形式理性、以批判理性对抗物化意识、以总体性革命实现人的解放。柯尔施、葛兰西、布洛赫等早期西方马克思主义者都延续了这一思想路线，强调培育成熟的阶级意识或个体的独立人格的重大意义，以"总体性辩证法"重塑主体的批判意识和抗争精神，

---

① ［匈］格奥尔格·卢卡奇:《历史与阶级意识》，杜章智等译，商务印书馆 1999 年版，第 173 页。

为无产阶级革命的发生准备了充分的主观条件。

在早期西方马克思主义理论家看来,现代技术作为形式理性的高级形式修饰和掩盖了20世纪资本主义的真实状况,无产阶级的阶级意识也被这种物化结构所吞噬,而无法形成对资本主义发展实质的总体性认识并自觉投身社会主义革命。因此,他们关于实证主义的反省、物化意识的批判以及主体性的重建,都是为了恢复无产阶级的反抗精神和阶级意识,使之从总体上认识自身所处的真实状况、社会阶层以及历史使命。卢卡奇认为,现代资本主义的合理化进程实质上就是物性对人性的统治,科学技术的繁荣进一步加剧了物化意识对日常生活的全面支配,其原因在于科学技术作为工具理性的代名词是以可计算性和可操作性为核心原则。一旦技术理性超出必要的界限时,与之相对的价值理性就逐渐式微,从而造就一个"为上帝所遗弃的世界"或"敌基督的世界",尤其是在资本主义条件下的科学技术,不仅生产过程而且法律、文化、思想等日常生活领域都为追求效益和精于算计的工具理性所控。技术理性和工具理性之所以重塑了当代资本主义的社会面貌,是因为作为哲学基础的实证主义肯定自然科学的"不偏不倚"立场,而以孤立的、割裂的、专门化的思维范式考察事物则造成了人们无法获得对客观世界的总体认识,这在客观上符合资本主义维护其统治地位的阶级利益。也就是说,实证主义哲学以自然科学的方法切断了对象与世界之间的内在联系,使作为革命主体的工人不是被分解为一个个孤立的原子,就是被束缚在形式合理化的"虚假意识"中,从而"混淆了无产者实际的心理意识状态和无产阶级的阶级意识"[①],在实践上造成无产阶级行动的统一性和凝聚力严重匮乏。因此,卢卡奇对技术(理性)的批判既是对现代资本主义社会中物性凌驾于人性的异化现象之揭露,又是对追求自由而全面发展的无产

---

① [匈]格奥尔格·卢卡奇:《历史与阶级意识》,杜章智等译,商务印书馆1999年版,第139页。

阶级意识之唤醒。

卢卡奇这种诉诸技术理性批判以拯救主体性的理论路向，在德国哲学家兼其好友的布洛赫那里得到了充分发挥，尤其体现为他的"技术乌托邦"思想。布洛赫通常用资本主义"机械的脱有机化"一词来标识现代技术的基本特征，认为市民社会的科学技术和自然（及其法则）相脱节会造成技术的空前抽象化以及技术与人的分离，只有依靠旨在谋求人与自然共生共存的"同盟技术"，才有望阻止现代工业社会日趋恶化的物化现象。至于如何使"同盟技术"成为可能的问题，布洛赫在《希望的原理》中作出了详细解答，认为转变的关键在于作为主体的人充分尊重事物的内在规律，强调"技术必须与自然中介，人必须在自然中指向社会地可形成的现实存在。这意味着事物转变成财物，或者'支配性自然'为'能生的自然'或'超自然'所代替"[①]。这表明他对主体性重塑的关注，主张把技术的变革与人的实践联系起来，唤醒主体的乌托邦精神以达到拯救人类的目的。但主体性逻辑在布洛赫这里被推向了顶点，使无产阶级革命彻底沦为一种想象力的活动，这恰恰是其他早期西方马克思主义理论家所不能认同的地方。

无论卢卡奇的技术理性批判还是布洛赫的技术乌托邦思想，都相当重视革命主体及其阶级意识的恢复。那么，究竟该如何重塑主体的解放意识和革命精神呢？早期西方马克思主义者主张以"总体性"为核心范畴的历史辩证法拯救理性危机，对于马克思主义哲学的人本学阐释路径捍卫了人在历史发展中的主体地位和人格尊严。需要注意的是，他们所讲的"总体性"不只是在方法论意义上使用，同时也是一种与实践相联系的主体性辩证法，并且是对抗自然科学的实证主义思维和克服资本主义普遍物化的行动指南。

卢卡奇从马克思关于"人是人的最高本质"的命题出发，抓住了

---

① 金寿铁：《希望的视域与意义——恩斯特·布洛赫哲学导论》，商务印书馆2016年版，第140页。

挣脱物化锁链的"阿基米德点",指认"当最后的经济危机击中资本主义时,革命的命运(以及与此相关联的人类命运)要取决于无产阶级在意识形态上的成熟程度,即取决于它的阶级意识"①。他强调,只有当无产阶级在历史发展中对世界进行总体性把握并为其生存发展的权利而"改变世界"的时候,无产阶级革命才能真正从自在走向自觉。就此而言,无产阶级意识的觉醒与世界的总体性认识是人类历史发展过程的不同侧面,故而他从对主体性的追寻走向了对"总体性革命"道路的探索。所谓"总体性"范畴,是相对于部分而言的,是"再现和把握现实的唯一方法""真正的现实范畴"②,要求把社会的各个方面看作一个有机的整体,把孤立的事件置于社会历史的特定环节加以理解和把握,具体性与历史性、主体与客体、革命性与实践性的统一构成其基本特征。在此基础上,卢卡奇进一步强调这种统一性是动态的辩证关系,而不是各个环节的无差别的同一性。因此,他将总体性作为历史辩证法的核心内容,力图通过对马克思主义哲学的黑格尔主义阐释恢复辩证法的权威,进而提出把经济革命同社会革命联系起来的"总体革命"策略,不仅在政治经济领域而且在文化意识形态领域进行革命。

柯尔施的看法与卢卡奇如出一辙,他严厉地谴责庸俗的马克思主义者割裂了马克思主义与德国古典哲学之间的内在联系,并把马克思主义理论错误地归结为一种实证科学和经济决定论的看法。为此,柯尔施在《马克思主义与哲学》一书中提出著名的"柯尔施问题",强调马克思主义哲学从来没有离开实践和历史,要立足德国古典哲学"理论与实践相统一"的辩证法传统恢复其哲学性质。他认为,"对于马克思主义来说,前科学、超科学的和科学的意识,不再超越于和对立于自然的和(首先是)社会历史的世界而存在。如果它们也作为世界的一个'观念

---

① [匈]格奥尔格·卢卡奇:《历史与阶级意识》,杜章智等译,商务印书馆1999年版,第134页。
② [匈]格奥尔格·卢卡奇:《历史与阶级意识》,杜章智等译,商务印书馆1999年版,第59页。

的'组成部分的话,那么它们就作为世界真实的和客观的组成部分而存在于这个世界之中"①。正是从"总体性"视域出发,柯尔施弥合了理论与实践的分裂状态,形成以"批判性"和"革命性"为特征的总体性社会历史观。

葛兰西继承和发展了卢卡奇和柯尔施的总体性辩证法,主张通过把总体性辩证法运用到对国家与市民社会的关系剖析中,指明社会主义革命道路。他在《狱中札记》一书中指出,现代资本主义国家是由政治社会(或国家)与市民社会两部分组成,前者是基于国家机器而实施的强制性权力,后者是基于民众同意而实施的文化领导权,两者共同构成了上层建筑的主要方面。由此可见,葛兰西从广义上把"市民社会"理解成包含意识形态和文化因素在内的整体范畴,在对东西方社会结构差别考察的基础上,指出"在东方,国家就是一切,市民社会处于初生而未成形的状态。在西方,国家与市民社会之间存在着调整了的相互关系。假使国家开始动摇,市民社会这个坚固的结构立即出面"②。想要取得社会主义革命的胜利,只能通过长期的阵地战首先夺取市民社会的文化领导权,再逐步获得社会各阶层的认同并确立无产阶级的文化领导权,从而最终建立起稳固的社会主义政权。在这一过程中,葛兰西认为培育无产阶级政党的有机知识分子至关重要,他们绝不仅仅满足于做一个侃侃而谈的"雄辩者",而是"作为建设者、组织者和实践生活积极的溶合;必须从劳动活动形式上的实践,推进到科学活动的实践以及历史的人道主义的世界观,没有这种世界观,就仅仅是一个'专家',而不是一个'领导人'(专家+政治家)"③。

早期西方马克思主义者提出以理论与实践相统一的总体性辩证法拯救主体,不仅在理论上纠正了"正统马克思主义"推崇纯粹事实的科

---

① [德]卡尔·柯尔施:《马克思主义和哲学》,王南湜等译,重庆出版社1989年版,第50—51页。
② [意]安东尼奥·葛兰西:《狱中札记》,葆煦译,人民出版社1983年版,第180页。
③ [意]安东尼奥·葛兰西:《狱中札记》,葆煦译,人民出版社1983年版,第423页。

学主义倾向，而且在实践上通过引入技术理性批判的因素使关于资本主义社会的批判从生产领域转向文化领域，为无产阶级形成统一的集体意识扫清思想上的障碍，同时也使人的解放在"总体性革命"中有了实现的可能性。这种"救世主义"情怀则折射出他们对于以科学技术为表征的理性寄予厚望，企图通过心理革命唤醒被物化意识侵蚀的无产阶级革命意识，在一定程度上承袭了经典马克思主义旨在实现人的自由和解放的技术批判思想。然而，他们因深受韦伯、齐美尔、席勒等西方人文主义学者的思想浸染，把"理性的诡计"所招致的社会灾难视为人类不可逃避的时代命运，由此陷入技术悲观主义的窠臼，这就奠定了国外马克思主义在论及科学技术问题时呈现的"灰色"理论基调①。

第二节　法兰克福学派对现代技术的社会功能批判

法兰克福学派是西方马克思主义思潮中人数最多、影响最大、持续时间最长的一个思想流派，因其活动中心在德国法兰克福大学的"社会研究所"而得名。在霍克海默、阿多诺、马尔库塞、弗洛姆、哈贝马斯和列斐伏尔等一大批知识分子的不懈努力下，形成"以对现代社会，特别是对当代资本主义社会进行多学科综合性研究与批判为主要任务"②的学术团体。他们在继承马克思主义批判传统和借鉴西方哲学思潮的前提下，始终立足当代资本主义社会的现实语境，沿着卢卡奇物化理论开启的文化批判路向，从启蒙理性批判、文化工业批判、意识形态批判、日常生活批判等多维视角审视"技术的合理性问题"，主张以"否定辩证法""新感性""交往理性"等不同方式帮

---

① 这里借用德国思想家歌德在《浮士德》中所说的"理论是灰色的，而生活之树常青"来说明整个国外马克思主义在技术问题上的理论立场从总体上看具有强烈的悲观主义色彩，主要是因为自早期西方马克思主义以来，他们就强调从主观方面走向总体性革命，却相对忽视了植根于现实社会的政治经济学批判向度。

② 欧同力、张伟：《法兰克福学派研究》，重庆出版社1990年版，第3页。

助人们走出科技意识形态的牢笼。法兰克福学派对技术理性展开的全方位批判，不仅深刻揭示启蒙理性的内在缺失、科学技术的双重社会功能、科技异化对人和自然的统治等一般科学技术哲学问题，而且进一步深化了经典马克思主义的技术价值论、技术异化论和技术实践论思想。

一　霍克海默和阿多诺对启蒙理性与文化工业的批判

20世纪30年代是资本主义从自由阶段向垄断阶段转变的历史时期，法西斯主义的暴行席卷世界、苏联社会主义国家走向极权统治、欧美资本主义国家的社会矛盾趋于缓和等现实境况，使法兰克福学派把批判理论的重心转向"工具理性批判"，从哲学、社会学、心理学等不同视域回答在现代性条件下的根本性难题——"人类为什么不仅没有进入一种真正的人性的状态、反而却陷入了一种新的野蛮主义。"① 他们通过对启蒙理性蜕变过程的回溯揭示其内在缺陷及其给后工业社会带来的重大影响，在人类学意义上对科学技术的基本特性、哲学基础以及社会后果等展开激进批判，主张以非同一性哲学、批判理论重建启蒙理性的价值向度，给予人们挣脱建基于现代技术的"被管理的世界"束缚的勇气。

法兰克福学派的技术理性批判肇始于作为该学派精神领袖的霍克海默和阿多诺，在两人合著的《启蒙辩证法：哲学断片》中得到较为详细的阐释。他们不仅通过对启蒙及其概念的历史性解构揭示了现代社会生存困境的根本原因，而且在对文化工业的持续关注中分析了以电影、广播、电视、报刊等为物质载体的大众文化的社会功能。据此可知，霍克海默、阿多诺主要从启蒙理性批判和大众文化批判两个方面论述技术理性的形成原因和社会后果。

---

① [德]马克斯·霍克海默、西奥多·阿道尔诺：《启蒙辩证法：哲学断片》，渠敬东、曹卫东译，上海人民出版社2006年版，第1页。

启蒙在其原初意义上表示祛除蒙昧、照亮前路。康德在《答复这个问题："什么是启蒙运动？"》中对其内涵作出了经典阐释，认为"启蒙运动就是人类脱离自己所加之于自己的不成熟状态。不成熟状态（如懒惰、怯懦、偏见等——引者注）就是不经别人的引导，就对运用自己的理智无能为力"①。在此基础上，霍克海默和阿多诺重构了一个肯定性意义的启蒙概念："就进步思想的最一般意义而言，启蒙的根本目标就是要使人们摆脱恐惧，树立自主。"② 具体来说，启蒙精神有以下三个方面的含义：（1）启蒙的纲领在于祛除神话、用知识来代替想象，把人类从迷信和蒙昧中解放出来，使世界变得清醒；（2）启蒙的核心理念是宣扬理性万能、理性至上，把理性作为衡量一切的标尺；（3）启蒙的目的是确证人的本质力量、实现人的普遍自由。正如霍克海默和阿多诺所言："人类的理智战胜迷信，去支配已经失去魔力的自然。知识就是力量，它在认识的道路上畅通无阻：既不听从造物主的奴役，也不对世界统治者逆来顺受。"③ 然而，启蒙精神一旦与资本主义生产方式联手，就因过分强调知识和科学的实用功能而把价值因素排除在外，实际上也就割裂了"工具理性"和"价值理性"的内在联系，"理性"由此异化为"技术理性"，"科学"由此被归结为"技术"。这种理性观和科学观的结局必然会把整个世界简化为量的形式方面，并用形式的抽象统一原则来把握世界。之所以认为人类可以通过科学技术来把握整个世界，是因为启蒙精神相信人的心灵秩序与自然的秩序具有同一性，而这种同一性使科学家能够把握和控制自然。

基于对"启蒙"的概念界定和特点分析，霍克海默和阿多诺进一步指出启蒙自身的悖论和自我毁灭的前景，认为启蒙辩证法的悲剧就在

---

① ［德］伊曼努尔·康德：《历史理性批判文集》，何兆武译，商务印书馆2005年版，第23页。
② ［德］马克斯·霍克海默、西奥多·阿道尔诺：《启蒙辩证法：哲学断片》，渠敬东、曹卫东译，上海人民出版社2006年版，第1页。
③ ［德］马克斯·霍克海默、西奥多·阿道尔诺：《启蒙辩证法：哲学断片》，渠敬东、曹卫东译，上海人民出版社2006年版，第2页。

于从"启蒙"倒退为"神话",使人类堕落为在技术理性支配下的一种新的野蛮状态。他们从三个方面批判启蒙理性及其对人和自然的控制。

第一,启蒙理性强调理性的工具化和实证化,因停留在对事物的事实描述而缺乏否定性和超越性。启蒙理性论及的"理性"是排斥和摒弃价值因素的,它在本质上是一种技术理性或工具理性,是理性的病变。启蒙理性割裂了科学和价值的关系,把科学数学化、实证化和实用化的结果必然使理性丧失其自我否定的功能,"启蒙把思想和数学混作一团,……它把思想变成了物,变成了工具……,从思想到数学公式的还原过程,同时也是世界对其自身标准的认定过程:所谓主体理性的胜利都归属于逻辑形式主义的实在,都是以理性对既定事物的直接顺从为代价"①。这种对理性思维和科学知识的崇拜缺少对现存世界的否定性理解,最终成为一种屈从于甚至是认同现实的肯定性思想,因而无法为科学技术的运用提供正确的价值引导。

第二,启蒙理性旨在确立人对自然的统治地位,这必然带来人和自然关系的紧张。在以技术理性主义为主导文化的现代社会,人们往往把自然看作被动的、僵化的、无意识的客体,同时还坚信在技术手段下会毫无保留地臣服于人的需要。但霍克海默和阿多诺却清醒地认识到,这种人类中心主义价值观加剧了人与自然关系的恶化。"人类为其权力的膨胀付出了他们在行使权力过程中被不断异化的代价。启蒙对待万物,就像独裁者对待人。独裁者了解这些人,因此他才能操纵他们;而科学家熟悉万物,因此他才能制造万物。"② 之所以如此,是因为启蒙理性一方面把知识等同于技术,把"实用"作为判定科学的标准,强调技术的功能在于控制自然和便于人们在实践活动中操作;另一方面,把"自然"看作一个可以通过技术把握和控制的客体,由此必然结局是把

---

① [德] 马克斯·霍克海默、西奥多·阿道尔诺:《启蒙辩证法:哲学断片》,渠敬东、曹卫东译,上海人民出版社 2006 年版,第 19—20 页。

② [德] 马克斯·霍克海默、西奥多·阿道尔诺:《启蒙辩证法:哲学断片》,渠敬东、曹卫东译,上海人民出版社 2006 年版,第 6 页。

人和自然的关系简化为控制和被控制的关系，最终造成人和自然关系的日益紧张局面。

第三，启蒙理性倾向于把人视为无主体性的客体，其结果是社会对人的控制日益加强，人与人之间的关系被降格为物的关系。启蒙理性把技术进步等同于社会进步，但是由于资本主义社会存在着以资本为基础的特殊利益集团，因此在资本主义社会中技术进步不可能实现社会进步，而只能带来不平等的日益加强。为了消除个人和社会之间的矛盾，启蒙理性排斥价值和思想，通过把理性异化为技术理性，使其丧失对社会的批判和否定功能，至此技术理性成为凌驾于个人之上的控制人的工具。在技术理性统治的世界中，人及其活动因受制于资本主义生产体系而日益走向异化，因为资本主义生产体系是建立在技术理性基础上的，"生产系统一直规定身体是为社会机构、经济机构以及科学机构服务所造就的生产系统，这些机构越是复杂和精致，身体所能得到的经验便越贫乏"①。也就是说，以技术理性为基础的资本主义生产体系使人们丧失了自主性，人们的内心世界已经处于被控制的状态并变得麻木不仁了。

如果说霍克海默和阿多诺对启蒙理性的批判奠定了技术理性批判的基本范式，那么他们对文化工业的批判就是技术理性批判的具体展现，因为启蒙精神超越自身的边界直接导致了文化工业的产生。正是在技术理性的怂恿下，艺术与生产之间建立起了同谋共生的关系，旨在培育一种维护现存秩序的顺从意识以欺骗和操控大众。在这个意义上，文化工业批判构成了法兰克福学派大众文化批判的理论主题之一。

20世纪30年代后期，霍克海默和研究所其他成员受到法西斯主义的威胁，他们被迫停止在德国的一切学术活动。在1934年正式迁移到美国后，霍克海默和阿多诺注意到文化工业和大众传媒的发展势头迅

---

① ［德］马克斯·霍克海默、西奥多·阿道尔诺：《启蒙辩证法：哲学断片》，渠敬东、曹卫东译，上海人民出版社2006年版，第29页。

猛，于是开始重点分析和批判以同一性为内在规定的文化工业及其作为一种新的控制形式。法兰克福学派史专家马丁·杰伊印证了这一观点，他指出："技术在美国广泛服务于文化工业，恰像它在欧洲帮助权威政府的控制。霍克海默和阿多诺认为，无线电之于法西斯正如印刷术之于文艺复兴。"① 根据阿多诺在《再论文化工业》一文中的说法，"文化工业"一词最早是由他和霍克海默提出的，以表示与"大众文化"相区别的概念，"目的是为了从一开始就避免这种诠释：大众文化仿佛是从大众自身中自发成长起来的文化，是大众艺术的当代形态"②。就此而言文化工业是指借助现代技术手段大规模地制造和传播文化产品的娱乐工业体系，它的形成和发展主要得益于两个方面：一方面，电影、电视、广播、广告、杂志等大众传媒技术使艺术品的大规模生产成为可能；另一方面，资本主义生产体系把艺术品变成标准化的商品，在传播和使用过程中实现其交换价值。霍克海默和阿多诺认为，资本主义文化工业通过兜售同质化、齐一化和伪个性化的文化商品，把效率原则拓展至文化领域并形成了大众文化，它实质上扮演着压抑、欺骗和控制大众的"社会水泥"角色。归结起来，他们从以下三点批判文化工业的意识形态性及其社会负面影响：一是大众文化的商品性使艺术品丧失了其创造力而成为无个性的商品，文化工业作为整个资本主义生产体系的一部分也是以盈利为目的，至此"文化工业取得了双重胜利：它从外部袪除了真理，同时又在内部用谎言把真理确立起来"③；二是大众文化的齐一性把人们推向单调平庸并逐渐消解其主体性，通过标准化的工业体系把文化变成整齐划一的商品，大众在消费和占有这种文化产品的过程中丧失了自身的主观能动性，最终沦为商品的盲目追随者；三是大众

---

① ［美］马丁·杰伊：《法兰克福学派史：1923—1950》，单世联译，广东人民出版社1996年版，第249页。

② ［德］希奥多·阿多尔诺：《再论文化工业》，王凤才译，《云南大学学报》（社会科学版）2012年第4期。

③ ［德］马克斯·霍克海默、西奥多·阿道尔诺：《启蒙辩证法：哲学断片》，渠敬东、曹卫东译，上海人民出版社2006年版，第121—122页。

文化的娱乐性所提供的虚假快乐使人们深陷其中而无力反抗资本主义，在文化工业中完成艺术和娱乐之间的和解，既削减了艺术品的深度又禁锢了大众的思想，"艺术作品已经完全把自己与需求等同起来，它以欺骗为手段，彻底剥夺了人们摆脱效用原则的可能性，使这一原则正式生效了"①。在这个意义上，文化工业及其所生产的文化产品是欺骗和操控人的一种意识形态，因为在表面上支配着文化生活的工业技术背后隐匿着资本主义对文化的操控逻辑。因此，霍克海默和阿多诺对文化工业的批判实则是技术理性批判的进一步延展，他们从意识形态的视角审视技术理性和大众文化，并没有彻底地否定以启蒙理性为核心的现代技术。

霍克海默和阿多诺对科学技术问题的探讨，总是与启蒙理性批判、文化工业批判交织在一起。一方面，在对启蒙概念的历史性重构中呼唤批判理论的出场，从而开启了科学技术的解放维度；另一方面，在对文化工业运行机制的剖析中揭示科学技术的意识形态性及其对人的心理结构的控制。二人在很大限度内深化了卢卡奇的物化理论，同时还为中后期法兰克福学派对科学技术的社会政治功能、文化心理、日常生活等的批判奠定了理论基础。

二　马尔库塞对技术逻各斯成为统治合理性的批判

马尔库塞是继霍克海默和阿多诺之后法兰克福学派的中坚人物，他始终立足发达工业社会探讨技术理性与政治统治之间的内在联系，指认现代技术已经异化为一种新的控制形式的客观事实，由此戳穿了技术价值中立论的虚幻性和欺骗性，为建立一个有利于人的全面发展的非压抑性社会提供了可能。实质上，他在技术问题上的价值取向与霍克海默和阿多诺是一脉相承的，只是进一步将技术理性批判引向政

---

① ［德］马克斯·霍克海默、西奥多·阿道尔诺：《启蒙辩证法：哲学断片》，渠敬东、曹卫东译，上海人民出版社2006年版，第143页。

治实践领域,着力分析技术理性在当代西方社会是如何成为政治统治工具的。

在《单向度的人:发达工业社会意识形态研究》一书中,马尔库塞指出现代资本主义是一个在政治、经济、文化等方面都高度发达的社会,但它仍是一个充斥着异化现象、单向度的、压抑与控制的病态社会,因为"一种舒舒服服、平平稳稳、合理而又民主的不自由在发达的工业文明中流行,这是技术进步的标志"①。至此技术进步的逻辑俨然已成为发达工业社会统治的逻辑,科学技术在向社会生活各个方面渗透的过程中已异化为一种新型的统治工具和控制形式。所以,他通过重新审视科学技术的社会功能揭露了当代资本主义的极权特征及其对社会的全面控制,从政治、经济和文化三个方面抨击了科学技术的意识形态功能。

首先,当代资本主义借助现代技术控制人的内心世界,在全社会形成了一种肯定现实的顺从意识,从而有效地遏制社会发生质变的可能性,巩固和维护了西方社会的有序性和稳定性②。在马尔库塞看来,当代资本主义政治上层建筑实质上是依据技术的观念和结构而运转。随着抽象的工具理性向社会控制和调节系统的扩展,技术不仅成为组织化的统治原则,而且也被深深地打上了资产阶级意识形态的烙印。现代技术实质上就是为实现少数人或特定集团利益的历史谋划,技术合理性因而获得了政治意义,"不仅技术的应用而且技术本身,就是(对自然和人的)统治——有计划的、科学的、可靠的、慎重的控制。统治的特殊目的和利益并不是'随后'或外在地强加于技术的,它们进入技术机构本身。技术总是一种历史—社会工程:一个社会和它的统治利益打算

---

① [美]赫伯特·马尔库塞:《单向度的人:发达工业社会意识形态研究》,刘继译,上海译文出版社 2008 年版,第 3 页。
② 王雨辰:《从技术政治学到审美政治学——马尔库塞的政治哲学初探》,《国外社会科学》2009 年第 1 期。

和对人和物所做的事情都在它里面设计着"①。这意味着技术的开发和使用总是与特定的社会环境相联系甚至融为一体，发达工业社会生产力水平随着科学技术的进步而不断提高，不仅使资本主义社会有能力为更多的人提供富足的物质生活条件，而且使资本主义生产体系在全社会兜售"越多越好"的消费需求和为增加商品而工作的欲望，这就预先封闭了大众对社会的不满情绪和反抗意识，消除了私人与公众、个人需要与社会需要、资产阶级与无产阶级之间的对立，由此内嵌于政治制度的技术理性发挥着维系资本主义统治合法性的重要作用。

其次，当代资本主义采取令人愉悦的新技术兜售消费主义价值观，使人们沉浸在物质消费的快感中而不自觉地屈从于资本扩张的逻辑，并进一步强化了对现有社会秩序的认同感。马尔库塞强调，当代资本主义高度发达的物质文明是以对自然和人的双重压抑为代价的，一方面自然在科学技术的促逼下成为不加节制使用的生产资料，另一方面人的欲望在科学技术的帮助下成为社会强加的、与生存无关的虚假需要，于是自然和人在技术理性的裹挟下顺理成章地沦为被压迫的对象。而人们那种看似自由的消费行为实则是资产阶级借助大众传媒这种极为隐蔽的方式刻意为之的结果，"它的生产率和效能，它的增长和扩大舒适生活品的潜力，它的把浪费变为需要、把破坏变为建设的能力，这都表明现代文明使客观世界转变为人的精神和肉体达到了什么样的程度"②，而且因把自然置于技术逻各斯中而加剧了生态环境的恶化。作为当代资本主义危机表征方式的生态危机，实则展现了人与自然、他人及其自身之间的敌对关系，其通过占有更多的自然资源和生存空间加剧了对人的剥削，正如马尔库塞所认为的那样，"在现存社会中，越来越有效地被控制的自然已经成了扩大对人的控制的一个因素：成了社会及其政权的一个胳

---

① ［美］赫伯特·马尔库塞：《现代文明与人的困境——马尔库塞文集》，李小兵译，上海三联书店1989年版，第106页。

② ［美］赫伯特·马尔库塞：《单向度的人：发达工业社会意识形态研究》，刘继译，上海译文出版社2008年版，第9页。

脾。商业化的、受污染的、军事化的自然不仅从生态的意义上，而且从生存的意义上缩小了人的生活世界"①。基于此，他强调自然的解放应包含两个方面的内容：一是对人自身自然的解放，二是对人身外自然的解放。前者是对人的本能和感觉的解放，主张以"爱欲"代替"物欲"，从而使人的感官在劳动过程中享受"爱欲发泄"的快感；后者是对人类赖以生存的自然的解放，同时还强调它与人的解放是同一过程，因为对自然界的损害与资本主义经济是紧密联系的。技术与资本的共谋造就了一个丧失人性的自然界，只有培育人的新感性和摧毁资本主义生产体系，才能把人们从消费主义制造的虚假需求中解脱出来。

最后，当代资本主义技术理性的盛行肃清了西方高级文化中敌对的、否定的和越轨的因素，使文化蜕变为单向度的肯定文化，削弱了人们的批判精神和反抗意识。马尔库塞这里所讲的"西方高级文化"，主要是指处于前技术时代的西方古典文化，这一时期的人和自然都没有被作为客体和工具而组织起来，因而艺术具有与现实格格不入的浪漫主义情怀，同时还表现"同整个商业和工业领域、同可以预测并可以获利的秩序的有意识、有步骤的异化"②。这一特质使古典文化包含肯定和否定的双重向度，前者是指作为现存文化组成部分的艺术以抽象方式表达人们对未来的美好憧憬，从而遮蔽了资本主义社会对人的压抑状况；后者则是指作为超然于现实存在的艺术使人们能够逃离社会的异化和现实的苦难，从而起到批判和否定现存秩序的社会功能。但问题在于，当代西方社会通过技术的合理性及其对人的总体控制，"消除高层文化中对立的、异己的和超越性的因素"，从而克服了"文化和社会现实之间的对立"③。这种被技术合理性所中介的艺

---

① ［美］H. 马尔库塞等：《工业社会和新左派》，任立译，商务印书馆1982年版，第128页。
② ［美］赫伯特·马尔库塞：《单向度的人：发达工业社会意识形态研究》，刘继译，上海译文出版社2008年版，第48页。
③ ［美］赫伯特·马尔库塞：《单向度的人：发达工业社会意识形态研究》，刘继译，上海译文出版社2008年版，第47页。

术，在不断地机械化、商业化和世俗化的过程中丧失了其否定性、超越性和颠覆性向度，同时从表面上使所有人陶醉于同样的审美体验和虚假的"幸福意识"而遗忘了现实的不幸。之所以如此，是因为这种幸福意识相信"现实的就是合理的，已确立的制度不管如何终会不负人们所望。人们被引导到生产机构中去寻找其个人的思想和行为能够且必须任之摆布的有效动因"①。所以说，技术合理性向自然科学、日常语言、哲学、艺术等思想活动领域的拓展，不仅催生了以抽象性和形式化为特征的肯定文化，而且使人们对损害社会秩序的反抗意识和越轨行为感到内疚和罪恶，造成了当代西方社会政治一体化现象越发严重的趋势。

　　基于上述分析，马尔库塞认为技术理性在政治、经济和文化领域发挥意识形态功能，强调现代技术作为社会控制的新形式在价值上绝不是中立的，它具有特定的政治意图和意识形态偏向，只不过是以令人不易察觉的"非恐怖的经济技术协作"方式为当代资本主义的统治合理性辩护。可见，马尔库塞把韦伯的工具理性、霍克海默的主观理性等同于技术理性，认为技术理性实质上就是一种形式合理性，不仅在物质生产领域以标准化、同一化和专业化的原则支配着人的行为，而且在精神文化领域通过电视广告、文化工业等技术手段束缚人的自由意志、压抑人的爱欲本能以及占据人的内心世界。为此，他试图通过技术的艺术化和审美化来调和感性与理性、自由与必然、人与自然之间的矛盾，在改造技术体系的基础上释放人的生命本能，以期建构一个"人—自然—社会"和谐共生的非压抑性社会。那么，究竟如何从技术理性发展到后技术理性阶段呢？马尔库塞认为关键在于重建新感性，因为"新感性，表现着生命本能对攻击性和罪恶的超升，它将在社会的范围内，孕育出充满生命的需求，以消除不公正和苦难；它将构织'生活标准'向更

---

　　① ［美］赫伯特·马尔库塞：《单向度的人：发达工业社会意识形态研究》，刘继译，上海译文出版社2008年版，第64页。

高水平的进化"①。一旦将感觉、需要、情感、想象等新感性要素融入现有技术体系中，就会使技术理性走向工具与价值相统一的后技术理性时代，一方面使人们按照"美的规律"利用自然资源，把自然从片面追求利润的工具理性命令中解救出来，从而恢复它原初的、本真的、自由的状态；另一方面通过艺术的合理性唤醒人们长期遭受压抑的爱欲本能和真实需要，为促成"价值的物质化"并使"技术构想的完善"得以实现提供了有利的主观条件②，同时感性的反叛力量也随着新技术在社会生活中的使用，从而切断了与工具理性的依存关系。这表明"新理性"既不是技术的否弃，也不是理性的终结，而是在技术与艺术的完美融合中生成的一种新的技术范式。

马尔库塞的技术理性批判延续和发展了法兰克福学派的社会批判理论，其立足发达工业社会探讨技术理性与政治统治之间的内在联系，并对科学技术的意识形态功能展开无情的批判，使"科学技术即意识形态"的命题在他这里被进一步系统化了。不仅如此，他还试图以"后技术理性"来激发技术的民主潜能、培育人的"新感性"、唤醒革命主体的反抗精神，建构一个以审美形式为主导的非压抑性社会。

三　哈贝马斯对工具系统殖民生活世界的批判

作为法兰克福学派第二代领军人物，哈贝马斯在各种批评和质疑声中捍卫现代性的价值，主张必须以一种全面公正的态度对待启蒙、理性及其实践问题，而不是情绪化地把当代资本主义的现实困境全部归咎于技术理性。他在反思早期法兰克福学派理论家特别是马尔库塞关于科学技术发挥意识形态功能的命题基础上，不仅斥责了系统对生活世界的侵

---

① ［美］赫伯特·马尔库塞：《审美之维》，李小兵译，广西师范大学出版社2001年版，第98页。
② ［美］赫伯特·马尔库塞：《审美之维》，李小兵译，广西师范大学出版社2001年版，第87页。

蚀及其造成的文化商品化、社会同一化以及人的去政治化等现象，而且主张通过交往理性把技术知识转化为实践知识以避免生活世界的殖民化。因此，哈贝马斯在进一步深化法兰克福学派工具理性批判理论的同时，逐步实现了从"批判"到"建构"的范式转换，在一定程度上扭转了西方马克思主义偏狭的技术悲观主义倾向。

在20世纪五六十年代，谢尔斯基、弗赖尔、盖伦和马尔库塞等德国学者围绕"技术化社会的发展和技术国家的状况问题"展开了激烈争论，从而形成了"技术统治论"的思想共识，如谢尔斯基的"技术国家"构想。[①] 他们的讨论引起了哈贝马斯的关注，他在《作为"意识形态"的技术与科学》和《认识与兴趣》中对"技术统治论"进行批判性反思，在此基础上揭示了晚期资本主义社会的"技术统治论"的意识形态本质及其解决方法。首先，哈贝马斯区分了"劳动"与"相互作用"，指出它们分别是以"技术"和"交往"为旨趣，前者指向以金钱和权力为媒介的物质再生产领域，后者则指向以语言和符号为媒介的文化再生产领域，由此构筑了社会"系统—生活世界"的二元结构。在这一理论框架下，他谴责早期法兰克福学派成员不加区分地把科学技术等同于意识形态的草率做法，认为科学技术在晚期资本主义社会成为"第一位的生产力"时才充当维护资本主义统治秩序的社会角色。晚期资本主义社会的两大发展趋势——"国家干预活动增加"和"科学研究和技术之间的相互依赖关系日益密切"[②]，使资本主义处于自由竞争时期的"公平交换"基础意识形态失效，技术和科学因其"补偿机制"而获得了统治的合法性。具体而言，国家干预经济尽管在一定程度上缓解了发达资本主义的社会矛盾，但却使晚期资本主义社会遭遇前所未有的合法性危机。随着科学技术的一体化发展及其向社会生活的全面渗

---

① ［德］尤尔根·哈贝马斯：《理论与实践》，郭官义、李黎译，社会科学文献出版社2010年版，第258页。

② ［德］尤尔根·哈贝马斯：《作为"意识形态"的技术与科学》，李黎、郭官义译，学林出版社1999年版，第58页。

透,目的理性取代价值理性并一跃成为人们在社会生活中普遍遵循的行为准则,从而消解了技术旨趣与交往旨趣的根本差别。这不仅造成"系统—生活世界"之间的不平衡发展,而且使晚期资本主义在文化、社会和个性三个层面都出现了"生活世界殖民化"的现象。此时科学技术的历史形象发生了重大变化——从"作为生产要素"到"作为意识形态"的科学和技术,由于"生产力的相对提高,不再是理所当然地表现为一种巨大的和具有解放性后果的潜力;现存的统治制度的合法性在这种巨大的、解放性的潜力面前,将不堪一击。因为现在,第一位的生产力——国家掌握着的科技进步本身——已经成了'统治的'合法性的基础"①。基于此,他认为晚期资本主义社会危机不再是由生产力与生产关系的矛盾运动所决定的经济危机,而是由人们道德实践所决定的文化危机,甚至还断言马克思的"剩余价值学说"和"阶级斗争理论"已经过时。

既然技术的科学化趋势成为确证资本主义政治统治合理性的意识形态,那么它究竟如何起到维护资本主义合法性基础的意识形态功能呢?哈贝马斯认为关键就在于技术的理性化把实践问题排除在外,通过专家治国的政治实践和技术进步的补偿机制促成公众的"非政治化",如此一来,他们非但不再关心政治领域的实践问题,而且还在享受富裕物质生活的同时增强了对现存社会的认同感和忠诚度。在这个意义上,哈贝马斯延续并深化了法兰克福学派对技术理性的意识形态批判,具体表现为下述几点。

第一,政治问题在技术化的语言中被转换为技术问题,由此保证了"制度的稳定性"。哈贝马斯发现,由于 20 世纪科学技术在社会生活的各个方面都发挥着重要作用,一大批知识分子和技术专家(官僚)代替了传统的政治精英,他们在参与国家管理的过程中逐渐掌握了社会规

---

① [德] 尤尔根·哈贝马斯:《作为"意识形态"的技术与科学》,李黎、郭官义译,学林出版社 1999 年版,第 68—69 页。

划的决策权和意识形态的话语权。基于专家意见的管理模式所奉行的是"技术统治论"和"专家治国论"的观念，这决定了他们更倾向于通过科学的管理和技术的革新来克服和消除社会危机。只不过专家意见会不断压榨公众进行民主讨论的空间，个人话语表达的自由就不得不让位于技术官僚的专制，至此政治领域的实践问题被草率地归结为一种纯粹的技术性问题。这意味着统治合法性的辩护标准与实践问题日渐疏离，随之而来的是把科学技术的效用性和功能性作为衡量社会秩序合理与否的最高准则，从而造成人们置政治问题于不顾且更关注从技术层面解决实践问题的"非政治化"倾向。

第二，诉诸技术科学化及其运用的规模化和制度化提高人们生活的舒适度，与此同时也削弱了公民的政治意识。在哈贝马斯看来，晚期资本主义社会的技术科学化趋势及其向日常生活领域的全面渗透，一方面明显改善了工人的生活水平和社会地位，使传统意义上的阶级差距被大幅缩小了，人的反抗精神和政治意识也日渐消退；另一方面还推动了以休闲、消费和享受为主的文化工业繁荣发展，为工人提供了缓解工作压力的丰富多样的娱乐生活，从而把人的注意力从政治领域转移到注重物质享受和消费的日常生活领域。也就是说，科学和技术的一体化发展对生产力制度化增长的促进造就了一大批福利国家，这些国家通过提供更多的工作岗位、增加社会的福利政策、提高工人的收入水平等一系列"补偿政策"，使个人需求得到最大限度的满足，使他们高度认可并心甘情愿地臣服于资本主义的统治。

第三，技术系统的无限扩张侵占了人们的生活世界，造成了人与人的交往关系被物与物之间的关系所掩盖的异化现象。哈贝马斯虽然肯定了系统与生活世界的分离具有提高社会生产效率和管理水平的进步意义，但他严厉批评了社会的不平衡发展使人异化为资本追求利润的工具。究其根本，科学技术以合理性的名义抹杀了"劳动"（工具行为）与"相互作用"（交往行为）的差异性，使生活世界被技术理性不断地吞噬并呈现工具化、权力化、官僚化和资本化等特征，随之而来的是，

第三章 国外马克思主义技术批判理论的历史演进

人与人的交往变成了永恒的生存斗争和利益冲突，真诚而有效的沟通变得不再可能，技术也代替实践把建设性与破坏性的社会劳动高度融合在一起。然而，一旦独立的个体被纳入经济政治子系统所管辖和操控的范围中，原本属于私人领域和公共空间的非商品化活动就会被市场机制和科层制度严重侵蚀，其结果是人与人之间的交往实践片面化为技术的合理性，"人的自我物化代替了人对社会生活世界所作的文化上既定的自我理解"①，这些丧失反抗意识和否定向度的人们就成为马尔库塞所说的"工业文明受到抬举的奴隶"。

关于如何破除科技意识形态以及由此造成的生活世界殖民化问题，哈贝马斯不同意第一代法兰克福学派对技术理性的激进批判和大拒绝姿态，主张以"交往理性"恢复被"技术统治论"阻断的实践兴趣，以此妥善处理技术与民主之间的关系。哈贝马斯认为，晚期资本主义社会的病征在于生活世界殖民化，作为系统运行规则的工具理性对交往理性的僭越，最终造成了"当系统不再是实现某个目的的手段，从而不再是能通过生活世界而最终被检验的东西，而它自身就成了一种手段的时候，生活世界殖民化就出现了"②的现实状况。因此，冲破科技意识形态牢笼的关键在于拯救生活世界而非仅仅是改造技术体系，通过重建系统与生活世界之间相协调的机制，把科学技术及其应用置于交往理性的规约和引导下，使之充分发挥提高劳动效率和政治效能的积极作用。交往活动的参与者不再是以个人成就为首要目的，而是在相互信服的前提下实现其共同利益，在主体间的沟通和理解中达成的共识作为约束性力量反过来规范经济和政治活动，这必然要求在科技工作者、政治家和公众之间建立起一种民主对话的机制，进而破除科技意识形态的话语垄断，最终实现生活世界的合理化和人的全面发展。论及在交往理性基础

---

① [德] 尤尔根·哈贝马斯：《作为"意识形态"的技术与科学》，李黎、郭官义译，学林出版社1999年版，第71页。
② [英] 安德鲁·埃德加：《哈贝马斯：关键概念》，杨礼银、朱松峰译，江苏人民出版社2009年版，第20页。

上形成的民主机制的内容,哈贝马斯认为至少包括三点:一是科技工作者具有社会公民和研究者的双重角色意识,二是科学共同体内部及其与政治之间的平等对话为彼此提供意见,三是科技政策的提出和实施必须经过社会公众的广泛讨论和监督。然而,交往行为的规范性基础是以语言为媒介的,言语行为的有效性又是以"理想的言语情境"(内容的真实性、表达的真诚性与言说的正当性)为先决条件的,这就使哈贝马斯的解救方案显得过于理想化,福柯把这种脱离社会现实的做法斥责为"交往的乌托邦"。尽管在一定程度上削弱了法兰克福学派技术政治学的批判锋芒,但他对科学技术相对温和的批判及其合理化建构极大地拓展了批判理论的视域,不仅批判了阿多诺和霍克海默等第一代法兰克福学派把现代社会看作一种难以变革的封闭统治体系的悲观看法,而且坚定地维护现代性立场,更是"企图抛弃否定的辩证法,重建解放理论在现代社会中的可能性"①。

哈贝马斯秉承了早期法兰克福学派的批判理论传统,在"劳动"与"相互作用"的理论框架下深入剖析晚期资本主义合法性危机的成因,通过对科技意识形态使公众非政治化和公共空间不断萎缩的控诉,提出诉诸"交往理性"重建生活世界的行动策略,把科学技术及其使用范围圈定在经济子系统中。至此西方马克思主义技术理性批判理论实现了从主体哲学到交往哲学的范式转换,在很大限度内扭转了第一代法兰克福学派的技术悲观主义倾向,只不过这种相对保守的立场使其在实践中陷入一种道德乌托邦式的幻想。

第三节 生态学马克思主义对现代技术的生态政治学批判

随着20世纪六七十年代全球性生态危机的日益加剧,社会发展的

---

① Gerard Delanty, *Social Science: Beyond Constructivism and Realism*, Buckingham: Open University Press, 1997, pp. 81-83.

生态制约成为愈来愈引人注目的话题，西方马克思主义理论家也把批判的目光聚焦于关乎人类生存和发展的生态环境问题上。他们比较自觉地运用马克思主义的立场、观点和方法探索造成当代资本主义生态危机的根本原因及其解决途径，由此形成了标志着西方马克思主义发展新阶段的"生态学马克思主义"流派，其核心论题包括制度批判、技术批判、消费批判和生态政治哲学①。就"技术批判"专题而言，生态马克思主义在继承法兰克福学派技术理性批判和合理汲取西方生态思潮的基础上，注重把技术问题同控制（支配）自然的观念、消费主义价值观和资本主义制度的批判结合起来揭示生态危机的根源，力图通过生态价值观和社会制度的双重变革建构一个人与自然和谐共生的生态社会主义社会。因此，为了展现生态学马克思主义对科学技术生态政治学批判的思想历程，我们首先对法兰克福学派与生态学马克思主义之间的承接关系予以说明，其次分别从莱斯、阿格尔和高兹的理论主张出发阐述生态学马克思主义在不同历史时期的理论特征。

一 法兰克福学派技术理性批判的生态视域及其理论效应

根据生态学马克思主义的理论逻辑和发展特点，可将其划分为三个阶段：20世纪70年代的形成时期、80年代的发展时期和90年代的成熟时期。作为第一代生态学马克思主义理论家的波兰哲学家亚当·沙夫和鲁道夫·巴罗，不仅为创建生态学马克思主义而不懈努力，而且率先把生态学马克思主义的观点付诸实践，积极谋求生态运动与社会革命的结合。但从动态演进或发生学的视角来说，事实上对该学派的孕育和创建起决定性作用的是法兰克福学派，其关于人与自然关系问题的论述直接影响到生态学马克思主义的理论建构及其发展路向。对此，刘仁胜在《生态学马克思主义概论》中指出，"西方马克思主义对生态学的关注

---

① 王雨辰：《制度批判、技术批判、消费批判与生态政治哲学——论西方生态学马克思主义的核心论题》，《国外社会科学》2007年第2期。

始于法兰克福学派的马克斯·霍克海默、西奥多·阿道尔诺和赫伯特·马尔库塞,之后经过马尔库塞的学生威廉·莱斯及其追随者本·阿格尔的发展,生态马克思主义得以创立"①。故而,我们有必要对法兰克福学派技术批判的生态指向及其与生态学马克思主义的理论联系进行详细说明。

人与自然的关系是生态哲学研究的根本问题,法兰克福学派在技术理性的反思与批判中重新阐释了这一问题,指出生态环境问题是当代资本主义利用现代技术对人和自然进行双重控制的必然结果。作为该学派中最早从理论层面对生态危机问题发表见解的思想家,霍克海默和阿多诺认为启蒙过程中理性呈现两种不同的面貌——"从神话到启蒙"和"从启蒙到神话",前者是启蒙以澄明真理的科学驱散了神话的阴霾,使人从自然的崇拜和宗教的迷信中解放出来;后者则是启蒙在祛魅的过程中被简化为工具理性(也作形式理性或技术理性),作为理论参照和行动准则的工具理性却加剧了人对自然的控制以及人的物化状态。这表明启蒙理性促进了科学技术的进步,同时也确立了人凌驾于自然的统治权,祛魅化的自然则沦为被人任意"裁剪"和"拼接"的对象性存在。基于此,他们把资本主义畸形发展的原因追溯至作为其"文化基因"的启蒙理性,揭示了启蒙理性过分强调理性的工具方面而忽视理性的价值方面的内在缺陷,批判作为解放力量的科学技术退化成了统治人和自然的启蒙神话,如此一来,当代资本主义就在对自然资源的非人道占有中实现了对人的全面控制。

马尔库塞更是直截了当地指出生态危机的根源在于"技术的资本主义使用",通过分析科学技术的意识形态化及其对自然的主体性剥夺,进一步阐明了为资本所裹挟的工具理性盛行的生态后果。在他看来,一方面工具理性的泛滥使自然屈从于资本主义生产体系,这造成了对外部自然环境的破坏;另一方面工具理性的单向度化使人把形式合理

---

① 刘仁胜:《生态马克思主义概论》,中央编译出版社 2007 年版,第 2 页。

性作为其行为准则，以至于遗忘了本能、感性、想象力等属人的内部自然。面对技术理性统治下的生态危机，他指出既然技术理性是在特定社会条件下的历史谋划，那么解决问题的关键就在于打破植根于现存社会的技术逻辑，而要实现科学技术的人道化发展就必须变革不合理的社会制度。至此马尔库塞把自然的解放与人的解放联系起来，强调二者都以人的自由为价值诉求，前者是人的解放的前提和手段，自然的解放"并不意味着回到工业技术时代，而是进而运用技术文明的成果，使人和自然界摆脱科学和技术为剥削服务时的那种破坏性滥用"①。因此，"生态革命"不只是在自然领域进行的观念变革，而是在包括政治、经济和文化等在内的社会领域中同步展开，不仅通过技术与艺术的有机结合调整科学技术的发展方向，由此避免理性的权威对自然生命的无情践踏；而且建构一个非压抑性的人道主义社会，如倡导以"真实需要"代替"虚假需要"的消费观、确立符合生态原则的生产模式以及按照美的原则塑造自然，从而缓和资本主义的高生产和高消费对生态环境施加的压迫。

与马尔库塞对马克思早期著作的高度重视有所不同，施密特则更关注马克思成熟时期的经济学著作，他在对马克思自然概念的阐释中揭示了自然的社会伦理本质。在《马克思的自然观念》一书中，施密特指出马克思的自然观是一种非本体论的唯物主义，他的自然概念最大的特点是具有"社会—历史性质"，强调"只有通过作为中介的实践，人才能认识并且有目的地运用物质的运动形式"②。在他看来，马克思反对费尔巴哈从感性直观的形式理解自然，把人与自然的关系理解为"自然人化"与"人被自然化"的双向互动过程，二者又是以"人的感性活动"为中介的相互依存、相互影响关系。因此，施密特对于自然的

---

① ［美］赫伯特·马尔库塞：《审美之维》，李小兵译，生活·读书·新知三联书店1989年版，第131页。
② ［联邦德国］A. 施密特：《马克思的自然概念》，欧同力、吴仲昉译，商务印书馆1988年版，第99页。

本质、自然与社会互动机制以及自然史与社会史相统一的阐发，为进一步探索人与自然的伦理关系奠定了哲学的形上维度，同时有利于法兰克福学派自然伦理观学理基础的不断夯实。① 而他通过高扬马克思自然观的历史维度，明确提出基于整体性或总体性原则把握马克思主义的实践唯物主义视角，也在"实践本体论"的意义上构成了生态马克思主义理论传统的重要承继节点。

归结起来，法兰克福学派技术批判理论中的生态指向和伦理建构，不仅是对当时欧美国家遭遇生态危机的马克思主义回应，而且是生态学马克思主义的直接理论来源。正是在承袭法兰克福学派批判理论传统的基础上，阿格尔、莱斯、福斯特等生态学马克思主义理论家以生态批判为切入点，从不同侧面对当代资本主义社会展开生态政治学批判，由此开启了历史唯物主义的当代视域。一般来说，马尔库塞的《单向度的人：发达工业社会意识形态研究》和《反革命与造反》等著作被当作是生态学马克思主义形成的标志，他所提出的自然解放学说、消费异化批判、非压抑文明等观点对生态学马克思主义都产生了重要影响，他们的许多观点直接或间接地来源于马尔库塞。有鉴于此，以下重点论述马尔库塞对生态学马克思主义产生的理论效应。

其一，生态学马克思主义汲取了马尔库塞关于对自然的控制和对人的统治具有内在一致性的思想。在马尔库塞看来，当代资本主义利用现代技术从政治、经济和文化层面强化了极权主义统治，原本作为解放力量的科学技术就此沦为奴役人和控制自然的工具。这种对自然资源的非人道占有和竭泽而渔式的开采，不仅会导致人与自然共生关系的破裂，而且还激化了人与人之间资源争夺的矛盾。生态学马克思主义承袭了这一思想，他们不是把生态危机看作单纯的自然环境问题，而是把生态批判与技术批判、制度批判联系起来，深刻揭示当代资本主义的反生态本

---

① 陈爱华：《法兰克福学派科学伦理思想的历史逻辑》，中国社会科学出版社2007年版，第395页。

性。加拿大生态学马克思主义者威廉·莱斯与马尔库塞具有师承关系，他呼吁人们走出官方决策机构和思想家设下的"陷阱"——前者宣扬"环境问题属于经济核算问题"的论调、后者主张环境问题的根源在于科学技术本身，反复强调资本主义"控制自然"的观念是造成生态危机的根本原因。他指出发达资本主义国家总是把"自然的控制"与"人的控制"结合起来，两者不可分割地联系在一起，其作用机制是"对自然和人的控制在社会统治阶级的引导下，内化为个人的心理过程；它是自我毁灭的，因为消费和行为的强制性特征破坏了人的自由，并且否定了人类从外部强制的经验中获得解放的漫长而艰难的努力，这种强制标志着人和自然的原初关系"①。而技术理性在这个过程中扮演着控制自然与控制人的中介角色，当代资本主义通过技术手段操纵人的需求，从而把社会对自然的控制转化为对人的控制。正因如此，莱斯强调自然的解放就是人性的解放，主张从心理和道德层面入手改造"控制自然"的意识形态，并将其同资本主义生产方式的变革结合起来探索人的自由和解放之路，这也是生态学马克思主义始终坚守的理论立场。

其二，生态学马克思主义借用马尔库塞对异化消费的批判而展开消费主义价值观的系统批判。②马尔库塞不仅无情地批判了技术合理性的意识形态功能，而且还意识到当代资本主义通过广告、电视等新技术制造的"虚假需求"加剧了人与自然之间的紧张关系。这主要有两个方面的原因，一是"额外需求"的满足以自然资源的过度消耗和浪费为代价，自然在人不合理欲望的驱使下遭到严重破坏；二是消费文化把交换价值而非使用价值奉为圭臬，既造成了技术的非理性运用，又使外部自然和内在生态都遭到了资本逻辑和技术规则的侵蚀。因此，他反对消

---

① [加]威廉·莱斯：《自然的控制》，岳长龄、李建华译，重庆出版社1993年版，第8页。
② 王雨辰：《论生态学马克思主义对马尔库塞"自然解放论"的借用与改造》，《中国地质大学学报》（社会科学版）2017年第6期。

费主义文化把人们的兴奋点引向消费领域,使之成为沉醉于琳琅满目的商品世界而不再追寻意义世界的"群氓"。生态学马克思主义进一步深化了异化消费批判思想,在此基础上断言社会革命的导火索将出现在消费领域而非生产领域,提出"人的满足最终在于创造性的生产劳动"的重要命题。在莱斯和阿格尔看来,消费主义与资本主义经济的无限增长之间具有内在的逻辑关联,"资本主义和国家社会主义的结构上的弱点导致了人们在其中不得不通过个人的高消费来寻求幸福的环境,从而加速工业的增长,对业已脆弱的生态系统进一步造成压力"①。也就是说,资本的逐利本性使之开始大肆宣扬"越多越好"的价值观,这不仅会造成自然资源的浪费、工业垃圾的堆积,乃至人类生存环境每况愈下的情形;而且还鼓励人们把自我价值的实现寄托在商品消费中,使其陷入"匮乏"的主观感受被不断强化的怪圈之中。正是基于消费批判的理论视域,生态学马克思主义理论家披露了发达资本主义社会秩序的不合理性和非正义性,致力于建构一个合乎"生态理性"原则的生态社会主义社会。

其三,生态学马克思主义深受马尔库塞人本主义阐释路径的影响而使其生态社会主义构想带有明显的乌托邦主义倾向。从思想渊源来看,马尔库塞是在综合和继承马克思、韦伯、霍克海默和弗洛伊德等人思想的基础上,把技术理性作为维护现存社会统治合理性的意识形态加以批判,并从精神分析学说和古典美学理论中找到了一条克服技术极权主义的审美救赎之路。然而,这种诉诸审美形式的技术拯救方案,因在很大限度内偏离历史唯物主义的路线而曲解了资本主义社会的基本矛盾,使之始终无法找到缓解生态压力和技术异化的现实出路。生态学马克思主义理论家则是在对西方绿色思潮的历史唯物主义诘难中开启了马克思主义理论的生态视域,他们以"生态危机论"为逻辑起点,围绕"科技

---

① [加]本·阿格尔:《西方马克思主义概论》,慎之等译,中国人民大学出版社1991年版,第493页。

第三章 国外马克思主义技术批判理论的历史演进

与生态的关系问题"展开资本主义批判,主张通过社会制度和价值观念的双重变革实现生态社会主义社会。他们断言马克思主义已经过时了,认为当今资本主义的主要矛盾已经从生产领域转移至消费领域,从不同视角提出破解生态困境的策略,实质上是对生态乌托邦的呼唤。譬如,莱斯认为从"控制自然"观念转变为"解放自然"观念的关键在于理顺商品、需求、消费之间的关系,阿格尔试图通过"期望破灭的辩证法"实现生态革命与社会革命的统一,高兹主张用生态理性代替经济理性以展开社会主义方向的生态重建。这些替代性方案显然都比马尔库塞的审美救世主义更富有建设性,但在能否把生态革命与阶级斗争相结合的问题上又不免流露悲观情绪,这里不难窥见马尔库塞对马克思主义的人本学阐释的痕迹。尽管生态社会主义的构想充分显示了对资本主义制度的批判立场,但他们在如何实现这一社会理想的问题上却表现一种理论的退却,正如阿格尔所言,"怎样用马克思主义的方向来指导生态运动从而使我们能够提出介于能源浪费的资本主义和能源浪费的极权的社会之间的这种'第三条道路'呢?……我们的回答带有悲观主义的色彩"[①]。

生态学马克思主义对于科学技术及其同生态环境之间关系的看法,不仅在总体上与西方马克思主义尤其是法兰克福学派一脉相承,而且还进一步拓展了西方马克思主义技术批判理论的生态视域。作为马克思主义理论谱系的思想家,无论法兰克福学派还是生态学马克思主义都以"人的解放"为价值诉求,反对正统马克思主义的抽象性和空洞性,而把技术问题置于资本主义框架中加以思考。只是生态学马克思主义更侧重于从生态视角驳斥西方绿色理论、重建历史唯物主义以及批判资本主义,最终走向了生态政治学的理论领地。

---

① [加]本·阿格尔:《西方马克思主义概论》,慎之等译,中国人民大学出版社1991年版,第507页。

二 莱斯和阿格尔对"控制自然"观念与消费主义文化的批判

伴随着世界范围内绿色政党的相继成立和绿色运动的不断壮大，生态学马克思主义在20世纪七八十年代进入蓬勃发展时期。作为北美生态学马克思主义研究领域的主要开拓者，加拿大学者威廉·莱斯和本·阿格尔关于技术、商品、消费和满足之间关系问题的思考，对生态学马克思主义理论家从不同视域展开资本主义的生态批判提供了重要启示。他们强调把当代资本主义生态危机与历史唯物主义联系起来，并根据新的历史条件重构马克思主义的危机理论，通过对技术的非理性运用、"控制自然"的观念以及消费主义价值观的批判揭示了资本主义制度的反生态性，在此基础上提出建立生态社会主义的社会理想。

在《自然的控制》及其续篇《满足的极限》两部著作中，莱斯系统考察了"控制自然"观念的历史演变、需要与商品之间的辩证运动及其生态后果，指认资本主义生态危机的认识论根源在于"控制自然"的意识形态，一方面强调理顺需要、商品和满足之间的关系使人们树立正确的消费观，另一方面把"较易于生存的社会"作为实现人和自然全面解放的可行性方案。

在莱斯看来，当代资本主义生态危机的真正解决首先取决于能否找到环境问题的根源，这就需要对以下两种错误认识展开批判：一种观点是把环境问题简化为一个经济代价问题，认为工业技术的革新和资本市场的调节是解决问题的有效途径；另一种观点则是把环境问题归结为科学技术的发展，主张以诗意的神秘主义或东方的宗教方式拯救自然。基于此，莱斯认为前者因把环境质量看作能随意购买的商品而加剧了生态环境的恶化，后者把技术本身视为环境问题幕后主谋的做法错误地把征兆当作根源，两者都因囿于传统的思维方式而无法找到破解资本主义生态危机的关键。他通过人与自然关系的历史性考察发现，缘起于文艺复兴时期的"控制自然"观念才是造成资本主义生态危机的深层原因，

第三章 国外马克思主义技术批判理论的历史演进

"通过科学和技术征服自然的观念,在17世纪以后日益成为一种不证自明的东西。因此,几乎所有的哲学家都认为没有必要对'控制自然'的观念做进一步的分析和解剖"[①]。由于资本主义社会中"控制自然"的意识形态,消解了其作为神话或宗教形式的双重价值,于是人们不再对自然报以敬畏之心,反而是借助现代技术开采或占有自然以满足其不合理的需求。这种看待自然的功利主义态度使"控制自然"的观念大行其道并深入人心,由此造成了技术理性的滥用和自然资源的浪费。在这个过程中,技术理性实际上是联结"控制自然"与"控制人"的中间环节,以"控制自然"为内核的现代技术既是占有自然资源的有效手段,同时又是操控公众消费需求的意识形态。这样做的后果是环境问题的加剧和欲望的非理性爆发,最终也势必遭到来自外部自然和内部自然的反抗。

通过"控制自然"观念与技术理性之间相辅相成关系的确证,莱斯专注于从伦理和道德的层面上限制人的"无限欲求"及其对科学技术的滥用,而"这种努力的成功将是自然的解放——即人性的解放:人类在和平中自由享受它的丰富智慧的成果"[②]。他并非要彻底地摒弃"控制自然"的观念,而是强调控制人的非理性欲望和破坏性方面,旨在通过伦理或道德的进步而非技术的革新,实现从"控制自然"到"解放自然"的观念转变。但置身于以"高集约度的市场布局"为特征的资本主义社会,人的需要被社会系统地引导至消费领域,商品逐渐成为满足人类需要的唯一手段,如何妥善处理商品、需求和满足之间的关系成为亟待解决的问题。莱斯通过对资本主义"高生产—高消费—高污染"发展方式的解析,明确指出科学技术的价值属性和社会后果取决于它所处的社会环境,技术的资本主义使用使之沦为控制自然和牟取

---

① [加] 威廉·莱斯:《自然的控制》,岳长龄、李建华译,重庆出版社1993年版,第72页。
② [加] 威廉·莱斯:《自然的控制》,岳长龄、李建华译,重庆出版社1993年版,第168页。

暴利的工具，从而加剧了人与自然、人与人以及人与自身之间的不平等关系。正因如此，他认为"把科学和技术从这种动力中解放出来，是一项首先与社会制度的改造交织在一起的任务"①，解决问题的关键在于以变革不合理社会制度为前提赋予科学技术以新的人性和伦理基础，培育人们负责任地使用科学技术的能力。莱斯提出用"较易于生存的社会"替代资本主义社会的方案，在经济模式方面实行"稳态经济"修正"控制自然"的错误意识，在需求方面把人的满足从消费领域引向创造性的生产活动，在科技发展方面采用小规模和分散化的技术以避免特定社会集团的利益垄断。

作为莱斯学说的追随者，阿格尔在《西方马克思主义概论》《论幸福和被毁灭的生活》等著作中承接了其对现实的理论观照。他力图将马克思主义的生态理论引入现代西方社会，主张以"异化消费"和"期望破灭了的辩证法"为核心范畴深化资本主义生态危机理论的研究，在此基础上创造性地提出"劳动闲暇一元论"思想，为北美资本主义开启生态社会主义之路提供了一种新的可能。

面对发达资本主义国家对社会经济生活的普遍干预和"人—自然—社会"之间矛盾尖锐化的社会现实，阿格尔明确指出资本主义的危机已从生产领域转移到消费领域，"生态危机"取代"经济危机"成为当代资本主义危机最主要的表征方式。因此，生态学马克思主义把修正马克思主义危机理论作为首要任务，通过对资本主义生产和整个生态系统之间辩证运动的考察，论证了资本主义社会的基本矛盾在于生态危机，由此把马克思主义理论研究的重心从资本主义的政治经济学批判转向生态政治学批判。阿格尔重视运用马克思主义的方法论思考生态危机的成因，认为"马克思主义的方法论包括：第一，异化的理论和对异化的批判；第二，深深植根于内在矛盾的制度的理论；第三，危机的理

---

① ［加］威廉·莱斯：《自然的控制》，岳长龄、李建华译，重庆出版社1993年版，第169页。

第三章 国外马克思主义技术批判理论的历史演进

论和过渡的战略"①。他将批判的目光转向当代资本主义生产方式招致的"异化消费"问题，同时把它视为生态学马克思主义的重要研究对象，着眼于消费异化现象分析生态危机的肇因。他指出："一方面，它认为资本主义商品生产的扩张主义的动力导致资源不断减少和大气受到污染的环境问题；另一方面它力图评价现代的统治形式——人类在这种统治形式中从情感上依附于商品的异化消费，力图摆脱独裁主义的协调和异化劳动的负担。"② 就前者而言，从资本主义生产方式和社会结构来分析生态问题。当代资本主义通过"过度生产"和"多度消费"的方式暂缓了周期性的经济危机，但生产的无限扩张和大规模技术的社会滥用不可避免地带来自然资源的过度开采和生态系统的功能性侵害，即资本的无限性与生态的有限性之间的矛盾。就后者而言，从消费主义价值观和生存方式来批判当代资本主义社会的不合理性。异化消费作为现代人确证自我价值的方式，增强了大众对资本主义的依赖感，而"越多越好"的消费主义价值观借助电视、广告等逐渐深入人心，使之陷入对商品符号和物质财富的无止境追求中。然而，疯狂的消费行为不仅使其无法获得真正的幸福感，反而强化了统治阶级对社会的总体控制，即消费与需求之间的矛盾。

基于此，阿格尔以异化消费为基点提出了"期望破灭了的辩证法"的社会主义变革模式，强调西方社会为缓解生态压力必将限制生产规模的无限扩张（所谓的"生态命令"），这样会导致商品供应链的断裂和习惯性期待的破灭，使资本主义借助科技手段为大众提供源源不断的商品和选择自由的承诺被无情地粉碎。此时人们产生的失望情绪势必会蔓延对资本主义统治合法性的质疑，进而使他们重新思考

---

① [加]本·阿格尔：《西方马克思主义概论》，慎之等译，中国人民大学出版社1991年版，第417页。

② [加]本·阿格尔：《西方马克思主义概论》，慎之等译，中国人民大学出版社1991年版，第420页。

人生的意义，为避免"劳动—闲暇"的二元化而转变过去从消费活动中体验幸福的错误观念，通过"把自我实现的劳动与有益的消费结合起来"①形成有利于人与自然和谐发展的劳动幸福观。至此阿格尔把期望革命同社会革命联系起来，主张通过对国家权力关系的改造使现代社会不断走向"分散化"和"非官僚化"道路，具体变革措施包括：反对高度集中化和等级化的管理体制、倡导稳态经济的发展模式、发展以规模较小和消耗较少为主要特征的适宜技术、推行马克思主义和美国民粹主义的联盟。这表明他对资本主义自我改良的渐进主义论调持一种反对态度，把摆脱生态危机的希望寄托在建构"稳态的社会主义社会"方面。但因深受英国经济学家舒马赫思想的影响，阿格尔在设想解决异化消费问题的方案时带有一定的乌托邦色彩。尽管他表示"我们想'借用'舒马赫关于新型技术体制的见解，并把它用于我们所主张的技术和生态的激进理论中"②，但在舒马赫具有人本学倾向的经济理论浸染下，阿格尔同样对有节制地生产、分散化管理以及小规模技术的推崇备至，而没有深入分析造成资本主义社会基本矛盾的经济动因，不可避免地使其走向了限制生产效率和反对技术进步的理论偏狭。

　　生态学马克思主义的形成离不开莱斯和阿格尔的共同努力，他们力图把马克思主义与生态学结合起来，从生态批判视域对当代资本主义工业扩张带来的生态危机作出理论回应。莱斯和阿格尔对"技术原罪论"的批判立场，基本延续了西方马克思主义的学术传统。他们分别着眼于现代"控制自然"的观念和消费主义价值观探究生态危机的根源，实现了从法兰克福学派的意识形态批判向生态政治批判的视域转换，为科学技术的人性化和生态化转型奠定了伦理基础。

---

　　① ［加］本·阿格尔：《西方马克思主义概论》，慎之等译，中国人民大学出版社1991年版，第496—497页。
　　② ［加］本·阿格尔：《西方马克思主义概论》，慎之等译，中国人民大学出版社1991年版，第500页。

三 高兹对资本主义劳动分工和经济理性的批判

在所有的生态学马克思主义理论家中,要数法国学者安德烈·高兹从生态政治学角度对当代资本主义的批判最为尖锐、也最为系统,尤其是他把资本主义批判同生产力、科学技术批判紧密地联系起来。一方面,他极力地反对"技术中性论""技术法西斯主义""技术官僚主义"等观点;另一方面,他试图通过生态理性与社会主义相结合的方式建构一种新型的生态社会主义模式。这不仅继承和深化了法兰克福学派对资本主义的批判基调,而且从科学技术与社会政治的关联性视角,为研究资本主义生态问题开辟了生态学马克思主义发展的新阶段。

高兹对资本主义生态危机的分析始于对劳动分工的批判,他把一切异化现象的产生都归结为资本主义的劳动分工,认定作为生态危机根源的资本主义生产方式总是同劳动分工联系在一起的。为此,他立足当时欧洲工人阶级的发展状况,运用马克思的异化劳动理论阐明资本主义的劳动分工所带来的社会问题,认为当代资本主义在利润最大化的驱动下使劳动专门化、精细化,在促逼自然和人最大限度产出的同时造成了工人自主性地位的不断下降。对于上述社会情形,马克思在《资本论》中已作出说明,他指认资本主义的劳动分工"把工人变成畸形物,它压抑工人的多种多样的生产志趣和生产才能",并且体力劳动与脑力劳动的分离又使"工人变成局部的工人"[1]。在此基础上,高兹进一步指出资本主义的劳动分工,把工人阶级分化为体力劳动者和脑力劳动者,其中一批从事技术研发的专家、工程师、学者等科技劳动者因垄断了科学技术知识而拥有了指挥、组织、监督体力劳动者的特权,由此造就了科技劳动者与体力劳动者之间的等级制关系。这种现象被他称为"新奴隶主义",前者相对于体力劳动者的绝对优势是因为"对经济领域中劳动的不平等分配以及与此相伴的由技术发明所创造的自由时间的不平

---

[1] 马克思:《资本论》第1卷,人民出版社2004年版,第417页。

等分配，导致一部分人能够从另一部分人那里购买额外的空闲时间，而后者只能替前者服务"①。这意味着科技劳动者扮演资产阶级代理人的角色，他们可以利用先进的管理模式和技术手段指挥、组织和监督体力劳动者的生产过程，而工人阶级内部的分化也进一步巩固了当代资本主义的统治基础。因此，高兹极力反对这种新的不平等分工，并以此为逻辑起点把对资本主义劳动分工的批判延伸至对资本主义科学技术的批判，尤其是对"技术中性论"的失误之处进行无情地揭露。他从生态视域剖析了科学技术代表生产力的同时也是一种破坏力，技术进步在实现人类解放的同时招致了社会的异化，它并不必然具有进步意义。科学技术在发达资本主义社会中已经被纳入整个现代工业体系并服从于资本增殖的逻辑，成为资产阶级意识形态的重要组成部分，也就是说，"科学技术不是独立于主导意识形态或者可以对它有免疫力的。它们作为生产力，服从于这个生产过程并和它整合在一起，不可避免地会带有资本主义生产关系的特质"②。基于此，他严厉斥责了"技术中性论"对资产阶级统治特权的辩护立场，坚决反对把机器同机器的资本主义使用区别对待的做法，明确表示科学技术造成社会消极影响的原因在于它的资本主义使用方式的观点是站不住脚的。科学技术宣称的中立性和客观性是根本不存在的，反而在其本质属性和功能结构方面具有明显的政治倾向，因遵循经济理性的原则而走向了自己的对立面。

基于以上认识，高兹把异化问题与资本主义的劳动分工、科学技术联系起来，揭示了资本主义与科学技术之间的交互机制。在他看来，科学技术在被异化为资本主义统治工具的同时，还持续制造着劳动、人和自然的多重异化，甚至把科学技术视为资本主义一切异化的"物质母体"。他从三个方面论述资本主义技术模式对人类社会造成的负面效应。

---

① André Gorz, *Capitalism, Socialism, Ecology*, London and New York: Verso Press, 1994, p.6.

② André Gorz, *The Division of Labour*, Sussex: The Harvester Press, 1978, p.165.

第三章 国外马克思主义技术批判理论的历史演进

首先，资本主义的利润动机必然会把科学技术与劳动条件、生产利润结合起来，使原本自主性的劳动在机械化和自动化的过程中变为服从经济理性的、外在于人的、强制性的异化劳动。在继承马克思劳动分工理论的基础上，高兹认为当代资本主义奉行的是"效率优先"信条，这就必然要求它最大限度地提高生产效率，而根本无暇顾及劳动是否给人带来幸福的体验。因此，科学技术的狂飙突进在大幅提高生产效率的同时挤压了工人的生存空间，一方面迎合了资本主义追逐利润的生产逻辑，把作为整体的劳动过程分解为碎片化的生产环节；另一方面劳动的技术化和自动化取代了工人劳动，许多人失去了劳动的权利而被逐渐边缘化。对此，高兹在《告别工人阶级》一书中这样说道："在大多数情况下，无论在工厂还是在办公室，劳动现在是一种消极的、预先安排好的活动，完全服从于大机器的运转，没有为个人的创造性留下任何余地。……'劳动'本身变成了等待和征服劳动者的物化活动的总量。"[1]

其次，资本主义生产体系对科学技术的高度依赖，不仅取消了人在劳动过程中的主体地位，而且破坏了人格的完整性和丰富性。高兹认识到人被剥削和奴役的程度是随着分工的精细化和技术的复杂性而不断提高的，在资本主义技术体系蛮横干涉下的人失去了能动性和创造力。一方面，人的劳动过程处在科学管理和机器系统的全面监视中，原本彰显人的本质力量的对象性活动只能按照机器的节律进行着，这就使人的积极性和创造性在机械化的重复性劳动中被消磨殆尽，随之而来的是其从生产的"主导者"沦为"旁观者"的命运。另一方面，现代工业体系利用科学技术进行的精细化分工把作为总体的人肢解为机器的一个"零部件"，这些被固定在某个生产环节的劳动者不可能了解整个生产过程，他们能掌握的只是被预先设定好的部分知识和劳动技能，人的整体性、全面性和丰富性也在单调而枯燥的劳动中被日益消解。

最后，资本主义的发展逻辑把科学技术视为最大限度地剥夺自然的

---

[1] André Gorz, *Farewell to the Working Class*, London and Sydney: Pluto Press, 1987, p. 67.

工具，在片面追求利润的动机驱使下对自然资源进行毫无节制地开采和利用，这必然会造成自然的破坏和生态的失衡。即使一些资本主义企业开始重视环境问题并采取相应改善措施，但它们本质上仍然是有利可图的商业模式，只不过披着一身绿色外衣罢了。关于这一问题，高兹明确指出："生态技术法西斯主义还可能通过人工替换的自然圈层，把自然转化为商业来再生产生活基础，简直就像按照生产和利润最大化的要求，把生命的再生产、甚至人类生命的再生产工业化，把胎儿和器官商品化，把遗传基因甚至人类的基因工具化。"[1] 在资本主义技术体系所引发的三重异化中，他强调当代资本主义社会危机从根本上说是生态危机，无论过度积累危机还是再生产危机都与自然资源的匮乏密切相关。高兹以核技术为例，指出以高度集中化为特征的核技术是一种独裁主义的政治选择，潜藏核事故的生态风险和安全隐患就如同一把高悬于人类头顶的"达摩克利斯之剑"。但资本主义国家仍热衷于发展这一类大规模的、垄断性的、不利于生态的"硬技术"，其主要原因在于"资本主义去除掉那些不符合现代社会发展状况的技术，而只发展那些和资本主义社会的发展逻辑相一致的并且发展那些有助于资本主义进行持续统治的技术"[2]。由此他把技术问题与政治问题勾连在一起，通过批判"技术中性论"的观念和现代技术实践的后果，使资本主义制度的不合理之处展露无遗。

高兹还从较为抽象的哲学层面探寻资本主义生态危机的根源，指出资本主义的现代化过程是以经济理性为核心原则，相应地，人们在生产和生活中遵循"越多越好"的信条，在加剧对自然资源盘剥的同时扩大了社会的两极分化。所以，他把对资本主义技术体系的批判又拓展至对经济理性的批判，认为经济理性是以计算和效率为基础的，"确切地说，它以尽可能有效地使用生产的因素的经济的欲求为主要特征……这

---

[1] André Gorz, *Capitalism, Socialism, Ecology*, London and New York: Verso Press, 1994, p. 102.

[2] André Gorz, *Ecology as Politics*, Boston: South End Press, 1980, p. 19.

第三章 国外马克思主义技术批判理论的历史演进

种合理性的目的就在于使这些'因素'经济化(如道德、感情、审美、价值等——引者注),它要求用简单的度量衡单位对这些要素的安排能够加以衡量、计算和计划,而不管这些要素是什么样子"[①]。事实上,经济理性的形成与资本主义是同步发生的,在本质上是追求利润最大化的工具理性,坚持"利益优先""效率至上""越多越好"的指导原则,要求肃清所有与资本逻辑相悖的价值和目标,由此引发了经济理性对日常生活的殖民、职场精英对过剩人口的奴役、资本对自然最大限度地盘剥等一系列新的社会问题。

在认识到经济理性给当代资本主义社会带来的诸多危害后,高兹认为问题的关键在于为理性划界。既然在经济理性支配下的资本主义生产方式不可能解决其内在的生态危机以及与之相连的其他社会问题,那么只有诉诸一种彰显生态维度的新型理性才能超越经济理性。他把这种切断"更多"与"更好"之间的联系以有利于生态保护的理性形态称为"生态理性",它从根本上说是以"更少地生产,更好地生活"为指导原则的价值理性,"旨在用这样一种最好的方式来满足人的物质需要,尽可能提供最低限度的、具有最大使用价值和最耐用的东西,以少量的劳动、资本和能源的花费来生产这些东西"[②]。这表明生态理性与追求生产效率、消费欲望和经济效益最大化的经济理性之间是不相容的,它追求的是生态效益的最大化,主张经济活动的全过程要服从于生态理性,使人们在劳动实践而非疯狂消费中体验到自由和幸福。基于经济理性与生态理性在资本主义制度下呈现一种对抗性关系的认识,高兹提出社会的生态重建必然走的是一条人与人、人与自然之间和谐的生态社会主义道路。生态理性作为对资本主义积极否定的社会主义生产方式,具有以下几点优势:(1)在生产活动中坚持以充足性为基本原则,尽可能以最少量的资源和劳动制造出大量的高耐用性商品,在避免资源浪费

[①] André Gorz, *Critique of Economic Reason*, London and New York: Verso Press, 1989, pp. 2-3.
[②] André Gorz, *Capitalism, Socialism, Ecology*, London and New York: Verso Press, 1994, p. 32.

和生态失衡的同时恢复关注使用价值的生产性正义；（2）在日常生活中崇尚"更少但更好"的价值理念，使人们清醒地认识到拥有更多的金钱和商品并不一定带来幸福的生活，只有在自主性和创造性的劳动中才能实现满足和人生价值；（3）在社会转型中强调技术选择对社会制度的决定性意义，通过区分两种性质不同的技术说明社会主义的技术有利于人、自然和社会之间的协调发展，特别是以小规模、分散型、人性化为特征的"软技术"。

高兹从生态政治学视角展开的资本主义劳动分工、技术法西斯主义及其经济理性原则批判，不仅深化了法兰克福学派基于人本主义立场的工具理性批判思想，而且在重新审视资本主义生产方式的同时赋予理性精神以新的时代内涵，在此基础上提出建构一个以生态理性为原则的生态社会主义社会。尽管他的理论探索有利于我们树立正确的发展观、技术观和价值观，但还存在一些明显的不足，如因过分强调科学技术对社会变革的决定作用而表现的"技术决定论"倾向，用生态理性矫正经济理性的做法遮蔽了扬弃资本主义私有制的必要性，它只是抽象地谈论克服技术异化的问题。

四 福斯特对马克思生态思想的阐释和技术非理性运用的批判

生态学马克思主义理论谱系在20世纪90年代之后得到进一步完善，主要有两点原因：一是全球性生态危机的加剧、生态新社会主义运动的发展、苏联等社会主义国家生态灾难的发生等一系列事件，促使西方马克思主义在对现实问题的反思中提出以"红绿联盟"为特征的生态社会主义策略；二是在对生态学马克思主义和西方绿色思潮的批判性反思中重构马克思主义的生态学，强调从生态中心主义重返人类中心主义的立场，把对资本主义的生态批判同全球问题结合起来探索走出生态困境的可行方案。在当今众多的新一代马克思主义理论家中，福斯特对当代资本主义技术非理性运用的制度基础的论述最为深刻。

在全球性生态危机愈演愈烈的时代背景下，西方理论家围绕"马克思是否有系统的生态学思想?"的问题争论不休。他们对此大多持否定意见,认为马克思因专注于资本主义社会批判而在理论上存在着生态学空场,更有甚者把马克思视为一个技术普罗米修斯主义者,斥责他非但不关心科学技术对环境的影响,而且乐观地认为经济发展和技术进步能够解决生态限制的所有问题。福斯特驳斥了上述把现代唯物主义等同于机械决定论和技术决定论的观点,他在回溯历史唯物主义理论传统的基础上指出,马克思的论著中已经包含了丰富的生态思想,"马克思的世界观是一种系统的、深刻的生态(指今天所使用的这个词中的所有积极含义)世界观,而且这种世界观是来源于他的唯物主义的"[①]。生态学在马克思的思想体系中不是"说明性的旁白"而是居于核心位置,这集中体现在其《1844年经济学哲学手稿》《共产党宣言》《资本论》等著作中。紧接着,他强调系统阐释马克思生态学思想的重要性,认为"不仅在于这种唯物主义强调物质—社会生产条件这个社会前提,以及这些条件如何限制人类的自由和可能性,而且因为,在马克思那里,至少是在恩格斯那里,这种唯物主义从来没有忽视过这些物质条件与自然历史之间的必然联系,也就是与唯物主义自然观的必然联系"[②]。福斯特最为看重且详加阐述的是,马克思关于人与自然之间的"新陈代谢断裂"理论。他指出正是借助这一理论,马克思把对资产阶级政治经济学三个方面内容(直接生产者剩余产品的剥削、资本主义地租理论和马尔萨斯的人口理论)的批判有机地联系起来,同时还将对资本主义社会的研究拓展至人与自然相互联系的生态视域。就此而言,福斯特从本体论视角对马克思的唯物主义生态向度的建构,不仅深刻揭示资本主义生态危机的内在必然性及其社会后果,而且致力于建立一个以社会正义为指向的生态社会主义社会,这使其生态学马克思主义理论具有不

---

① [美]约翰·贝拉米·福斯特:《马克思的生态学——唯物主义与自然》,刘仁胜、肖峰译,高等教育出版社2006年版,第3页。
② [美]约翰·贝拉米·福斯特:《马克思的生态学——唯物主义与自然》,刘仁胜、肖峰译,高等教育出版社2006年版,第22页。

同于阿格尔、奥康纳、本顿等人的独特之处。

在思考科学技术与人类社会的关系问题时，福斯特坚持生态唯物主义的分析方法，从特定的社会经济形态和政治制度出发论述了资本主义条件下技术是如何加剧人和自然之间分裂的过程。他认为"更为重要的是，新陈代谢概念为马克思提供了一个表述自然异化（以及它与劳动异化的关系）概念的具体方式"①。而这一概念是马克思对资本主义展开全部生态批判的核心元素，因为它揭示了以劳动为中介的自然与社会之间的物质交换过程。通过系统梳理李比希与马克思对"土地衰竭"问题的论述，福斯特指出当代资本主义借助科学技术的力量加速了城市与乡村、人与土地之间的分裂。资本主义生产的目的在于获得高额的利润，至于发展科学技术则是由于它对生产效率的提高符合"利润的逻辑学"，就像马克思所认为的那样，资本主义生产体系的日益完善是建立在剥夺劳动者和自然资源的技巧的进步之上，其结果是生产过程与现代技术的结合破坏了人的自主性和生态的平衡性。也就是说，科学技术的发展促使大量的人口涌向了经济发达的大城市，这些"城里人"在生产和生活中制造的废弃物，因无法回到偏远的农村而使土地得不到养分，此外堆积如山的垃圾也远远超出了城市的承受能力，这就破坏了城市与农村之间的基本物质循环，此时人与自然的关系日益疏离甚至仇视对方。

为了应对土地贫瘠的现实问题，人们寄希望于第二次农业革命尤其是化肥的使用。但福斯特明确表示，仅凭借化肥技术是不能从根本上弥合人与土地之间的物质变换裂缝的，"相反，关于这个问题却有一种不断增强的认识，也就是，新的方法（技术的应用）只是有助于生态破坏的过程的理性化"②。一方面，化肥工业属于能源密集型产业，它的

---

① [美]约翰·贝拉米·福斯特：《马克思的生态学——唯物主义与自然》，刘仁胜、肖峰译，高等教育出版社2006年版，第176页。
② [美]约翰·贝拉米·福斯特：《马克思的生态学——唯物主义与自然》，刘仁胜、肖峰译，高等教育出版社2006年版，第166页。

生产、运输和使用都需要耗费大量的不可再生资源;另一方面,化肥具有可溶解和价格低的特点,过度施肥不仅容易引发地下和地表水的污染,而且会造成土壤中有机物含量降低和生物多样性减少。在这个意义上,福斯特认为资本主义条件下科学技术的使用,必然会带来人与自然之间新陈代谢的断裂,现代技术不过是加速这一过程的助推剂和共谋者。

福斯特通过重构马克思的生态学,既驳斥了那些把马克思看作反生态的思想家,又进一步揭示了现代资本主义生态危机的制度根源。他从资本主义制度和生产方式的特点入手,阐明资本的扩张性与生态的有限性之间的敌对关系,并据此得出"资本主义在本质上是反生态的"结论。从制度方面看,资本主义作为一种积累制度驱使人们拒绝除了获得金钱以外的任何价值追求,物质财富的多寡成为衡量一个人成功与否的标志。然而,被物化了的道德标准只注重资本的短期回报、忽视作为生产要素的环境条件的长期规划,与之相适应的是,个人行为更注重对"交换价值"而非"使用价值"的追求,技术革新在利润逻辑面前也成了一种为之服务的工具,对自然的"创造性的破坏"因实现了资本增殖的目的而变得天经地义,这实质上就是资本主义社会的"结构性不道德"问题。从生产方面看,资本主义的生产模式是由顶端的少数投资者和底层的多数工薪阶层所组成的金字塔结构,身处其中的每个人为了保证自己的位置而只能拼命地"奔跑"——投资者通过不断扩大生产规模维持其优势地位,工人则通过没日没夜地工作维持生计,福斯特称为"踏轮磨房的生产方式"。但这种生产方式的维系却严重依赖能源密集型和资本密集型的科学技术,它总是倾向于通过投入大量原材料和能源来实现经济的持续增长。这意味着自然资源被迅速地消耗以及随之产生的废弃物污染着环境,且在资本主义再生产的无限扩张过程中不断逼近生态阈值,对人类赖以生存的自然环境造成了不可逆转的危害。

基于上述分析,福斯特把生态危机的根源归结为科学技术的资本主义使用方式而非科学技术本身,他反对抽象地谈论科学技术的社会效应，强调资本的逐利本性决定了它不可能按照生态原则使用科学技术，那种诉诸单纯的技术进步去解决问题，且"将可持续发展仅局限于我们是否能在现有生产框架内开发出更高效率的技术是毫无意义的，这就好像把我们整个生产体制连同非理性、浪费和剥削进行了'升级'而已……能解决问题的不是技术，而是社会经济制度本身"[①]。虽然福斯特对马克思生态学的理论建构遭到许多西方学者的抨击，特别是同该学派内部的奥康纳阵营存在意见分歧，但正是在他的努力下历史唯物主义的生态政治学向度才真正被开启。他并没有简单地否定科学技术，而是把技术问题与社会制度联系起来揭示资本主义制度的非正义性和反生态性，主张通过变革资本主义制度及其生产方式克服人与自然、人与人的疏离和对立。总体来看，他的基本观点和立场无疑是正确的，只是在如何实现生态革命与社会革命的结合方面语焉不详，使生态社会主义的理论构想在现实面前缺乏说服力。

作为西方马克思主义的一个重要理论分支，生态学马克思主义理论家不仅直接承袭了经典西方马克思主义的批判性学术传统和理论旨趣，而且还间接吸收了现代生态学理论的最新成果，从而不断丰富和拓展马克思主义的生态思想。更确切地说，他们对当代资本主义社会的批判聚焦于生态危机及其全球化发展，指认造成环境问题的根源在于资本主义条件下技术的非理性使用而非技术本身，同时还强调把生态运动引向激进的社会革命是建构生态社会主义的关键所在，这奠定了技术人性化、合理化以及生态化转型的价值和制度基础。尽管他们正确揭露了资本向全球不断扩张的过程中人与自然的异化状态，但把废止资本主义制度的希望仍寄托在人的主观愿望上，致使其生态社会主义理想不可避免地走向了乌托邦主义的想象。

---

① [美]约翰·贝拉米·福斯特：《生态危机与资本主义》，耿建新、宋兴无译，上海译文出版社2006年版，第95页。

第四章　国外马克思主义技术批判理论的思想内核[*]

国外马克思主义作为一股多元化的理论思潮，从来就不是以单数形式为表征的封闭思想体系，而是面向资本主义不同发展阶段的历史问题，在马克思主义和当代西方哲学的对话与整合中，形成的有别于"正统马克思主义"的各种各样的马克思主义学说。对此，美国学者拉塞尔·雅柯比在《西方马克思主义》中认为，"在每一个地方，马克思主义都带有它特有的环境的特征。单一的、同质的马克思主义属于过去。马克思主义时常有着它的背景条件所带来的色彩和内容。……每一种马克思主义均是独特的，有其自身的历史、文本、领导人、成就和问题"[①]。其技术批判理论同样也呈现多样化、异质性和开放性的特点，但从卢卡奇到生态学马克思主义的理论家则是以高度的理论自觉，把技术问题置于社会批判的理论视域中，从价值、政治、生态等不同维度探讨技术与自由之间的关系，使技术理性批判成为对抗现代性后果的重要线索之一。本章在历时性研究的基础上，运用历史与逻辑相统一的方法，深度挖掘国外马克思主义技术批判理论的思想内涵，从中提炼了

---

[*] 本章内容曾在下列期刊发表：张星萍：《论西方马克思主义技术批判理论的价值之维》，载何云峰《劳动哲学研究》第五辑，上海教育出版社 2021 年版；张星萍：《论西方生态学马克思主义的科学技术观》，载王雨辰《生态文明与绿色发展研究报告（2021）》，中国社会科学出版社 2022 年版。

① Russell Jacoby, *Dialectic of Defeat: Contours of Western Marxism*, Cambridge: Cambridge University Press, 1881, pp. 1-2.

"现代技术蕴含特定的价值偏好""现代技术发挥生产力和意识形态的双重职能"和"现代技术的资本主义使用是生态危机的根源"的三个核心观点。

第一节 价值维度：现代技术的价值负载及其解放旨趣

技术与价值的关系问题一直是西方技术哲学研究的核心论题，关于技术及其实践是否负载价值的理论思考直接关涉对技术本质论、技术伦理观、技术发展观等问题的回答。对此，美国技术哲学家卡尔·米切姆断言："未来的技术哲学研究，将更注重对技术应用过程意义与价值的考察。"[①] 回顾国外马克思主义技术批判理论的发展历程，无论是卢卡奇的物化批判，还是法兰克福学派的文化批判，抑或是生态学马克思主义的生态批判，都不约而同地从现代人的生存困境出发追问技术的合理性及其价值诉求。他们不仅揭示了现代技术逐渐沦为社会控制形式的发展悖论，而且试图从不同视角探寻"求真"的工具理性与"求善"的价值理性有机结合的可能性。尽管没有直接论及技术哲学研究的范式转换问题，但国外马克思主义理论家对于现代技术的批判性反思折射着深切的人文关怀，而这同当代技术哲学的规范性价值论转向有异曲同工之处。

一 从现代性悖论追问技术的价值问题

同马克思主义经典作家一样，国外马克思主义致力于"在批判旧世界中发现新世界"[②]，他们对于技术的理性批判和价值重估绝不是"躲在书斋里"的学问，而是立足组织化资本主义社会的现实语境反省

---

① Carl Mitcham, "Notes Towards a Philosophy of Meta-Technology", *Techné: Research in Philosophy and Technology*, Vol.1, 1995, pp.13–17.
② 《马克思恩格斯文集》第10卷，人民出版社2009年版，第7页。

第四章 国外马克思主义技术批判理论的思想内核

技术异化问题。更确切地说，国外马克思主义理论家是在资本主义发展悖论中拷问技术与工人、社会、自然之间的复杂关系，通过将其从封闭的技术系统拓展到广阔的社会生活领域，强调现代技术是负载着伦理价值的非中立性存在。他们普遍认同技术的"价值负荷论"而反对"价值中立论"，认为与其说现代技术作为生产力要素提高人们的生活水平，不如说它是作为一种新的控制形式吞噬人的自由意志，毕竟"我们社会的突出之处是，在压倒一切的效率和日益提高的生活水准这双重的基础上，利用技术而不是恐怖来压服那些离心的社会力量"[①]。

现代性问题是国外马克思主义理论家检视技术合理性的逻辑起点，故而在讨论他们是如何界定现代技术的价值内涵之前，有必要对这一问题予以简要说明。众所周知，"现代性"是一个充满纷争的问题域，自康德开启现代性的序幕以来，越来越多的西方思想家从不同视角介入这一问题。美国的卡林内斯库通过对"现代性"的词源学考证发现，这一术语至少是从17世纪开始在英语世界逐渐流行；英国的吉登斯基于社会学的理论视域，指认现代性是现代社会或工业文明的缩略语；德国的哈贝马斯从哲学视角出发表示，现代性是一套源于理性的价值系统和社会模式；法国的福柯认为，现代性是一种对时代进行"批判性质询"的精神气质。[②] 就其实质而言，现代性作为西方社会走向世俗化与合理化过程的显著特征，是以现代化运动为现实根据、以启蒙理性为核心观念、以资本全球化为发展趋势而重构的不同于前资本主义时代的崭新世界秩序。尽管现代性的"主体性"原则破除了人的蒙昧状态并促使中世纪的"神学社会"转型为现代的"世俗社会"，但启蒙在主体的觉解过程中确立起工具理性的权威地位，从而招致了环境污染、核灾难、精神空虚等社会的"多重隐忧"。由此可见，现代性本身包含着深刻的内在矛盾，"同任何一种前现代体系相比较，现代社会制度的发展以及它

---

① [美]赫伯特·马尔库塞：《单向度的人：发达工业社会意识形态研究》，刘继译，上海译文出版社2008年版，导言第2页。

② 陈嘉明：《现代性与后现代性十五讲》，北京大学出版社2006年版，第2—5页。

们在全球范围内的扩张,为人类创造了数不胜数的享受安全的和有成就的生活的机会。但是现代性也有其阴暗面,这在本世纪变得尤为明显"①。从尼采到鲍德里亚的现代西方哲学家,基于各自的理论立场而对现代性问题展开深刻反省,如尼采对理性的价值重估、胡塞尔向生活世界的回归、利奥塔对元叙事的解构,但因大多停留在哲学思辨层面,以至于他们"重写现代性"的希望最终落空。

虽然马克思并没有明确使用过"现代性"这一术语②,但他基于资本主义总体性考察而展开的哲学形而上学批判和政治经济学批判,无一不蕴含着对现代性问题的深层思考,所以许多西方学者把马克思视为现代性批判的思想先驱者。美国左派思想家斯蒂文·贝斯特和道格拉斯·凯尔纳认为,"卡尔·马克思是第一位使现代与前现代形成改变并在现代性方面形成全面理论观点的主要的社会理论家"③。在马克思看来,现代性说到底是在资本主义工业体系基础上的"商品—货币—资本"运动的产物,而"资产阶级除非对生产工具,从而对生产关系,从而对全部社会关系不断地进行革命,否则就不能生存下去"④,由此资本逻辑构成了现代社会高效运转的"中轴系统"。一方面,资本的逐利本性和增殖逻辑,不断地推动以生产性技术为支撑的现代工业体系向前发展;另一方面,机器在工业生产中的大规模使用,既有利于提高生产效率又拓展了资本的增殖空间,此时在资本裹挟下的技术合理性完成了现代性的自我确证。马克思不满传统形而上学脱离社会现实的抽象思辨性,把对现代性问题的理解锚定在资本主义总体性批判的理

---

① [英]安东尼·吉登斯:《现代性的后果》,田禾译,译林出版社2011年版,第6页。
② 马克思曾在《论犹太人问题》中使用了"现代性"一词,即:"基督教的幻象、幻梦和基本要求,即人的主权——不过人是作为一种不同于现实人的、异己的存在物——在民主制中,却是感性的现实性、现代性、世俗准则。"这表明他把现代性界定为与中世纪基督教的神圣性相区别的世俗性原则,而这种"世俗性"实际上就是资本主义社会的显著特征。参见《马克思恩格斯全集》第3卷,人民出版社2002年版,第179页。
③ [美]斯蒂芬·贝斯特、道格拉斯·科尔纳:《后现代转向》,陈刚译,南京大学出版社2002年版,第100页。
④ 《马克思恩格斯文集》第2卷,人民出版社2009年版,第34页。

第四章 国外马克思主义技术批判理论的思想内核

论框架中。正是基于唯物史观视域审视现代性后果,他不仅认识到资本以摧枯拉朽之势向世界范围的扩张,有利于资源配置的优化、生产力水平的提高,从而创造了超越以往所有时代的社会物质财富;而且关注资本增殖的逻辑是以资本家对剩余劳动的无偿占有为前提条件,在追求利润无限增长的过程中带来了人的物化、贫富分化、生态失衡等诸多异化现象。作为现代性实现方式的资本主义社会内在地包含着不可调和的矛盾,只有在人的感性活动基础上扬弃资本主义私有制,才能克服由资本主义生产方式及其虚假意识形态对人和自然的宰制所引发的生存困境。

国外马克思主义理论家承袭了马克思的现代性批判传统,并在新的历史条件下把这一理论引向社会微观领域,以"科学技术的合理性问题"为切入点,对物化意识、工具理性、文化工业、生态危机、大众心理等方面展开深层批判,使现代性批判在国外马克思主义的理论铺展过程中显示辩证性、现实性、多元化的思想特质。从历史的维度看,20世纪欧洲无产阶级革命的相继失败、德国纳粹主义的蛮横残暴和苏联斯大林主义的极权统治等一系列事件宣告了启蒙现代性事业的破产,作为革命主体的无产阶级被湮没在现代社会的高度一体化过程中,这就使对启蒙理性的批判和革命道路的探索成为国外马克思主义现代性批判的理论主题。批判理论家们指认当代资本主义现代性危机根源于启蒙的逻辑,在启蒙与资本的共谋下确立起来的理性霸权使价值理性遭到严重贬抑,相伴而生的是作为主导原则的技术理性对主体性的颠覆、生态系统的破坏和自由承诺的背叛。卢卡奇在《历史与阶级意识》中详细考察了现代社会是如何利用合理化的工具系统和操作程序实现物化统治的。他认为,启蒙理性在对效率的片面追求中抑制甚至取消了目的合理性,并通过科学化、专业化、合理化的商品生产,把流动的时间固定在精准测量和统一划定的空间上,而包括人在内的一切事物则在"时间空间化"进程中被还原为可量化的、客体化的、程式化的物性存在,使现代资本主义制度成为一种"永恒"

或"终结"的存在。就此而言，发达资本主义国家凭借科技进步使人们的身体和心灵都处在全面监控之中，从而导致现代性给予的自由承诺转变为现实的可能性越来越渺茫。对于这种情形，大多数国外马克思主义理论家既不像浪漫主义那样躲进原始自然的怀抱，也不像后现代主义那样从根本上否定启蒙精神的积极意义，而是立足晚期资本主义社会对现代性问题进行总体性辩证法的理论审视，正如哈贝马斯所说，"我们不应该把现代性及其规划当作失败的事业来抛弃，我们应该从那些力图否定现代性的偏激方案的失误中吸取教训"①。此外，他们在"重建乌托邦"的精神引领下提出了挽救现代性危机的不同方案，如阿多诺的"非同一性"、马尔库塞的"新感性"、哈贝马斯的"交往理性"和高兹的"生态理性"等范畴，这在不同程度上释放了被束缚的理性潜能。

随着资本主义的合理化进程和科学技术的一体化发展，科学技术与现代性之间的相互建构关系也越来越显著，前者作为现代性的决定性特征不断重构着社会的权力关系结构，后者则作为理解科学技术的整体文化背景推动着科技的发展。② 经典西方马克思主义理论家尤其是在法兰克福学派迁居美国后，他们更加深切地感受到科学技术与现代性的密切联系，因而将理论目光聚焦在技术理性及其社会后果的相关问题上，甚至用技术理性批判代替资本主义批判，实现了从资本逻辑批判到工具理性批判的范式转换。只不过他们并不打算像当代西方技术哲学家那样专注于打开技术的"黑箱"，而是把技术批判的矛头指向当代资本主义的总体性控制，认为现代技术作为一种新的控制形式具有特定的价值倾向，强调技术实践的真正意义在于它对人的自由和解放的价值追求。归结起来，国外马克思主义普遍赞同技术的"价值负荷论"

---

① ［德］于尔根·哈贝马斯：《文化现代性精粹读本》，周宪译，中国人民大学出版社2006年版，第145页。
② 张成岗：《文明演进中的技术、社会与现代性重构》，《人民论坛·学术前沿》2019年第14期。

而反对"价值中立论",他们清醒地认识到技术在特定社会情境中的使用是其自然属性(效用和功能)得以展现的关键,科学和技术的高度一体化实则意味着技术理性已然背弃了它的解放承诺而蜕变为统治的合法性基础。从卢卡奇到生态学马克思主义对现代性悖论的全面批判,主要是围绕"科学技术的合理性问题"展开的,在揭开现代技术控制人和自然的真实面目基础上,试图借助黑格尔的"总体性辩证法"弥合工具理性和价值理性之间的鸿沟,重塑现代性的价值内核、恢复技术的人文主义向度,使人们在挣脱现代性牢笼的过程中走向自由解放之路。

二 对实证主义的总体批判和理论反拨

既然国外马克思主义把理性与资本的"结盟"视为现代性危机的始作俑者,那么实证主义作为工具理性滥觞的哲学基础也必然会遭到无情批判。在他们看来,实证哲学固然在现代社会的转型中功不可没,但是把社会科学论域的问题都统统还原为自然科学问题的做法,不仅造成了工具理性的泛滥,而且迎合当代资本主义维护其统治合法性的现实需要,至此"实证主义与形而上学,作为资产阶级思想的两个方面,是资产阶级统一的世界观"[①]。为了挽救马克思主义危机和摆脱资本总体性逻辑,国外马克思主义理论家通过与包括实证主义在内的哲学流派展开对话,不仅澄清了马克思主义的哲学基础及其方法论问题,而且表明其思考技术问题时的反实证主义立场。

作为20世纪西方哲学中最主要和最有影响力的流派之一,实证主义自诞生之日起就摆出一副"拒斥形而上学"而"唯尊科学"的理论姿态,主张一切有意义的知识必须以感性经验为基础,运用经验主义和数理逻辑的方法改造传统形而上学体系。回溯实证主义两百多

---

① [德]马克斯·霍克海默:《批判理论》,李小兵等译,重庆出版社1989年版,第5页。

年的发展历程，大致经历了三个阶段：首先，以孔德、穆勒和斯宾塞为代表的第一代实证主义，在继承经验主义的基础上提出可证实性或可检验性原则，主张以科学知识代替抽象的思辨知识，通过观察、实验、比较等自然科学方法来研究社会的普遍规律，至此初步形成了包罗万象的实证主义体系；其次，以马赫和阿芬那留斯为代表的第二代实证主义（也称为马赫主义或经验批判主义），强调包括人的心理活动在内的一切事物都是感觉要素的复合，鼓吹"思维经济原则"是科学认识论的根本方法，列宁斥责其"心物一元论"是一种"混乱的唯心主义"；最后，以维也纳学派为代表的第三代实证主义（也称为逻辑实证主义或逻辑经验主义），在坚持经验主义传统的同时引入语言的逻辑分析，认为命题的意义在于其经验成分，运用数理逻辑和语言分析的方法彻底清除形而上学的谬误，又因为对语言问题的普遍重视而被命名为"分析哲学"[1]。一言以蔽之，实证主义的核心主张是以经验证实原则为划界标准、以客观主义为基本立场、以追求确定性的知识为目标，把社会学、心理学、政治学、伦理学等社会科学论域的问题都还原或简化为自然科学尤其是物理学论域的问题，具有一种强烈的科学主义趋向。

在20世纪五六十年代以后，实证主义科学观的缺陷愈发凸显，从而引发了诸多批评的声音，既有来自科学哲学内部的自省，又有来自诠释学、后结构主义和解构主义等外部的攻击。美国分析哲学家蒯因对"两个教条"[2]的批判是对逻辑经验主义最根本、最尖锐和最内行

---

[1] 张庆熊：《从启蒙理性的缺陷看实证主义的问题意识》，《复旦学报》（社会科学版）2013年第5期。

[2] 这是奎因在1950年发表题为《经验主义的两个教条》一文中提出的，他指出逻辑经验主义含有两个教条，即分析—综合教条和还原论教条。按照奎因的说法："一个是相信在分析的，或以意义为根据而不是依赖于事实的真理与综合的、以事实为根据的真理之间有根本的区别。另一个教条是还原论：相信每一个有意义的陈述都等值于某种以指称直接经验的名词为基础的逻辑构造。"参见［美］威拉德·蒯因《从逻辑的观点看》，江天骥等译，上海译文出版社1987年版，第19页。

的批判①，人本学马克思主义更倾向于从现代性问题出发批判实证哲学及其社会功能。在西方马克思主义的语境中，"实证主义"是一个相当于"科学主义"的广义概念，它不仅包括旧的实证主义、经验批判主义、逻辑实证主义，而且涵盖与它具有亲缘关系的操作主义、实用主义、批判理性主义、日常语言哲学等。据此可知，西方马克思主义者对实证主义的批判是对整个科学主义思潮的批判，因为实证主义是科学主义的理论典范和最佳诠释，这又集中体现在霍克海默、波洛克、马尔库塞等批判理论家与胡克、迈耶尔、纽拉特等科学哲学家就认识论问题所展开的三次论战中。总体来看，西方马克思主义者之所以谴责实证哲学主要是基于理论和政治层面的考量，其初衷是为了反对第二国际对马克思主义的庸俗化和实证化解读，恢复马克思主义哲学的批判向度。

第一，驳斥实证主义的经验证实原则及其对价值问题的驱逐。实证主义通常把可证实性、可证伪性、可观察性视为科学划界的标准，对科学认识活动中所采取的"步骤"或"立场"予以裁决。只有可被经验证实或符合逻辑推论的命题才是客观真实的，否则就是空洞无意义的虚假命题。法国哲学家孔德在《实证哲学教程》中指出，人类只有超越神学的和形而上学的阶段而进入科学或实证的阶段才能达到思想上的完全成熟。在这个意义上，科学理论成为具有唯一合法性地位的真理性认识。然而，实证主义者所崇尚的自然科学方法，不仅割裂了自然与社会、客体与主体、事实与价值之间的内在联系，而且排除了认识活动中主观的或价值的因素，这恰恰成为西方马克思主义者攻击的首要目标。②卢卡奇在《什么是正统马克思主义》一文中开宗明义地指出，历史唯物主义是以"总体性辩证法"为方法论原则，实证主义的方法论则呈现孤立的、静止的、片面的"非总体性"特征。一旦实证哲学为资产阶级庸俗经济学家所利用，那么社会问题就被还原为"纯科学"

---

① 冯友兰：《贞元六书》，华东师范大学出版社1996年版，第635页。
② 陈振明：《法兰克福学派与科学技术哲学》，中国人民大学出版1992年版，第87页。

问题，随之消解了拷问资本主义本质及其固有矛盾的必要性，当代资本主义的物化结构反过来促成了实证主义的盛行。因此，卢卡奇对实证主义的批判不是停留在抽象的理论层面，而是深入资本主义的现实层面展开的"双重批判"。

  法兰克福学派基本上继承和发展了卢卡奇的致思理路，这在霍克海默的战斗檄文《对形而上学的最新攻击》中体现得淋漓尽致。他严厉地谴责了实证主义为保证科学的严密性而把价值因素排除在外的做法，认为经验科学所谓的"中立性"只是不切实际的幻想，在客观上为当代资本主义提供了合法性证明。概括地说，霍克海默为驳斥事实的中立性原则而提出了三个基本观点：第一，感觉经验不是纯粹的客观事实而是为理论或知识所中介。他认为"经验，'给予的东西'都不是某种直接的、为一切人共有的和独立于理论的东西"，相反是"由这些句子存在于其中的整个知识构架作为中介传递过来的东西"[1]，这种看法与美国科学哲学家汉森的"观察渗透着理论"命题如出一辙。第二，感觉经验作为实践的产物必然印刻着社会历史的痕迹。他指出"事实在被觉察到的时候已经受到了科学、商业以及政治中的惯例的严格规整"[2]，人也在对事实的盲目崇拜中失去了对社会现实的总体把握和批判能力。第三，感觉经验作为知识的基础绝不能等同于世界的本质规定性。人的感觉或知觉是有条件的、相对性的、可改变的"材料"，甚至有时候会自相矛盾，而且问题的解决还要诉诸理性知识。阿多诺同样明确地表示，实证主义把经验事实当作真理标准是站不住脚的，主要有两点原因：一则经验材料是经过概念或思想过滤而非绝对客观的东西，二则内在价值与外在价值的相互关联决定了事实判断蕴含的真理性认识本身也是一种非中立的叙事方式。

---

  [1] [德]马克斯·霍克海默：《批判理论》，李小兵等译，重庆出版社1989年版，第165页。
  [2] [德]马克斯·霍克海默、西奥多·阿道尔诺：《启蒙辩证法：哲学断片》，渠敬东、曹卫东译，上海人民出版社2006年版，第3页。

第四章　国外马克思主义技术批判理论的思想内核

第二，反对实证主义的肯定性思维及其在思想领域对批判意识的消解。作为治疗性哲学的实证主义，致力于根除传统形而上学高悬于现实生活的玄学病症，但因囿于经验事实和拒绝逻辑思辨而牺牲了"形而上"的超越本性，这就导致理论研究不再关注社会现实而是陷入现象世界中，那些纠缠于对事物细枝末节的论证表明实证论者不假思索地为事实进行辩护的态度。基于此，国外马克思主义强调实证主义是一种肯定社会现实、扼杀反叛意识和阻止革命发生的单向度哲学，并且侧重于从思想观念层面对其展开批判性反思。霍克海默在《传统理论与批判理论》一文中指出，实证主义作为传统理论的典型形态，由于"离开理论去考察对象，必定歪曲理论对象，陷入无为主义和顺世哲学"①。阿多诺支持这一观点，他把实证论者对科学的崇尚、对艺术的无知和对想象力的蔑视都归结为"资产阶级精神退化的症状"，同时谴责实证主义追求确定性的知识而无视阶级差别的做法，实则已经构成了维护统治合法性的意识形态。

马尔库塞则是以分析哲学为批判对象，较为集中地抨击了实证主义的肯定性思维方式及其消极后果。在他看来，倘若用分析哲学所热衷的语义分析来解读"实证主义"（positivism），就会发现这一词根本身含有"肯定的"（positive）意思，那些与之相对的"否定的"（negative）因素，因超出可证实的经验范畴而被斥责为脱离实际的玄思、虚幻的想象甚至是奇谈怪论。通过对维特根斯坦、奥斯汀等语言哲学家的理论质询，马尔库塞明确指出分析哲学在事实描述或形式逻辑的精确性观念驱使下，排除了一切不确定的、混乱的以及矛盾的思想成分，尽管"在精确性和明晰性方法上可能是无与伦比的、也是正确的"，但是"对哲学思想和批判思想具有破坏性的作用"②。究其根本，实证主义模糊了

---

① ［德］马克斯·霍克海默：《批判理论》，李小兵等译，重庆出版社1989年版，第217页。
② ［美］赫伯特·马尔库塞：《单向度的人：发达工业社会意识形态研究》，刘继译，上海译文出版社2008年版，第141页。

日常语言与理想语言（也作哲学语言、专业术语）的差异性，前者在语言与行为之间建立了直接而显著的因果联系，以此彰显实践的社会历史向度；后者则恰恰相反，因把语言从它的生成语境中剥离出来而使其免于思想的污染。此时的语言只是作为一种操作性指令的理想语言，它表面上是"公正无私"的，但实际上引导大众对现有社会采取一种回避、默许或纵容的态度。换而言之，分析哲学致力于把多向度的日常语言转译为单向度的科学语言，使哲学在放弃形而上学的沉思中丧失其批判现实的"责任感"，同时把人们抛诸于温和亲切的"语言伪装"中，让其欣然地接受技术性元语言的指令。如此一来，人们的否定性思维和批判性精神，在这个排除了外在干扰的、没有反对意见的和自给自足的世界中被扼杀了，以至于任何越轨性的思想和行为都难以付诸实践。

第三，批判实证主义的社会研究科学化及其在政治领域对权威性的强化。社会科学研究呈现实证主义的发展趋向，其主要原因在于：一是当代资本主义的高度理性化，对人文社会科学提出规范化和建制化的客观要求；二是实证主义对科学普适性和权威性的信仰，使其成为人文社会科学研究的"理想范本"。实证论者把自然科学的方法强行移植到社会科学研究中，把错综复杂的社会事实简单地理解为客观的自然现象，把具有主观能动性的人贬斥为受制于自然法则的工具性存在，这样做的结果就是实证科学尤其是数学和物理学成为解决一切现实问题的有效手段，原本执着于终极关怀的形而上学，不是被置于自然科学的理论框架中就是被拒之于门外。国外马克思主义理论家认为，社会科学研究的实证化倾向在政治方面发挥着"去政治化"的社会功能，实证主义在科学精神的名义下麻痹和过滤了思想的批判性、超越性与反叛性的向度，还以科学知识的客观性为借口把不合理的社会秩序转化为中立性的科学事实。正是在这个意义上，他们从政治层面出发考察社会研究的科学化及其社会功能，揭示实证哲学对于资本主义社会秩序的维护抑制了人的全面性和整体性。

基于上述看法，霍克海默和阿多诺不遗余力地反对实证主义，同时强烈谴责无视自然科学与社会科学的异质性并将二者等同起来的做法。他们认为,现代社会的科学化和工具化使主体在普遍客体化的技术过程中,"悄悄地把自己转变为所谓中立的游戏规则的逻辑",由此"消除了个体行为与社会规范之间最后的壁垒"①,以达成消除社会矛盾和维护社会现状的目的。马尔库塞更是直言不讳地表示,实证哲学的政治意义在于捍卫包括法西斯主义在内的合法性基础。由于实证主义忙于浅表层的现象阐释,其背后的阶级差别和剥削本质就被掩埋起来了,而且还"奠定了反对理性主义否定倾向的社会理论的基本结构"②,以至于弱化甚至抹杀了主体的革命意识和社会的反对意见,实现对人和自然的总体性控制。哈贝马斯原则上同意早期法兰克福学派成员的反实证主义立场,但他并不局限于一般地批判实证主义及其社会实践,而是着眼于认识与兴趣的关系问题,有力地驳斥了实证主义用知识学取代认识论的偏狭,力图建构一个以解放的旨趣为理论预设的"批判的科学哲学"。在他看来,经验—分析、历史—诠释和批判倾向的科学进路分别整合了技术的、实践的和解放的认知旨趣③,而经验科学绝非知识的唯一可能形式,人的解放旨趣或主观成分在"批判的社会科学"中起到至关重要的作用。只不过他对自我反思和交往理性寄予厚望,使其技术民主化方案落入主观主义和保守主义的窠臼。

三 现代技术的价值批判和解放向度

关于技术的本质规定性问题,马克思明确指出:"工业的历史和工业的已经生成的对象性的存在,是一本打开了的关于人的本质力量的

---

① [德] 马克斯·霍克海默、西奥多·阿道尔诺:《启蒙辩证法:哲学片段》,渠敬东、曹卫东译,上海人民出版社2006年版,第23页。
② [美] 马尔库塞:《理性和革命——黑格尔和社会革命的兴起》,程志民等译,重庆出版社1993年版,第309页。
③ [德] J. 哈贝马斯:《知识与人类的旨趣:一个普遍的视角》,方环非译,《世界哲学》2015年第2期。

书，是感性地摆在我们面前的心理学。"① 技术是负载人与自然、社会之间辩证关系的对象性活动，不仅能动地生产着整个自然界，而且还生产着人自身（指肉体生命和精神生命）。作为照亮人类文明的"普罗米修斯之火"，技术实践的合理性在自然价值和社会价值两个方面得到确证②，二者的内在统一则指向其展现人之本质力量的应然状态。国外马克思主义在秉承马克思技术批判思想的基础上，从不同侧面重思现代技术及其社会后果，通过诘问实证主义把技术理性滥用的哲学基础连根拔起，尤为强调科学技术的社会价值而贬抑其自然价值，力图在对现代技术实然状态的深层批判中激发人们挣脱现代性牢笼的革命热情。正是在技术理性及其社会功能的全方位批判中，国外马克思主义为人的自由和解放所作的理论努力显而易见。

第一，国外马克思主义认为现代技术的政治意向性在于对反抗意识的消解和现存秩序的维护，他们通过对科学技术的意识形态批判揭示了它的政治价值。马克思剩余价值学说表明资本家剥削工人的两种基本方式：一是通过延长劳动时间获取绝对剩余价值；二是通过提高生产效率获取相对剩余价值。当工作时长的增加受到身体、伦理等因素的限制时，在生产中采用先进的技术手段就成了提高相对剩余价值的有效方法。面对当代资本主义的总体性危机，卢卡奇在承袭马克思批判精神的同时合理借鉴了齐美尔和韦伯的思想，对作为形式合理性高级形式的科学技术展开了全方位批判。他明确指出，劳动过程的抽象化使人的"质的特性"被形式合理性所湮灭，作为主体的人沦为隶属现代工业体

---

① 《马克思恩格斯文集》第1卷，人民出版社2009年版，第192页。
② 关于"价值"概念的界定，目前学界的流行观点是把价值视为客体对主体需要的满足的关系范畴，客体对主体的发展起到促进作用称为"正价值"，反之则称为"负价值"。然而，这种仅强调物对人的效用价值的定义恰恰是马克思所反对的，他认为"一般价值"概念指的是物对人的自然价值为基础的人与人的社会关系，其中经济价值、伦理价值、审美价值构成了作为社会关系价值的主要内容。参见李德顺《实践唯物主义与价值问题》，《南京社会科学》1996年第1期；郝晓光：《从否证到创新——马克思主义剩余价值哲学初探》，人民出版社2011年版；鲁品越：《再论马克思的"价值定义"与马克思主义价值哲学之重建》，《教学与研究》2017年第2期。

第四章 国外马克思主义技术批判理论的思想内核

系的一个局部化的、孤立化的、同质化的零部件,理性的可计算性和可操作性原则也"渗进了人的肉体和心灵的最深处,在它自己的合理性具有形式特性时达到了自己的极限"①。马尔库塞非常赞同卢卡奇的看法,他进一步把发达工业社会单向度的根源直接归结于技术理性,具体分析了技术的合理性蜕变为政治的合理性过程,一方面利用广告效应制造层出不穷的"虚假需求"使人们沉湎于消费快感,另一方面借助同一性逻辑和肯定性思维塑造的高度一体化的社会体系使人们不再批判现实和追寻自由。正因如此,马尔库塞对技术中立性的观念持反对意见,强调现代技术作为一种新型的统治形式,既控制人的身体又影响人的心理活动,这是由于"技术理性这个概念本身可能是意识形态的。不仅是技术理性的应用,而且技术本身,就是(对自然和人的)统治——有计划的、科学的、可靠的、慎重的控制"②。为此,他把弗洛伊德主义与马克思的人类解放理论相结合,提出"爱欲解放论"和建立"非压抑性文明"的理论构想,主张以审美形式打破封闭的技术体系,在"大拒绝"中使人免于现代极权主义的迫害。

在论及科学技术的社会功能问题时,哈贝马斯与马尔库塞存在一定的理论分歧。作为法兰克福学派的第二代旗手,哈贝马斯致力于修正早期批判理论拒斥科学主义、实证主义的致命伤,认定科学技术只有超出自身的边界、以"工具—目的理性"的形式闯入生活世界的领地才具有意识形态的特征。他认为,相较于自由交换的意识形态而言,科技意识形态更具迷惑性和欺骗性,因为技术进步的"补偿纲领"把政治问题成功地转化为技术问题,它的非政治化特征使大众普遍奉行"明哲保身主义",进一步提升其对社会制度的认同感和忠诚度。据此,哈贝马斯指出生活世界殖民化的症结在于工具系统的无限扩张,也正是在这

---

① [匈]格奥尔格·卢卡奇:《历史与阶级意识》,杜章智等译,商务印书馆 1999 年版,第 170 页。
② [美]赫伯特·马尔库塞:《现代文明与人的困境——马尔库塞文集》,李小兵译,上海三联书店 1989 年版,第 106 页。

个意义上，他承认了技术与价值的相关性，但反对把伦理、道德、政治等因素视为内在于技术性行为的价值成分，主张通过交往理性规范工具理性以促成技术的民主转化，实现转化的最重要条件是"一个自由而开明的公共领域，一个自由而开明的政治文化"①。这表明哈贝马斯不同意对科学技术泛意识形态的批判路径，重视通过对话协商机制重构现代性图景，从而驱散了阻碍"这项未完成的事业"发展的阴霾。无论如何，国外马克思主义都在不同程度上驳斥了技术在政治上的纯洁性和中立性的观点，使当代资本主义奴役和剥削的本性展露无遗，为实现人的自由和解放提供了可能的新方向。

第二，国外马克思主义认为现代技术对文化领域的侵袭导致文化的商品化和人的单向度化，他们通过对资本主义社会的"文化工业"批判展现了科学技术的人文价值。根据法兰克福学派的观点，文化工业是在技术理性的同一性逻辑支配下，把艺术、宗教、哲学、政治与商品经济巧妙地结合起来的一种新的文化模式，其生成过程与现代技术有着密切的联系。阿多诺指出，文化工业有意识地将精英文化和大众文化强行拼合在一起，这样做的结果无疑是两败俱伤的，主要的原因则在于：对大众文化本身来说，文化制造商为获得更多的交换价值而把艺术作品变成了彻头彻尾的商品，如流行音乐、肥皂剧、电影，以至于彰显个性和自由的文艺创作在标准化的工业生产中失去了超越现实的力量；对文化接受者来说，大众不仅成了被规定的、没有思想的、千篇一律的样品，而且心甘情愿地投入单调平庸的文化再生产过程，因为丰富多样的娱乐活动使人感受到轻松愉悦。对此，阿多诺不留情面地斥责资本主义社会的文化工业，它表面上是为了满足人的文化需要，实质上却是统治阶级借文化工业对大众的行为和思维实行全面禁锢。与阿多诺交往密切的本雅明，虽然同意前者对大众文化导致

---

① 童世骏：《批判与实践——论哈贝马斯的批判理论》，生活·读书·新知三联书店2007年版，第187页。

第四章 国外马克思主义技术批判理论的思想内核

经验匮乏的批判，但他仍坚信技术与艺术的真正融合指向人的本质的复归，这在很大程度上有利于激活主体的革命潜能。这集中体现在本雅明极具颠覆性的作品《机械复制时代的艺术作品》中，他认为机械复制技术改变了艺术作品的展现方式及其社会功能。一方面，艺术作品的大批量复制和迅速传播，使原作的神圣性和神秘感开始消失，人们在对艺术产品随时随地的"消遣性接受"中遗忘了其膜拜价值；另一方面，复制技术使独一无二的艺术作品变成全民共享的文化盛宴，打破了精英阶层垄断文化的局面、提高了公众的文化素质以及加速了社会的民主化进程。

此外，法国哲学家列斐伏尔还从日常生活的视角，进一步考察了现代技术与日常生活危机之间的内在关联。他认为，现代技术使人们的日常生活成为放大了的科学实验室，因为"对自然的技术性控制、技术和累积进程的世界范围化导致了日常生活正日益狭窄化"[①]。这意味着过去充满生命力和创造力的日常生活，在高度理性化和商业化的过程中失去了人性化特质。只有诉诸以日常生活为平台的总体性革命，才能把人们从平庸单调的现代生活中唤醒，而面向生活世界的科学技术蕴含解放向度。所以，列斐伏尔大声疾呼道："让日常生活成为艺术品！让每一种技术方式都被用来改变日常生活！"[②] 总体来看，国外马克思主义理论家面对物性压倒人性的现实问题不时流露出悲观的情绪，但他们并没有放弃拯救现代性的希望，而是以技术兼有事实判断和价值判断为前提预设，基于主体性立场控诉工具理性的负面效应，主张通过艺术解放、心理革命、日常生活革命等恢复技术的人文向度，如马尔库塞的技术艺术化隐晦地支持了价值负荷论。

第三，国外马克思主义认为现代技术的非理性运用是导致生态危机

---

① Henri Lefebvre, *Introduction to Modernity: Twelve Preludes September 1959-May 1961*, London and New York: Verso Press, 1995, p. 230.

② Henri Lefebvre, *Everyday Life in the Modem World*, London: The Penguin Press, 1971, p. 204.

的直接原因,他们通过对西方绿色思潮生态价值观和资本主义制度的批判性分析阐释了科学技术的生态价值。为了应对日益严重的全球性生态危机,国外马克思主义特别是生态学马克思主义理论家围绕技术与生态的关系问题展开资本主义批判,认为技术的资本主义运用是造成生态危机的始作俑者。生态学马克思主义在不同程度上承袭了法兰克福学派的技术批判思想,既注重从哲学层面反思主导技术发展方向的"控制自然"观念,又强调技术的非理性运用与资本主义的内在一致性及其生态后果,使人们深刻认识到当代资本主义的反生态本性以及造成生态危机的制度根源。从中不难看出,他们认为的技术行为非但不是与价值无涉的中立性存在,反而是在资本的裹挟下罔顾生态制约和后代利益而对大自然进行的横征暴敛,由此引发了森林面积锐减、自然资源短缺、生物多样性破坏、全球气候变暖等一系列环境问题。正因如此,生态学马克思主义极力反对西方绿色思潮抽象的生态价值观,强调解决问题的关键既不在于限制发展,也不在于拒斥技术进步,而是在于变革不合理的社会制度及其生产方式,建构一个生态和谐与社会正义相统一的生态社会主义社会。

关于科学技术与现代工业相耦合的价值取向问题,生态学马克思主义强调资本主义条件下的技术,不是某种象征历史进步的中立性概念,而是具有特定的社会意义。这主要表现为三点:其一,从政治方面看,现代技术的发展强化了对自然和人的全面控制。一方面,现代技术通过选择与资本主义生产逻辑相一致的发展模式维系社会发展,因为当代资本主义的高度一体化趋势使之呈现高度集中化特征,把对自然和人的统治都整合到现有技术体系中并赋予其意识形态性,"这种技术理性再生产奴役,服从技术变成了服从统治,形式的技术的合理性转变为实质的政治的合理性"[①];另一方面,现代技术通过为人们提供丰富的物质享受和安逸的生活环境,以此掩盖其作为资本主义

---

① André Gorz, *Ecology as Politics*, Boston: South End Press, 1980, p. 4.

辩护者的真实身份，这主要是借助大众媒介技术制造"虚假需求"，使人们在过度消费中体验幸福并因此把不合理的社会秩序合理化。其二，从经济方面看，资本主义生产的根本目的和内在动力是追求高额利润，技术实践所遵循的效用原则并非生态原则，在带来资本主义经济"虚假繁荣"的同时造成了全球性生态危机。这表明资本主义技术体系的革新和运用，既提高了劳动生产率又降低了原材料的成本，但资本的无限扩张趋势在客观上要求消耗掉更多的自然资源，作为生命有机体的生态系统在资本逻辑的支配下沦为被任意盘剥的对象。其三，从思想方面看，现代"控制自然"的观念被纳入资本主义价值体系，人们不再对自然保持敬畏之心，而是以实用主义态度处理社会与自然之间的关系问题。当代资本主义通过建立在现代科学基础上的工业体系不断改造和征服自然，这就不可避免地导致自然资源的市场化和生态环境的持续恶化。

国外马克思主义理论家着眼于当代资本主义的现代性危机重估技术的价值问题，认为资本逻辑与工具理性的共谋是现代性危机的罪魁祸首，而实证哲学的唯科学主义和客观主义倾向则恰恰构成了工具理性泛滥的思想根源。所以，从总体上批判作为肯定性哲学的实证主义构成其探索技术的价值属性和基本内涵的逻辑前提，也正是在同各种实证主义思潮的激烈论辩中逐渐形成了技术的非中立性及其意识形态化的观点。在此基础上，他们从人本主义立场出发追问现代技术的价值指向及其社会后果，明晰现代技术系统负载着资产阶级全面控制人和自然的政治意向性，不仅严重背离了"人的解放"和"自然祛魅"的初心，而且把人类及其技术实践推向了追求"虚假需求"和"娱乐至死"的深渊。尽管绝大多数国外马克思主义理论家对技术的未来感到悲观，但他们仍相信通过对技术的改造实现善治的可能性，主张把技术的实然状态与人的自由解放统一起来以赋予其"求真"和"求善"的文化使命。

第二节　政治维度：现代技术的意识形态化及其救赎方案

历史经验一再表明技术从来不是与人类社会无关的封闭系统，恰恰相反，它的创新性发展是在与政治、经济、文化等社会子系统的频繁互动中得以实现的。就技术与政治的关联性而言，大致表现为两个方面：一是现代技术的政治化为国家治理体系提供了有力的物质支撑，把计算机、网络通信、人工智能等先进技术手段应用于政府决策有利于提高行政效能；二是现代技术的自主性因受到社会政治因素的介入而有所弱化，各国政府为了在激烈的国际竞争中占据制高点而完善科技政策并对科技研发的重点领域进行战略布局。关于上述第二个方面，英国社会学家吉登斯觉得"过去一直将科学和技术看作是政治之外的事情，但是，这种观点已经变得过时了"[①]。20世纪中叶涌现的"科技万能论""技术统治论""专家治国论"等观点，也从不同侧面说明了技术不再是政治清白的事实。在国外马克思主义理论家族中，法兰克福学派对现代技术与政治统治之间的关系问题给予了高度关注，他们不仅严厉批判作为一种新型控制形式的现代技术及其制造的不平等的社会秩序，而且尝试从不同角度探索化解科技意识形态风险的救赎方案，使人们警惕资本主义利用科技理性对大众进行"精神催眠"的真实状况，为他们走出"意识形态终结论""技术统治论""专家治国论"等思想的迷雾提供了方向指引。

一　现代技术与意识形态的关系辨析

如何看待科学技术与意识形态之间的关系，是国外马克思主义理论

[①] 刘小枫：《现代性社会理论绪论：现代性与现代中国》，上海三联书店2000年版，第18页。

第四章 国外马克思主义技术批判理论的思想内核

家批判作为政治统治工具的技术系统的逻辑起点。法兰克福学派全面考察了发达工业社会对人和自然的总体控制,并从不同侧面指认技术理性与资本逻辑的共谋是当代资本主义统治的合法性基础,在此基础上达成了"科学技术是意识形态"的基本共识——科学技术在现代社会扮演着生产力和意识形态的双重职能。然而,作为法兰克福学派技术政治学的高度凝练,这一命题所暗含的科学技术与意识形态之间的"亲密"关系绝不是自明性的,而是在特定的历史时期才逐渐显现出来并为那些勇于直面现实的理论家所觉察。以下首先简要回顾"意识形态"的概念发展史,继而澄清霍克海默、马尔库塞、哈贝马斯等人在论及科学技术与意识形态的关系问题时的理论分歧。

第一,"意识形态"是一个内涵丰富且颇具争议的概念,就其学术史而言历经了从肯定性到否定性再到辩证性的释义过程。"意识形态"(ideology)一词是法国哲学家特拉西在1796年提出的,最初用以指称"观念的科学"的概念,后来在其《意识形态要素》一书中发展为通过研究人类感官以及来自感官的观念为一切科学知识提供可靠基础的理论学说。就此而言,意识形态概念在其原初意义上表征的是一个受到实证主义影响的、与宗教神学观念相对立的、具有积极建设意义的肯定性范畴,正如法国哲学家福柯所言,"在德斯蒂或热朗多那里,观念学(主要指意识形态——引者注)既作为哲学所能具有的唯一理性的和科学的形式,又作为能向一般科学和每个特殊认识领域推荐的唯一的哲学基础"[1]。然而,拿破仑出于维护独裁专制的目的而把特拉西和其他意识形态家贬斥为一群不切实际的"幻想家",同时将他们的理论主张歪曲为"虚假的理论"或是"荒谬的诡辩"。不过令人始料未及的是,在贬义上使用"意识形态"术语的做法对欧洲思想史产生了重大影响,实证主义者孔德控诉意识形态是与实证科学不相容的虚假观念,德国古典

---

[1] [法]米歇尔·福柯:《词与物——人文科学考古学》,莫伟民译,上海三联书店2001年版,第314页。

哲学集大成者黑格尔把精神发展的诸阶段归结为意识形态,知识社会学家曼海姆认为意识形态是受利益诱惑而遮蔽现实的"教义体系"。

马克思和恩格斯没有给出过"意识形态"的清晰定义,不过在《德意志意识形态》《政治经济学批判大纲》《资本论》等著作中可窥见其意识形态理论的思想张力。归结起来,理解马克思主义经典作家的"意识形态"含义①,要从以下三个方面着手:一是作为虚假观念的意识形态,是指从抽象的观念而非对象性活动出发形成的一种颠倒的、歪曲的、脱离实践的认识体系。这种拿破仑式的否定性释义在"照相机"隐喻中得以说明,马克思和恩格斯如此说道:"如果在全部意识形态中,人们和他们的关系就像在照相机中一样是倒立成像的,那么这种现象也是从人们生活的历史过程中产生的,正如物体在视网膜上的倒影是直接从人们生活的生理过程中产生的一样。"② 二是作为观念上层建筑的意识形态,是指建立在经济基础上并与之相适应的伦理道德、政治法律、文学艺术、宗教信仰等社会意识形式。此时的意识形态概念更多的是在中性意义上呈现社会现实的"观念副本"或"制度化的思想体系",它的社会功能在于为肯定现存社会秩序的合理性而起到辩护作用。三是作为革命阶级意识的意识形态,是指同人类普遍利益相联系、促进社会生产力发展、代表社会历史前进方向的阶级自觉意识。列宁进一步指出区分意识形态科学性与虚假性的标准,强调"任何科学的意识形态(例如不同于宗教的思想体系)都与客观真理和绝对自然相符合"③,作为革命阶级思想纲领的意识形态为无产阶级的行动提供了合法性基础。至此,经典马克思主义意识形态概念的精神实质是体现了社会性、阶级性

---

① 目前学界从不同侧面对马克思意识形态概念的界定存在多个版本,如"虚假意识论""社会意识形式说""革命意识论""阶级意识论""统治思想论",等等。参见俞吾金:《从意识形态的科学性到科学技术的意识形态性》,《马克思主义与现实》2007 年第 3 期;侯惠勤:《马克思的意识形态批判与当代中国》,中国社会科学出版社 2010 年版;吴胜峰:《马克思意识形态概念辨析——基于〈德意志意识形态〉文本的解读》,《马克思主义研究》2016 年第 6 期。

② 《马克思恩格斯选集》第 1 卷,人民出版社 2012 年版,第 152 页。

③ 《列宁选集》第 2 卷,人民出版社 2012 年版,第 96 页。

第四章　国外马克思主义技术批判理论的思想内核

和总体性的阶级意识，其主要内容涵盖了资产阶级意识形态和无产阶级意识形态，至于它能否成为虚假的观念体系则取决于它能够在多大程度上真实地反映社会存在和人民利益。

第二，国外马克思主义理论家继承和发展了马克思作为"虚假意识"的意识形态概念，同时结合当代资本主义新变化将其拓展至文化价值体系，从而深化了科学技术（尤指科学理论）与意识形态的关系问题。这一思想在卢卡奇那里已初现端倪，他认为科学技术如果超出了自身的限度而向社会无限扩张，就会异化为资产阶级压榨自然和工人的有力帮手，因为"自然科学的认识理想被应用于自然时，它只是促进科学的进步。但是当它被应用于社会时，它就会成为资产阶级的思想武器"[①]。卢卡奇把科学本身与科学的社会应用区别开来的做法包含着科学二元论的思想，他关于后者沦为统治阶级意识形态的批判对法兰克福学派的技术批判产生了重要影响。

霍克海默在《科学及其危机札记》一文中，不仅坦承了科学技术与意识形态之间的密切联系，而且进一步指出科学技术成为意识形态是因为它成功地掩盖了当代资本主义的真实意图和内在矛盾。在他看来，"不仅形而上学，而且还有它所批评的科学（这里强调科学作为肯定文化的表现形式，使人的不自由趋于合理化——引者注），皆为意识形态的东西；后者之所以也复如是，是因为它保留着一种阻碍它发现社会危机真正原因的形式。说它是意识形态的，并不是说它的参与者们不关心纯粹真理。人和一种掩盖社会真实本质的人类行为方式，即便是建立在相互争执的基础上，皆为意识形态的东西"[②]。后来他在与阿多诺合著的《启蒙辩证法：哲学断片》一书中，又把批判的矛头转向以工具理性为内核的启蒙精神。归根结底，两人是对科学技术的意识形态化及其

[①] [匈] 格奥尔格·卢卡奇：《历史与阶级意识》，杜章智等译，商务印书馆1999年版，第60页。

[②] [德] 马克斯·霍克海默：《批判理论》，李小兵等译，重庆出版社1989年版，第5页。

负面效应所作的深刻反省，由此奠定了法兰克福学派关于科学技术发挥意识形态功能的理论基调。

马尔库塞延续了霍克海默和阿多诺从否定意义上理解意识形态和科学技术性质问题的叙事逻辑，并且认真考察了技术合理性是如何转化成统治合理性的过程，至此"科学技术即意识形态"的理论命题基本成型。在他看来，意识形态非但没有像阿隆、贝尔、福山、亨廷顿、布热津斯基等"后工业理论家"宣称的那样已经弱化甚至终结了，而是随着科学技术在社会生活中的普遍应用日益增强。这是由于科学的发展和技术的进步，一方面极大地提高了社会生产效率及其对人和自然的控制能力，通过为人们提供源源不断的消费品和安逸的生活条件增强其对现存社会的认同感；另一方面在技术理性的统摄下，人的思想和意识都被纳入资本主义合理化进程中，因沉溺于疯狂的物质消费而对自身遭受压迫的事实浑然不觉。正因如此，马尔库塞认为"社会是在包含对人的技术性利用的事物和关系的技术集合体中再生产自身的——换言之，为生存而斗争、对人和自然的开发，日益变得更加科学、更加合理。……科学—技术的合理性和操纵一起被熔接成一种新型的社会控制形式"①。

哈贝马斯为纪念马尔库塞七十周年诞辰而专门写作《作为"意识形态"的技术与科学》，在其中就科技进步问题同马尔库塞展开"对话"。他通过发挥马尔库塞关于"科学技术执行意识形态职能"的观点，使这一命题更加系统化和理论化。不同于早期法兰克福学派成员的观点，他进一步阐明了科学技术在何种意义上具备意识形态属性的问题，反对不加区分地把科学技术等同于意识形态的笼统看法。在他看来，科学技术在晚期资本主义社会成为"第一位的生产力"时，才充当维护资本主义统治秩序的社会角色。尽管国家干预经济在一定程度上缓和了资本主义国家的社会矛盾，但却因抛弃过去以"公平交换"为

---

① ［美］赫伯特·马尔库塞：《单向度的人：发达工业社会意识形态研究》，刘继译，上海译文出版社2008年版，第116—117页。

第四章 国外马克思主义技术批判理论的思想内核

核心的资产阶级意识形态，使晚期资本主义社会遭遇合法性危机。同时科学技术的一体化发展及其向社会生活的全面渗透，"科学和技术的合理形式，即体现在目的理性活动系统中的合理性，正在扩大成为生活方式，成为生活世界的'历史的总体性'"①。此时目的理性取代了价值理性，一跃成为人们在社会生活中普遍遵循的行为准则，一方面把复杂的政治问题简化为技术问题，使公众满足于从技术层面解决现实问题；另一方面通过技术进步的补偿机制，使公众因"去政治化"而不再关心自身的解放问题，进一步巩固和维护了当代资本主义统治的合法性基础。

如上所述，法兰克福学派基于发达资本主义社会的新特征，深刻剖析了科学技术的社会政治功能，在此基础上使科学技术的意识形态本性得以澄明，并经由霍克海默、马尔库塞、哈贝马斯等思想家不断丰富和完善，从而形成了具有自身特色的科技意识形态理论。尽管这一理论内部的具体观点有所不同，但都是在否定意义上使用意识形态概念的，都侧重于剖析科技意识形态的负面效应，在很大限度内忽视了它的积极作用，使批判理论把对科学技术的意识形态批判作为核心内容，而不再关心现实层面的政治斗争问题。

二 现代技术成为统治工具的运行逻辑

第二次世界大战后，由于第三次科技革命的助推和经济政策的调整，主要资本主义国家相继步入了"富裕社会"。面对这样的情形，一大批西方知识分子认为意识形态作为科学技术的对立面呈现逐渐弱化的趋势，更有甚者断言"意识形态已经终结了"！不过这种论调一经提出就招致了诸多批评，尤其是来自"新左派"的反对声音。他们敏锐地觉察到，现代技术作为一种新型意识形态塑造了具有极权主义特征的发

---

① ［德］尤尔根·哈贝马斯：《作为"意识形态"的技术与科学》，李黎、郭官义译，学林出版社1999年版，第47页。

达工业社会,坚决反对任何打着"意识形态终结论"幌子阻碍人类解放的做法,通过研究科技意识形态的生成逻辑、运行机制和基本特征等问题,为人类解放理想的实现提供了一种新的思路。

第一,科学技术之所以从经济基础向上层建筑跃迁并且成为取代传统意识形态的一种新的社会控制形式,主要得益于理性的实证化倾向和资本主义的合法性危机。从理性的演化逻辑来看,理性作为人的存在方式走向自身的反面而蜕变为工具理性是近代理性主义的必然产物。古希腊理性哲学是以"逻各斯"(logos)和"努斯"(nous)的辩证统一为基本精神内核,前者因强调客观世界的自为性而体现了人类把握世界所必须遵循的规律性,后者因注重主观世界的自为性而彰显了人类作为行动者所特有的超越性。就此而言,前科学时代的技术体系和古希腊语境中的理性一样被赋予"求真"和"求善"的双重品格,因为它既是人类赖以生存的物质手段又是其实现自我超越的价值诉求。但在近代科学兴起之后,启蒙思想家为了捍卫人的尊严而高举科学和民主的大旗,在破除神权统治的同时把理性推向了至高无上的位置,于是近代理性就成为衡量所有事物合理性的唯一根据而与古希腊理性精神渐行渐远了。理性的实证化倾向与工业技术的结合衍生出了一种新的理性形式——技术/工具理性,它企图征服一切的内在冲动带有强烈的专制主义气息,作为一种支配性力量既存在于主观世界也存在于主体之外的客观世界,就像不以人的意志为转移的"铁的定律"一样操控着人的行为和思想,甚至提前预设了社会行进的方向。

从晚期资本主义社会的合法性危机看,资本主义周期性经济危机的频发促使各国政府普遍加强对宏观经济的调控和社会福利的投入,这就使旧的意识形态在国家对市场经济的干预过程中逐渐被瓦解掉,随之而来的是资本主义统治基础陷入严重的合法性危机中,由此构成了科技意识形态的出场语境和现实逻辑。概括而言,科学技术成为意识形态作为西方工业文明和现代人生存困境的具体展现,实质上是国家合法性危机的"补救方案"。一方面,国家干预的制度化使政治问题转化成技术问

第四章　国外马克思主义技术批判理论的思想内核

题，政治结构的技术化意味着把政治决策权交付给少数知识精英或技术专家，同时依托科学技术的发展来确保社会经济的持续增长和大众物质欲望的不断满足，那么"技术统治论的命题作为隐形意识形态，甚至可以渗透非政治化的广大居民的意识中，并且可以使合法性的力量得到发展"①；另一方面，科学和技术的一体化发展使其成为"第一位的生产力"，它的合理形式在技术的广泛应用过程中向日常生活全面渗透，由此形成凌驾于一切事物之上的客观主义原则。当现代社会按照技术规则重新组织起来时，与之密切联系的工具理性逐渐战胜了价值理性，而注重效率的工具理性与资本的逐利本性不谋而合，在提高生产力水平的同时加剧对人和自然的深层压榨，这就奠定了资本主义统治的合法性基础。

第二，科技意识形态发挥作用的有效机制在于"欲望满足"，通过科学技术的转化能力把公众的注意力从政治的公共领域引向非政治的消费领域，使之过度沉湎于炫耀式消费的平等假象，并赢得了公众对现有社会制度的支持和忠诚。简单地说，当代资本主义主要是依靠科技意识形态而非国家暴力机关来征服社会的离心力量，"技术的合理性展示出它的政治特性，因为它变成更有效统治的得力工具，并创造出一个真正的极权主义领域，在这个领域中，社会和自然、精神和肉体为保卫这一领域而保持着持久动员的状态"②。自人类进入政治社会以来，就从未停止过探索和谋求统治的合法性，这一问题在韦伯那里第一次得到较为系统的阐释，但他关于"合理化涉及的是价值实现的技术，而不是价值本身"③的观点却遭到哈贝马斯的严厉指责。在哈贝马斯看来，合法性是源于政治秩序被认同的价值而非公众对其加以拥护的事实，作为

---

① ［德］尤尔根·哈贝马斯：《作为"意识形态"的技术与科学》，李黎、郭官义译，学林出版社1999年版，第69页。
② ［美］赫伯特·马尔库塞：《单向度的人：发达工业社会意识形态研究》，刘继译，上海译文出版社2008年版，第16页。
③ ［德］尤尔根·哈贝马斯：《交往行为理论：第1卷——行为合理性与社会合理化》，曹卫东译，上海人民出版社2018年版，第213页。

"补偿纲领"的科技意识形态，恰恰为晚期资本主义提供了新的合法性基础。究其原因，当代资本主义为了解决生产相对过剩和有效需求相对不足的问题，必然要对生产关系作出相应调整，如国家干预经济、社会福利政策、鼓吹专家治国论，但却破坏了过去以自由竞争和公平交换为原则的统治合法性，科学技术则凭借其强大的物质转化能力将公众的心理期待都变成了现实，因此获得了社会大众的积极拥护和大力支持。

那么，科技意识形态究竟是如何通过"欲望满足"机制来为资本主义制度辩护的呢？国外马克思主义理论家认为，关键在于制造虚假需要和发展文化工业，通过科技手段直观地展现完美生活刺激消费，同时凭借其现实转化能力来满足人的消费诉求和心理期待，既在客观上保证经济的持续增长，又成功地抑制了公众的反抗精神，使现代社会在不断合理化的过程中重新获得其合法性基础。其一，利用广告、电视、网络等大众传媒有意制造和引导公众的消费需求。当代资本主义利用铺天盖地的电视广告和商品信息把社会利益强加给个人需要，由此造成了消费自由的平等假象以遮蔽不同社会阶层之间现实差距的社会后果。如此一来，资产阶级通过最大限度地满足和补偿人的虚假需求来培育其对制度的忠诚，但人的主体性和批判意识也在过度消费的非理性行为中消失殆尽了，这表明当代资本主义已经从外部政治统治深入对人的内心世界的全面控制。其二，文化工业以至臻完善的技术系统为强大后盾，大批量地复制和生产模式化的、齐一化的、伪个性化的文化产品，借此来满足人们多元化的物质和文化消费需求。但商业化了的文化，在本质上"不再针对社会普遍性来增强特殊性的力量，而是成为普遍性的执行机构。文化在自我扬弃的同时保持为新形态下的虚假的、肯定性的文化"①。那么，这种执着于肯定性而遗忘了否定性的文化，非但不会给人带来真正意义上的审美享受，反而会把个人的休闲娱乐变成受制于标

---

① ［德］马克斯·霍克海默、西奥多·阿道尔诺：《启蒙辩证法：哲学断片》，渠敬东、曹卫东译，上海人民出版社2006年版，第117页。

准操作模式的管理过程，人的反抗精神连同艺术的超越性特质就一起被抹杀了。

第三，科技意识形态相较于资产阶级旧的意识形态而言更具诱惑性、辩护性和操纵性。国外马克思主义理论家不仅揭示科学技术介入政治统治的具体过程，而且厘清了科技意识形态与传统意识形态之间的区别，以期唤醒社会大众冲破意识形态束缚的革命意识。在他们看来，当代资本主义在利润驱动下把技术理性从经济领域拓展到社会生活的各个方面，科学技术的意识形态化使现代社会呈现高度一体化的发展趋势。这一趋势具体表现为：（1）在国家治理中，技术官僚取代了政治精英而占据着主导地位；（2）在劳动过程中，机器的规律性消解了人的自主性而成为经济活动的核心原则；（3）在日常生活中，人的"虚假需求"湮灭了"真实需求"，使其独立思考的能力和批判现实的意识处于压抑状态。马尔库塞更是直言不讳地表示，技术合理性构成了意识形态的全部内容。但哈贝马斯不同意这种看法，他强调科技成为意识形态并不是先验的，而是在晚期资本主义社会中"以思想的实证主义形式出现的技术与科学，当其被表达为技术决定论时，它就取代了已被摧毁的资产阶级意识形态而成为一种新的意识形态"①。基于上述看法，哈贝马斯进一步区分了科技意识形态和传统意识形态的异同之处，指认科技意识形态作为一种新型的意识形态，在维护资本主义统治合法性方面具有三个显著特征。

一是更具迷惑性。晚期资本主义的统治方式不再是依靠强制性的暴力手段，而是从"恐怖唤醒"转换为"欲望满足"：通过发展文化工业和鼓励盲目消费维护现有社会秩序的稳定性。这意味着统治合法性的辩护标准与实践问题日渐疏离，随之而来的是把科学技术的效用性和功能性作为衡量社会秩序合理与否的最高准则。不可否认，工具系统对生活

---

① ［英］威廉姆·奥斯维特：《哈贝马斯》，沈亚生译，黑龙江人民出版社1994年版，第21页。

世界的殖民在很大程度上改善了人们的生活环境，但是也在满足人们虚假需求的同时麻痹其反思能力，使社会制度的不合理性被隐匿于经济的虚假繁荣景象之下，以至于人们难以辨别出它的剥削本质。就此而言，科技意识形态的"非政治化"辩护标准极具欺骗性，人们在"欲望满足"的过程中高度认同和积极拥戴现有社会秩序。

二是更具辩护性。科学技术以合理性的名义抹杀了"劳动"（工具行为）与"相互作用"（交往行为）的区别，使生活世界被技术理性不断地蚕食并呈现日益工具化、权力化、官僚化和资本化的鲜明特征。在这种状况下，人与人的交往变成了永恒的生存斗争和利益冲突，真诚而有效的沟通变得不再可能，技术也代替实践把建设性与破坏性的社会劳动高度融合在一起。所以，公众通常感受不到压抑的存在，并因此难以抗拒技术的控制，实则是因为科学技术通过对自然和社会的有效控制，为其提供了丰富的消费产品和舒适的生活环境，"在掩盖实践问题的同时，不仅为既定阶级的局部统治利益作辩解，并且站在另一个阶级一边，压制局部的解放的需求，而且损害人类要求解放的利益本身"①。

三是更具操纵性。与传统意识形态一样，科技意识形态也发挥着剥削和压迫的作用，只是它往往采取一种更隐蔽的、更合理的、更易于为人所接受的方式。这主要表现为两点：一是"技术统治论"的意识形态把政治问题都统统转化为经济问题，国家的政治统治也随之让位于技术管理，这使得技术专家的意见在政府决策过程中有着举足轻重的地位，而公众的声音不是因公共空间的极度萎缩而被边缘化，就是因过度依赖专家的权威意见而被漠视；二是工具理性在科学技术的广泛应用过程中日益向人们的日常生活渗透，甚至以不易被觉察的方式占据着人的全部身心，其结果是作为总体的人逐渐沦为单向度的人，并最终丧失了

---

① ［德］尤尔根·哈贝马斯：《作为"意识形态"的技术与科学》，李黎、郭官义译，学林出版社1999年版，第69页。

批判性和超越性。

通过上述分析,我们就不难理解为什么法兰克福学派总是对晚期资本主义社会的科技进步和经济繁荣现象感到忧心忡忡。在他们眼中的科技意识形态说到底还是用来掩盖社会真实状况的虚假意识,这些新的特征并没有改变它对人和自然的剥削本质和隐性控制。所以,从社会功能层面对科技意识形态的审视,使人们看到了科技的生产力和意识形态的双重作用,同时告诫人们要注意科学技术与自由解放之间并不具有必然的因果联系。这些观点是值得肯定的,但并不等于说要彻底放弃对科技的革新和社会生产力的发展。

三 冲破科技意识形态牢笼的两种方案

法兰克福学派理论家肯定了技术进步具有使人免于匮乏的积极意义,只是他们更强调科技意识形态控制人和自然的消极后果,在深入剖析科学技术从解放的力量蜕变为奴役的工具基础上,提出了破解"技术统治论"意识形态的可能性方案。无论马尔库塞还是哈贝马斯都对科技意识形态及其社会后果予以严厉抨击,但在论及科技意识形态化的成因时产生了理论分歧。前者认为技术理性自身的过度扩张是问题的症结,后者强调技术系统对生活世界的侵扰是根本原因。基于此,马尔库塞从技术体系自身出发,倡导以技术审美化对抗技术合理化;哈贝马斯则从技术外部出发,重建以交往理性为基础的制度框架以规范工具系统。

针对发达工业社会的同一化、理性化、极权化发展趋向,马尔库塞指认技术理性的工具主义和操作主义原则与政治的高度融合是造成现代社会单向度的根源,主张把精神、价值、艺术等因素注入技术设计和应用的过程,建立一种替代工具理性的后技术理性。这里的"后技术理性"(post-technological rationality),既不是技术的否弃也不是理性的终结,而是在技术与艺术的完美融合中生成的一种新的技术范式,它通过提升技术理性的"美学品格"唤醒人的生命本能和批判意识并使之按照"美的规律"改造自然。所以,马尔库塞的"理性"概念是一个蕴含多种可能性的开放式范畴,强调工具理性作为科学技术的内核不是一蹴而就的,而是理性与资本之间共同协作的最新成果。这不仅在理论层面恢复了理性的完整内涵,而且在实践层面促进了人和自然的全面解放。正因如此,他对工具理性及其负面效应的激进批判没有跌入后现代思潮的反理性主义深渊,在综合马克思的劳动本体论和弗洛伊德的精神分析学说前提下把人的解放诉诸审美之维,相信一种新技术的替代是具有可能性的。对此,美国技术哲学家芬伯格作出这样的评价:"当阿多诺和霍克海默对技术持坚决的敌视态度时,本雅明和马尔库塞则在技术的发展中看到了民主的潜能。"[①] 实际上,艺术审美早在霍克海默、阿多诺和本雅明等人那里就被赋予批判性、超越性和颠覆性的政治潜能,它不仅为打破文化工业的虚假繁荣提供了契机,而且使大众在"震撼"的审美体验中观照自我。

马尔库塞之所以采取不同于马克思社会革命的解放策略,是基于以下两点原因:一是当代资本主义社会的新发展改变了革命的客观条件。由于技术社会的个体日益为社会总体所吞没,作为革命主体的无产阶级因政治意识和革命意识的淡漠而沦为既得利益集团的"同盟军",因此,追寻主体是包括马尔库塞在内的国外马克思主义理论家亟待解决的难题,这必然使他们把培育个体的自主意识和捍卫个人的尊严作为理论研究的重点。二是艺术审美本身具有的特殊性使它有可能把人从非人的状态中解救出来。马尔库塞认为,既然技术逻各斯与社会政治的高度融合是造成极权主义的根源,那么就只能通过发展一种新的技术来替代作为意识形态的科学技术,艺术的审美形式具有"和谐性的幻想,理想性的造型,以及与这些相伴随的将艺术抽离出现实的"[②] 要素等诸多特

[①] [美]安德鲁·芬伯格:《技术批判理论》,韩连庆、曹观法译,北京大学出版社2005年版,第40页。
[②] [美]赫伯特·马尔库塞:《审美之维》,李小兵译,广西师范大学出版社2001年版,第141页。

第四章　国外马克思主义技术批判理论的思想内核

质，而这恰恰构成了改造社会心理机制和颠覆技术理性统治的力量。一方面，艺术因其否定性和超越性特质而有利于破除现代社会对人的额外压抑，使人的感性生命和爱欲本能得以恢复，为社会的普遍解放提供了前提和基础；另一方面，作为技术和艺术、理性和感性、工具与价值相统一的"后技术理性"，致力于将新感性纳入现代技术体系，不仅有利于弥补技术理性的内在缺陷而且释放了技术的解放力量。但这种转变并不是自发的，马尔库塞认为其中牵涉政治的转变，但在现实中他又看不到希望，所以在《单向度的人：发达工业社会意识形态研究》中得出了相对悲观的结论："社会批判理论并不拥有能在现在与未来之间架设桥梁的概念；它不作许诺，不指示成功，它仍然是否定的。它要仍然忠诚于那些不抱希望，已经并还在献身于大拒绝的人们。"①

　　哈贝马斯进一步深化了法兰克福学派的技术理性批判逻辑，提出生活世界的救赎有赖于重建以"交往理性"为基础的话语民主策略，使哲学范式实现了从"主体性"到"主体间性"的理论转轨。他反对马尔库塞通过新感性重构技术的审美范式所提供的技术替代方案，认为"如果没有什么似乎'更人道的东西'可以代替科学的功能以及整个科技进步，那么，一种新的技术观念就不会有什么成果，一种新的科学观念就完全不可设想"②。哈贝马斯在扬弃康德"理性兴趣"思想的前提下，根据兴趣在认识中的不同作用将其划分为技术的认识兴趣、实践的认识兴趣、解放的认识兴趣，与前两种认识兴趣相对应的人类活动方式分别是劳动和相互作用。在此基础上，社会形成了"系统—生活世界"的双层结构，前者指向以金钱和权力为媒介的物质再生产领域，后者则指向以语言和符号为媒介的文化再生产领域。基于生活世界理论的视域，他把生活世界殖民化的原因归咎于作为系统运行规则的工具理性对

---

　　① ［美］赫伯特·马尔库塞：《单向度的人：发达工业社会意识形态研究》，刘继译，上海译文出版社 2008 年版，第 203 页。
　　② ［德］尤尔根·哈贝马斯：《作为"意识形态"的技术与科学》，李黎、郭官义译，学林出版社 1999 年版，第 45 页。

交往理性的僭越和压制，且强调这是晚期资本主义社会的特有景观。究其原因，系统与生活世界之间的严重失衡是在现代社会的合理化过程中才逐渐显现，而科技意识形态恰恰掩盖了目的行为的过度合理化和交往行为的非合理化现象，于是工具理性就顺理成章地接替了交往理性而成为现代社会高效运行的"中枢系统"。

为了避免生活世界的殖民化，哈贝马斯认为必须立足交往行动理论来搭建"系统"与"生活世界"的沟通桥梁，使作为目的理性活动的科学技术在同民主政治的有机结合中形塑一个更为合理的社会。在他看来，破解晚期资本主义社会发展悖论难题的症结在于完成从主体哲学范式向交往哲学范式的转变，同时基于主体间的交往理性把技术知识转化为实践意识。交往活动的参与者不再是以个人利益为首要目的，而是在相互信服的前提下实现其共同利益，在不同主体间的沟通和理解中达成的共识作为约束性力量反过来规范经济和政治活动，从而避免现代社会系统的过度膨胀及其对生活世界的不断吞噬和消解。不同于第一代法兰克福学派，哈贝马斯站在现代性立场坚称现代技术对社会进步具有积极的建构意义，主张通过民主对话机制为它划定合理的界线。为此，他十分强调语言作为交往行为的媒介是不同主体间展开有效对话的关键节点，这种相对温和的态度削弱了法兰克福学派技术政治学的批判力度，且因脱离了社会现实而被福柯斥责为"交往的乌托邦"。

马尔库塞和哈贝马斯分别以"新感性"和"交往理性"为核心范畴，为走出科技意识形态的困境提供了各自的救赎方案。前者侧重于批判技术合理性对人和自然的总体控制，把社会的极权主义倾向归结为技术与政治的高度融合，主张通过把包含着否定向度的新感性因素融入技术的设计和使用过程，以期发展一种更为人性化的新技术和非压抑性文明。后者则侧重于批判技术合理性对生活世界的殖民化，将社会生活的非政治化归结为系统的过度合理化，寄希望于重塑交往理性的权威地位，拯救被工具理性侵蚀的生活世界，使技术行为在交往理性的规约和指导下回到其应有的使用范围。究其根本，这是由马尔库塞和哈贝马斯

第四章 国外马克思主义技术批判理论的思想内核

对技术本质问题的不同回答所决定的。马尔库塞倾向于技术实体主义的观点，认为作为形式合理性的现代技术不仅控制自然而且支配人的内心世界，既然技术合理性要为生态恶化和人的异化负责任，那么摒弃单向度的技术理性去寻求一种兼容效率和价值的新理性就成为他的必然选择。哈贝马斯更倾向于技术工具主义的观点，他把现代技术理解为与社会利益无关的工具系统，指认技术合理性作为其内在逻辑是不可任意改变的，而问题的症结在于技术合理性超出了自身的限度，所以要诉诸交往理性的重建，以此来规范技术的发展方向。他们给出的解决方案是分别从内部和外部出发拯救技术的两种路向，但不论如何都在努力"寻求一种'摆脱控制'的技术发展。他们同意优先权应当给予实践目的的实现，而不是给予技术问题的解决"[①]。这是法兰克福学派与当代技术哲学的根本区别所在，他们聚焦于技术合理性问题是为了实现人和自然的全面解放，而不同的解决方案实际上仍属于内部分歧。需要特别注意的是，马尔库塞对技术的新感性改造和哈贝马斯为技术划定边界都充满了浪漫主义和理想主义的色彩，前者因过分强调后技术理性对历史的矫正而不免有技术决定论之嫌，后者因诉诸交往理性对技术的价值指引而丧失了批判性和革命性的向度。

归根结底，法兰克福学派对技术中立观念的批判与"科学技术即意识形态"的论断是相辅相成的，前者是他们探讨技术社会功能的逻辑前提，后者则是其对技术价值问题的理论拓展。他们始终立足晚期资本主义社会揭示现代技术发挥的意识形态职能，通过对科技意识形态运行机制及其产生的社会负面效应的剖析，展现了技术合理性蜕变成统治合理性的过程，并从不同侧面提出了避免科技意识形态对人和自然的奴役的解放规划。毫不夸张地说，法兰克福学派围绕着技术与政治的关系问题而展开的社会批判，在国外马克思主义理论谱系中占据着重要地

---

① [荷] E. 舒尔曼：《科技文明与人类未来——在哲学深层的挑战》，李小兵等译，东方出版社1995年版，第318页。

位，不仅在理论层面上深化了经典马克思主义技术批判的文化哲学视域，而且在现实层面上为走出人类的生存困境提供了新的思路。

第三节 生态维度：现代技术的生态化转向及其实现路径

自然环境是人类赖以生存和发展的外部空间和物质基础，人类借助不断革新的科学技术，完成了从农业文明对自然的"敬畏"到工业文明对自然的"征服"的地位转变。然而，对自然的"伤筋动骨"的根本性改造，在为人类生存提供基本物质生活必需品的同时造成了严重的生态危机。这迫使人们开始思考"究竟为什么当代资本主义难以走出生态困境"的现实问题，尤其是1962年美国作家蕾切尔·卡逊的《寂静的春天》一书问世，越来越多的人意识到生态保护的重要性，同时积极投身环保运动的实践中。作为经典马克思主义现实表达的一面棱镜，国外马克思主义理论家把资本主义生态危机置于批判理论的视域加以讨论，从哲学价值观和社会制度两个方面对人与自然的关系问题进行反思和重构，其中生态学马克思主义的理论观点备受瞩目。他们在承袭西方马克思主义特别是法兰克福学派生态思想的同时汲取了现代生态学的最新理论成果，指出生态危机的根源是资本主义社会的不合理制度而非科学技术本身，在此基础上形成了以生态理性为原则的技术价值观和以社会正义为导向的技术发展观，主张通过变革现代资本主义制度以及选择与自然环境相协调的新技术实现人和自然的双重解放。

一 西方绿色思潮对生态危机成因的诘问和分歧

生态学马克思主义理论家认为，生态危机已然取代了经济危机而成为当代资本主义的新征候。究其根本，发达资本主义国家利用宏观调控、科学管理、社会福利等各种手段维持高效生产和刺激消费欲望，一方面使资本主义日益激化的社会矛盾和劳资关系得到相当程度的缓和，另一方面因高生产、高消费、高污染的发展模式而造成了自然资源枯竭、森林面积锐减、生物多样性受损、全球气候变暖等环境问题。所以，美国生态社会主义者约尔·克沃尔指出："生态危机是我们这个时代的决定性问题，也是人类历史上最紧要的关头，因为它把历史推到了被告席上，并威胁着历史的终结。"[①] 由于生态问题总是同技术的滥用、物欲的膨胀以及支配自然的观念纠缠在一起，所以西方绿色理论对生态危机根源的探讨始终围绕着科学技术是否具有"原罪"性质的争论展开，形成了以生态中心主义为基础的"深绿"思潮、以现代人类中心主义为基础的"浅绿"思潮和以有机马克思主义和生态学马克思主义为代表的"红绿"思潮。[②]

"深绿"思潮是以生态中心论为理论基础所形成的一种非人类中心主义的生态伦理主张，包括动物权利/解放论、生物中心论、生态中心论和深生态学。尽管他们的理论侧重点各有不同，但都严厉批评了传统人际伦理学只关心人类自身的利益而忽视非人类存在物的利益。基于人类中心主义价值观的伦理学，人类不再畏惧自然，但在对自然"巧取豪夺"的过程中也遭到了"报复"，如工业废水的排放影响了人的身心健康和经济的可持续增长。正因如此，他们把生态问题的症结归咎于人类中心主义价值观以及在此基础上的科学技术滥用，普遍要求把权利主体和道德关怀的对象从人类扩展到动物、植物、所有生命共同体乃至整个生态系统，建构以生态中心主义为基本立场、以"自然价值论"和"自然权利论"为理论内核、以"生命平等"和"自我实现"为价值追求的生态伦理思想。"深绿"生态思潮不仅驳斥了近代机械论自然观对人与自然的割裂，而且根据生态规律的事实判断直接推导出了"地球优先论"的价值判断。美国生态伦理学家奠基人奥尔多·利奥波德

---

① Joel Kovel, "What Is Ecosocialism?", *Canadian Dimension*, Vol. 6, 2007, pp. 22-26.
② 王雨辰：《中国形态的生态文明理论研究》，崇文书局2021年版，第1页。

在《沙乡年鉴》中,以优美的笔触描绘了人与自然和睦相处的生活画面,并且强调"当某物倾向于保护整体性、稳定性及生物群体之美时,它就是善的,是正确的,否则就是错误的"[①]。这实则把自然理解为不受人类影响和干预的"荒野",将自然内在价值的实现作为评判人的行为正当性的伦理准则,把人类降格为生态系统中的普通成员而使之无权干涉自然的完整性和多样性,至此就把生态保护与经济发展、技术进步对立起来。

究其根本,"深绿"思潮注重从哲学价值观层面而非社会制度层面去探索生态问题,所以他们通常看不到人与自然的矛盾表征着人与人之间在全球生态资源的分配和使用方面所呈现的不平等关系,故而只能寄希望于生态意识的觉醒和生态社区的自治。然而,在现实生活中坚守生态中心主义的原则显然是不现实的,试问人类如何能证明他猎杀动物、摘取果实或食用蔬菜的行为是否具有正当性?即使承认为了保存生命的合法性,也难以在不同物种的利益需求之间进行道德抉择,毕竟"人类—自然"共同体中的所有事物在实现自身的生存和发展方面都拥有平等的权利。不仅如此,通过赋予自然以价值和权利来否定甚至取消人的主体性地位,尽管在一定程度上有利于重建人与自然之间的共生关系,但同时也为生态法西斯主义的滋生提供了适宜的土壤。对此,英国学者戴维·佩珀一针见血地指出,生态中心主义的核心话语事实上"缺乏对现代大规模技术的信任",并表现为"憎恨中央集权和物质主义",他们对技术发展和经济增长的敌视态度使之把希望寄托在建立一种"小的就是好的"的生态社会。[②] 这种反人性、反技术、反文明的价值立场无疑具有明显的后现代意味,以生态为中心剥夺人的生存权和发展权的做法更是不可取的。

---

① [美]奥尔多·利奥波德:《沙乡年鉴》,侯文蕙译,吉林人民出版社1997年版,第213页。

② [英]戴维·佩珀:《生态社会主义:从深生态学到社会正义》,刘颖译,山东大学出版社2005年版,第48页。

第四章　国外马克思主义技术批判理论的思想内核

针对来自"深绿"阵营的诘难，墨迪、帕斯莫尔、诺顿等人作出了理论回应，他们一方面为人类中心论的合理性进行有力辩护，另一方面对近代人类中心论的局限性展开批判性反思和系统性修正，形成了现代人类中心主义（也称开明的人类中心主义或弱势人类中心主义）的新理论形态。在他们看来，人类中心主义价值观本身不仅没有犯下弥天大错，而且构成了生态运动的内驱力，因为利己性是自然界所有生物的本性，人类把自身的价值或利益置于其他物种之上是再自然不过的事情，正如"蜘蛛一定会把蜘蛛评价得比自然界其他事物都高一样"[①]。更何况生态运动是为了实现社会的可持续发展，倘若彻底摒弃人类中心主义价值观对当代人及其子孙后代生存和发展需要的伦理观照，那么生态实践也就丧失了自身的思想动力和现实基础。当然，他们也承认近代人类中心主义执着于个人局部利益而非人类整体利益的偏狭，指出其本质就是人类借助科学技术的力量征服和统治自然的人类沙文主义。总体而言，"浅绿"思潮认为人类中心主义价值观是没有问题的，但有必要分清"人类专制主义"与"人类中心主义""强势人类中心主义"与"弱势人类中心主义"之间的根本区别。

为了走出生态危机，"浅绿"思潮坚持践行"人类中心主义价值观"，主张在"与人类利益相关的自然环境道德权重（在价值体系中）的坐标"[②]中把人类的感性偏好转换成理性偏好，经过审慎的理性思考对不合理的感性欲望加以限制，从而避免自然资源的滥用和生态环境的污染。具体来说，一是控制人口的快速增长以减少自然资源的大量消耗，二是通过技术革新提高资源的利用率以降低污染程度，三是确立自然资源有偿使用制度以化解"公有地悲剧"，四是制定严格的环境政策以明确责任主体，五是转移高污染、高耗能的产业到发展中国家以缓和

---

① [美] W. H. 墨迪：《一种现代的人类中心主义》，章建刚译，《哲学译丛》1999 年第 2 期。

② Taylor, Bob Pepperman, "Environmental Ethics and Political Theory", *Polity*, Vol. 4, 2009, pp. 567-583.

国内生态压力。从"浅绿"思潮摆脱生态危机的方案中不难看出，他们把生态危机的根源归咎于狭隘的"个人中心主义"或"族群中心主义"，其对现代工业、技术进步、经济增长与生态环境之间潜在兼容性的强调具有一定的合理性，只不过这种基于资本主义辩护立场的近代人类中心主义价值观虽然经过重新定位，但实际上仍是一种绿色资本主义理论。这在客观上促进了发达资本主义社会的可持续发展，但现代人类中心主义不自觉地回避了西方国家出于自身利益的考量采取的污染产业转移策略，使发展中国家被迫沦为世界的"垃圾场"和"资源供应者"，而且存在时常以环境问题为借口限制发展中国家经济发展的现实问题。论及原因，他们普遍缺乏资本主义批判的视角，以至于对"人类共同利益"的价值追求被日益抽象化和虚无化了。

归结起来，"深绿"思潮与"浅绿"思潮的理论分歧是在价值观层面上的生态中心主义与人类中心主义之争，二者的共同失误在于都停留在"主—客二分"的思维范式，抽象地探讨科学技术与生态危机的关系，把生态问题简单地理解为脱离了社会实践的价值问题。所以，他们既看不到生态危机"本质上表征的是人类在生态资源占有、分配以及使用方面利益关系的冲突和矛盾"①，也无法帮助现代人克服生态危机以及由此造成的生存困境。

生态学马克思主义在一定程度上受绿色思潮的影响，其生态价值观大致呈现了两种不同观点：一种是以福斯特、佩珀、格伦德曼等人为代表的人类中心主义价值观，另一种是以本顿、科威尔、埃克斯利等人为代表的生态中心主义价值观。前者批评生态中心论的唯心主义倾向，他们站在为人类中心论辩护的立场重新规定了它的内涵，坚持"以人为本"（尤其是满足穷人的基本需要）的基本原则，这与"浅绿"思潮所强调的服从资本利益的现代人类中心主义价值观有着本质差异。格伦德曼通过对马克思"支配自然"和"生产力发展"概念的重释，提出"重返人类

---

① 王雨辰：《当代生态文明理论的三个争论及其价值》，《哲学动态》2012年第8期。

第四章 国外马克思主义技术批判理论的思想内核

中心主义"的理论主张,认为"技术在社会生活中之所以占有特殊地位,是因为它的一些基本因素是物质的"①,强调在尊重客观规律的前提下对自然的有意识控制有助于经济社会的可持续发展,有力驳斥了激进环保主义者"为了自然,无须生产"的荒谬观点。后者认为正统生态学马克思主义和"浅绿"阵营保护生态环境的理由不具备正当性,强调那种只是为了满足人的需要的出发点是毫无意义的,而真正重要的是基于生态系统的整体性和完整性特征展开生态革命,唯其如此,才能阻止资本主义制度对生态环境的破坏。科威尔强调运用马克思的生态思想分析和解决当前环境问题,把人类看作自然界进化的产物和组成部分,但资本的介入无情地斩断了生态系统各要素之间的有机联系。因此,他旗帜鲜明地表示:"第一时代的社会主义缺少将眼光超越人类自身利益的内在动力,而生态社会主义与之根本不同,它远远超越了那种认为人类凌驾于自然之上的人类中心主义态度。"② 由此可见,他秉承的是一种生态中心主义价值观,提倡人类按照生态本性来生活,这样作为整体的生态系统就能得到修复,人类也从自然的敌人变成了朋友。尽管生态学马克思主义内部的理论主张有所不同,但都始终坚持从资本批判入手思考生态问题,指认资本主义制度及其生产方式而非科学技术本身是全球性生态危机的主要肇因。关于这一点,阿格尔作出了相当精辟的论述,他认为"生态学马克思主义所以是马克思主义的,恰恰因为它是从资本主义的扩张动力中来寻找挥霍性的工业生产的原因,它并没有忽视阶级结构"③。至于科学技术沦为生态危机重要推手的原因,生态学马克思主义在总体上更看重制度根源,强调发达资本主义国家在资本逻辑的主导下是不可能按照生态原则来组织生产活动的,诸如革新科学技术、优化资源配置、提升劳

---

① Reiner Grundmann, *Marxism and Ecology*, London: Oxford University Press, 1991, p.194.
② [美] 乔尔·科威尔:《生态社会主义、全球公正与气候变化》,宾建成等译,《马克思主义与现实》2009 年第 5 期。
③ [加] 本·阿格尔:《西方马克思主义概论》,慎之等译,中国人民大学出版社 1991 年版,第 420 页。

动技能等一系列措施是为了实现利益最大化。如此粗放式的发展模式实则意味着自然资源的大量浪费、生产废料的不断增加，以及由此造成的环境污染和生态失衡问题。

就此而言，生态学马克思主义理论家以历史唯物主义为基本立场，在澄清"深绿"和"浅绿"思潮的分歧和根源的基础上重构生态价值观，且注重把技术批判与资本主义制度及其生产方式批判联系起来，而不是抽象地谈论生态危机的成因及其解决之道。这也是生态学马克思主义与西方绿色理论的根本区别，既拓展了经典西方马克思主义技术批判的生态视域，又对于人们实现生态保护与经济发展、技术革新的有机统一具有重要的借鉴意义。

二 以生态理性为原则的技术价值观

作为人们关于技术实践及其社会后果的稳定性认识，技术价值观不仅在理论上构成了科技文化的基本内核，而且在实践上引导甚至规定着人们的技术选择和生存方式。对于现代技术的功利主义价值取向所造成的负面生态效应，西方绿色理论要么从生态中心主义的价值立场出发拒斥技术进步和经济增长，要么从人类中心主义的价值立场出发提倡技术革新和自然市场化，但两者都因停留于抽象的思辨层面解读科学技术与生态环境之间的关系，而无法合理地定位现代技术的价值及其社会功能，最终不是陷入技术悲观主义的失落，就是走向技术乐观主义的虚妄。生态学马克思主义明确指出，上述两种看法的错误在于把"征兆"当作"根源"，强调在资本逻辑支配下的现代技术隐含着功利主义的价值观，一方面通过"控制自然"的意识形态把人们对自然的剥削行为合理化，另一方面通过宣扬消费主义文化把人们对自由和幸福的体验引向消费领域。据此，生态学马克思主义理论家得出这样的结论：资本主义现代性价值体系有悖于"人—自然"协同发展的生态价值观。在此基础上，他们对"控制自然"观念和消费主义文化展开无情批判，从而重构了以人类整体利益为尺度、以生态理性为核心原则、以自然的解

第四章　国外马克思主义技术批判理论的思想内核

放为旨归的技术价值观。

生态学马克思主义技术价值观的第一个显著的表现是从"控制自然"的观念向"解放自然"的观念转变，使现代技术在生态理性的指引下更好地为人和自然的双重解放服务。国外马克思主义对"控制自然"的意识形态批判始于法兰克福学派尤其是马尔库塞的自然解放论，莱斯吸收了他关于"控制自然"与"控制人"之间不可分割的思想，指出生态问题的深层根源在于作为统治集团意识形态的"控制自然"的观念而非"控制自然"的工具，通过重新阐释"控制自然"的内涵，为科学技术的生态化转向建构一种新的道德规范。

莱斯在考察"控制自然"观念的历史演变基础上，揭示了它的内在矛盾和真实意图，强调只有把"控制自然"的观念纳入资本主义生产体系中才会导致技术滥用和生态危机，从而达到资产阶级控制社会的根本目的："如果控制自然的观念有任何意义的话，那就是通过这些手段，即通过具有优越的技术能力——一些人企图统治和控制他人。"[①] 为此，他详细考察了"控制自然"观念的道德性质呈现出的阶段性变化：在萌芽时期，原始先民对于使用工具改变自然秩序的行为产生了既渴望又恐惧的矛盾心理，通过某种宗教形式给予自然精神慰藉，体现其对自然的道德敬畏；在形成时期，基督教世界观认为人类凭借其理性和知识成为仅次于上帝的宇宙主宰者，这一传统在文艺复兴运动中得到进一步发展，培根把宗教和科学分别看作恢复人类的道德清白和自然统治权的两种形式，从根本上奠定了控制自然的思想纲领；在成熟时期，人们更关心"怎么样"的问题而不是"为什么"的问题，科学技术也因彻底摆脱了作为宗教婢女的形象，在"拷问"和"统治"自然的过程中获得其现代形式，尤其是资本主义的勃兴使这一观念成为现代社会的普遍意识，人们的价值观念也实现了从

---

① ［加］威廉·莱斯：《自然的控制》，岳长龄、李建华译，重庆出版社1993年版，第109页。

"信仰理性"向"经验理性"的转变。然而，当"自然界的神性的祛魅"过程排除了一切价值因素的侵扰时，控制自然的观念与资本追逐利益最大化的本性不谋而合，前者在维护人类整体利益的名义下把自在的自然转化为资本主义体系无限扩张所需的生产资料，后者为实现商品的交换价值和经济的持续增长必然要求加强对人类自身自然（人的本能）的控制。所以，莱斯极力反对的是近代以来人类通过各种技术手段控制自然的意志，强调"控制自然"的观念只有被纳入资本主义生产体系才会造成生态危机，此时"科学思想摒弃了所有基于价值观念的考虑，如完美、和谐、意义和目的"[1]。至此现代"控制自然"的观念具有了双重含义：一是人类摆脱了自然和宗教的奴役而实现对自然的控制，二是人类在生存斗争的相互冲突中实现对他人的控制。

正是通过把生存斗争的视角引入生态批判理论，莱斯清醒地认识到现代社会对自然的控制与对人的控制总是联系在一起。他认为，资本主义社会中对自然的控制和对人的控制是不可分割的，前者是控制人的表现形式，后者是控制自然的前提条件。为了进一步明晰"控制自然"观念与资本逐利本性的不谋而合，他在引入生存斗争的视角前提下将其置于特定社会中加以考察，指认资产阶级在生存压力的驱使下必然会加剧对外部自然和内部自然的深层控制。也可以说，当代资本主义是在生存斗争的相互冲突中实现对他人的控制，这是"由个人或社会集团完全支配这一特殊范围内的现有资源，并且部分或全部排除其他个人或社会集团的利益（和必要的生存）"[2]。现代人重占有的生存方式是以物的依赖性为基础，而科学技术则直接同人的需要以及由此激化的社会冲突相联系，"对自然的技术控制而加剧的冲突又

---

[1] ［加］威廉·莱斯：《自然的控制》，岳长龄、李建华译，重庆出版社1993年版，第178页。
[2] ［加］威廉·莱斯：《自然的控制》，岳长龄、李建华译，重庆出版社1993年版，第122页。

第四章 国外马克思主义技术批判理论的思想内核

陷入追求新的技术以进行人与人之间的政治控制,加剧了的斗争使人与人更加拼命地彼此反对并要求采取能够忍受越来越大的斗争压力的方法"①。所以,现代技术成为联结"控制自然"与"控制人"之间的重要桥梁,即使技术革新为人们提供了富足的物质生活,但却遮蔽了其控制自然的真实意图,使人们无法感知到自身充当统治集团牟利工具的残酷现实,进一步强化了资本主义对自然和人的全面控制。高兹也赞成这一看法,他认为"对自然的统治必然通过技术的统治影响到对人的统治"②,尤其是资本主义工业体系的高度集中化催生了技术官僚主义,使统治集团在维护自身利益的过程中,把对人的总体性控制最终转化为对自然的普遍性占有。生态学马克思主义理论家认为,只有破除资本主义不合理的控制体系、改变对待自然的功利主义态度、重构人与自然的关系,才能把科学技术从"控制自然"的错误价值导向中解救出来。具体来说,一是赋予"控制自然"的观念以新的内涵,把科学技术的本质理解为对自然与人之间关系的控制,"这种控制不再与产生于社会统治结构的压迫性需求相联系,能够实现在统治自然的原始概念中所蕴含的进步希望"③;二是实现从"经济理性"到"生态理性"原则的更替,通过形塑"更少但更好"的价值理念使人的非理性欲望和破坏性方面得到有效控制,为现代技术体系设置生态约束以确保其人道化和生态化转型。

生态学马克思主义技术价值观的第二个显著的表现是用劳动幸福观置换消费幸福观,主张在人的创造性劳动中奠定技术生态化转向的人性基础,实现从单一化的"硬技术"向多元化的"软技术"过渡。在国外马克思主义诸流派中,法兰克福学派和生态学马克思主义对消费问题的阐述最为系统全面,后者更是在法兰克福学派"科技意识形

---

① [加] 威廉·莱斯:《自然的控制》,岳长龄、李建华译,重庆出版社1993年版,第144页。
② André Gorz, *Ecology as Politics*, Boston: South End Press, 1980, p. 19.
③ [加] 威廉·莱斯:《自然的控制》,岳长龄、李建华译,重庆出版社1993年版,第172页。

态论"的基础上把消费异化与生态危机联系起来。他们认为，当代资本主义推崇备至的消费主义价值观，实则增加了生态系统的负担。只有发展适当规模的中间技术、降低对商品的依赖程度以及改变消费主义的生存方式，才能妥善处理好技术、商品、需求和满足之间的关系，建立一个人与自然和谐共生的"较易于生存的社会"。

在生态学马克思主义理论家看来，消费主义价值观及其生存方式在西方社会大行其道的主要原因有三点：其一，从资本主义维系其合法性统治来看，通过广告系统操纵消费的方式增强了公众对资本主义制度的认可度和忠诚度。发达资本主义国家为了避免周期性的经济危机而对社会经济生活进行全面干预，使得以"自由竞争"和"公平交换"为核心的传统意识形态失效了。为此，西方国家普遍利用现代技术对消费主义生活方式的大肆渲染，使人们沉浸于非理性消费的狂欢和喜悦之中，而对政治问题的漠不关心恰恰遮蔽了社会秩序的不合理性。其二，从资本主义的生产方式来看，资本主义生产体系的无限扩张趋势必然造成产品的相对过剩现象，在客观上需要制造尽可能多的消费需求，否则就难以完成资本从商品到货币的"惊险跳跃"。究其原因，资本的逐利本性决定了生产的目的不是为了满足人们的使用价值而是为了获得更多的交换价值，这势必要求生产规模的不断扩大和世界市场的日益拓展，那么只有在全社会宣扬"越多越好"的消费主义价值观，"鼓励一切个人把消费活动置于他们日常活动的最核心地位，并同时增强对每种已经达到了的消费水平的不满足的感觉"①，才能使现代资本主义的利润动机得以实现。其三，从资本主义的生产过程来看，现代工业体系的高度程式化和一体化不仅使大批量的标准化生产成为可能，而且使人的个性和价值被湮灭在精密的控制程序之中，那么彰显人的本质力量的创造性劳动就异化为外在于人的机械性劳动。工人在"劳动中缺乏自我表达的自由和意图"，他们

---

① [加] 威廉·莱斯：《满足的限度》，李永学译，商务印书馆2016年版，第16页。

第四章　国外马克思主义技术批判理论的思想内核

把注意力从生产领域转移到消费领域，通过炫耀型或奢侈型的消费活动"弥补自己那种单调乏味的、非创造性的且常常是报酬不足的劳动"①。不仅如此，在自由地购买、占有和使用商品的过程中，人们体验到极大的满足感和幸福感，在主观方面强化了消费主义价值观对日常生活的深层影响，由此造成西方社会"劳动—闲暇二元论"的怪诞现象。

尽管发达资本主义通过将生产与消费的社会前提和自然前提都纳入以资本为定向的组织过程而使其重新焕发生机，但是这种过度生产和过度消费的辩证法必然要求对人和自然的无节制索取。从个人维度看，现代人无法正确处理消费、满足与幸福之间的关系，总是把对商品尽可能多地占有作为衡量自身满足感和幸福感的尺度。建立在现代科技基础上的资本主义工业体系呈现高度一体化的趋势，可供人们选择的商品数量和种类也越来越多，但人们缺乏了解商品特性和质量的必要知识，又往往把社会需要当作自身的真实需要。不仅如此，人们在盲目消费的过程中还可能遭到双重伤害：在生理方面，化学工业制品中包含的有害有毒物质会对人的身体健康产生潜在威胁；在心理方面，日益精细化的社会分工把人格的完整性肢解为不同的组成部分。根据市场化原则重新诠释需要的结果，实质上是人的需要与满足需要手段之间的本末倒置，消费活动作为满足人的需要的手段及过程已经被社会提前规划好，"令人眩晕的欲望与商品的狂舞在人们面前展现了永恒变化的满足与不满足的总体组合：这一总体组合本身无法分解，人们唯一能做的，只是越来越广泛地参与市场活动"②。从社会维度看，当代资本主义为了维系其不断扩张的发展趋势和高集约度的市场布局，必然会到处兜售"越多越好"的消费主义价值观及其生存方式，引导人们把注意力和兴奋点从生产领域转移到消费领域。人

---

① [加] 本·阿格尔：《西方马克思主义概论》，慎之等译，中国人民大学出版社1991年版，第493—494页。
② [加] 威廉·莱斯：《满足的限度》，李永学译，商务印书馆2016年版，第30页。

们因沉浸于非理性的消费活动而无视自然的限度,使社会面临普遍的匮乏、资源的浪费、废品的堆积等现实问题。这种"匮乏"并非自然资源的不足,而是人们对资源的不合理使用所造成的状态,其根源在于以效率和核算为原则的市场机制,把人的自我确证和人际交往中的相互尊重完全等同于对商品的占有和消费。从自然维度看,人类借助技术理性对自然的"祛魅"摆脱了基于神秘主义的神学世界观,但是现代技术作为中介使人对非理性欲望的追求和物质生活的痴迷得以满足,不可避免地造成人与自然之间的分裂和冲突。在资本摆置下的现代科技遵循经济理性而非生态理性的原则,它的使用只能服务于资本的增殖逻辑,不仅对生态问题的解决于事无补,反而进一步加剧了人们对自然资源的掠夺和浪费。

生态学马克思主义理论家指出克服消费异化的关键在于理清技术、商品、需要和满足之间的关系,建构一种使人的最终满足植根于生产性活动的新需要理论。莱斯认为问题的症结是改变现代技术的使用方式,不是拒斥技术进步和经济增长,更不是回到过去那种穷乡僻壤的艰苦生活环境中去,而是在利用工业文明的技术成就基础上建立以人与自然关系缓和为特征的"较易于生存的社会"。至于具体如何实现这一社会构想,他给出以下几点建议:一是破除消费主义价值观和生存方式,最大限度地减少人们对物质和能耗的需求,把人的满足从消费领域转向创造性的生产活动领域,实现从片面地追求商品消费的满足转向以创造性劳动为主的多种形式的满足;二是建立稳态经济使人们抛弃"量的标准"而采取"质的标准",在重新调整政策方向的前提下合理地分配资源,这样需求问题就不再被完全看成消费活动所特有的功能;三是反对技术的集中化和垄断化,通过把技术和资本分散到各种不同环境中以发挥其优势,使科学技术不至于沦为盘剥自然和牟取暴利的工具理性。阿格尔更是聚焦于异化消费问题,创造性地提出了"期望破灭的辩证法"的社会主义变革模式。他认为这一过程,大致可以分为三个步骤:其一,资本主义生产体系的无限扩张因生态系统的有限性而不得不缩减规模,致使它为公众提供源源不断商品的承诺难以兑现并引发了供应危机;其二,资本主义无限增长的期望破灭迫使人们不得不重新思考自己内心的真实需要,并从消费主义编织的美好幻象中清醒过来,改变过去把自由和幸福直接等同于在广告牵引下的盲目消费活动;其三,对需求结构的理性反思让人们理解消费文化的政治意图以及自身的现实处境,自觉树立以"更少地生产,更好地生活"为内核的适度消费观和劳动幸福观。① 相应地,追求"效率至上"的科学技术在"期望破灭的辩证法"中转变为更加符合生态理性的"小技术""软技术"或"好技术",由此形成的生产体系具有非官僚化、分散化、民主化的基本特征,既有利于遏制大规模的、高能耗的生产和消费行为,又使工人能够直接参与生产和决策的过程而不至于缺乏知情同意权。如此一来,人们在"生产性闲暇"和"创造性劳动"中得到自由而全面地发展,自然的"返魅"和"审美"之维也同时被重新纳入社会实践的考量范围。

如果说生态学马克思主义对"控制自然"意识形态的批判旨在从改造技术理性出发使之朝着生态化方向发展,那么其在制度批判框架下反对生产高度集中、破除消费主义价值观念和提倡创造性劳动的理论主张,就为构筑一种对自然、人类及其子孙后代负责的技术价值观提供了良好的文化氛围。这彰显了他们基于责任伦理改造技术的想法及其对美好生活的向往,但脱离资本主义社会的基本矛盾去抽象地谈论变革现代技术形态的做法,又不可避免地使其存在有悖于社会发展和技术规律的嫌疑。

三 以社会正义为指向的技术发展观

技术发展观从线性模式到多向模式的转变是以 20 世纪六七十年

---

① 参见王雨辰《消费批判与人的解放——评西方生态学马克思主义对消费主义价值观的批判》,《哲学动态》2009 年第 1 期。

代为分水岭，前者强调技术的增长动力取决于业已存在的技术谱系之间的相互作用，后者则把社会选择看作决定科学技术发展方向的根本性力量。① 从历史唯物主义的观点看，无论技术决定论还是社会决定论在本质上都是一种极端的还原主义。马克思、恩格斯主张的是一种整体论的技术发展观，认为技术与社会之间既保持各自的相对独立性又存在双向的互动作用。一方面，社会需要作为驱动技术革新的内在动力形成了技术的社会支撑；另一方面，科学技术作为推动历史前进的有力杠杆构成了社会的技术支撑；两者的相互促进和协调发展使人和自然的解放成为可能。生态学马克思主义理论家在不同程度上秉承了这一思想，认为在不变革资本主义制度的前提下纯粹地谈论科学技术范式的转型发展显然是不现实的。基于此，他们强调从哲学价值观和社会制度两个方面把生态运动引向激进的社会革命，在经济增长、技术进步与环境保护的协同发展中形成新型的生态社会主义社会，现代技术范式也随之从追求"经济价值"的线性发展模式转向以"社会正义"为主导的综合发展模式。

第一，生态学马克思主义技术发展观的逻辑前提在于对解除生态威胁的市场方案和技术方案的批判性反思。关于市场方案，"绿色资本主义"的支持者坚称环境保护兼具经济效益和生态效益，认为资本主义市场经济特别是价格机制是处理环境问题的最优解。但实际上，这种把作为公共产品的自然资源商品化、资本化以及私人化的做法，对于全球生态治理来说收效甚微。因为资本家采取生态保护的策略组织生产不过是为了攫取更多的剩余价值，被贴上"生态健康""绿色""无污染"等标签的商品因更好地迎合了绿色消费意识，从而顺利地实现了它的交换价值，最终把高昂的环境成本以不断外化的方式转嫁给社会大众乃至第三世界国家。因此，福斯特对自然资源的市场

---

① 参见郑晓松《技术的社会塑形论的三重批判维度》，《自然辩证法研究》2012年第4期。

第四章 国外马克思主义技术批判理论的思想内核

化和商品化展开了尖锐批评,同时强调"在现存的经济体系中,最终可能被证明不具有实践性;因为,其中环境成本的外化是一种固有现实。然而,寻求立即关停燃煤发电厂,并用太阳能、风能和其他可再生能源取代它们,再加上通过社会发展优先次序而改变需求一方,这些更加根本的生态解决方案被既得利益集团视为完全不受欢迎"①。关于技术方案,"绿色资本主义"的支持者们则对依靠技术进步化解生态危机充满信心,指出完全没有必要对资本主义生产方式进行彻底变革。英国经济学家杰文斯以煤炭为例对上述言论表示反对,他认为技术革新使人们对煤炭等自然资源的利用效率提高,但资源的需求和消耗非但不会减少反而不断增加。为进一步说明这种情况,福斯特对美国汽车行业的技术革新与能源消耗总量之间的关系进行了深入探究。他明确强调:"到目前为止,杰文斯悖论仍然适用,那就是,由于技术本身(在现行生产方式)无助于我们摆脱环境的两难境况,并且这种境况随着社会经济规模的扩大而日益严重。"② 之所以如此,是因为当代资本主义只会发展那些有利于经济无限增长的科学技术,而那些即便是相对成熟的环保科技则会被弃之不顾。在资本裹挟下的现代技术体系,本质上是屈从现代工业体系的高级剥削形式,于是把一切不合理性变成了合理性,借此掩盖人与自然遭到沉重压迫的不争事实。所以生态学马克思主义理论家普遍认为,既然资本扩张的无限性与自然资源的有限性之间不可调和的矛盾内在地决定了资本主义的反生态性,那么在资本主义私有制下的市场经济和绿色技术,都不可能从根本上解决问题——它们只是在相当有限的范围内改善了极少部分人的生存环境。通过对以上两种方案的批判性反思,他们驳斥了囿于经济系统或工具系统讨论技术异化问题的做法,主张把现代技术置

---

① [美] 约翰·贝拉米·福斯特:《生态革命——与地球和平相处》,刘仁胜译,人民出版社 2015 年版,第 14 页。
② [美] 约翰·贝拉米·福斯特:《生态危机与资本主义》,耿建新、宋兴无译,上海译文出版社 2006 年版,第 96 页。

于当代资本主义社会的现实语境,考察它之于生态环境的"为善"抑或是"为恶"功能,强调在变革资本主义制度及其生产方式的前提下实现现代技术的生态转型。

第二,生态学马克思主义技术发展观提倡以"社会正义"为主导的可持续发展模式而斥责"唯 GDP 论"的线性发展模式。尽管没有从生产力与生产关系的辩证关系角度讨论生态问题,但生态学马克思主义始终把技术批判与制度批判结合起来分析技术异化及其社会后果。在他们看来,发达资本主义国家为维系其"高生产、高消费、高污染"的发展,必然要寻求与之相适应的现代技术范式:在福特制主导下高度集中化和规模化的现代科技体系。"唯 GDP 论"的资本主义发展模式把世界推向积重难返的全球性生态危机,也将科学技术及其社会应用的诸多弊端公之于众,在客观上为科学技术从"以物为本"到"以人为本"原则的更替提供了发展契机。基于"社会正义或它在全球范围内的日益缺乏是所有环境问题中最为紧迫"①的普遍共识,生态学马克思主义理论家主张引入"环境正义"的范畴,重构人与自然、他人以及自身之间的关系,建立一个有利于人与自然协同发展的生态社会主义社会。这样不仅从哲学价值观层面上扭转了技术的功利主义价值取向,而且从制度层面上化解了技术线性发展模式的悖谬,其中资本主义制度及其生产方式的变革起着至关重要的作用。佩珀对此深表赞同,他主张把社会正义推进生态学领域,并明确地表示:"如果我们想改变社会以及社会—自然之间的关系,我们就必须寻求不仅在人们思想中——他们的见解或哲学观,即他们的'社会意识形态',而且也在他们的物质与经济生活中的改变。"②从生态政治学批判的理论视域出发,他还剖析了欧美国家与第三世界国家、发达

---

① [英]戴维·佩珀:《生态社会主义:从深生态学到社会正义》,刘颖译,山东大学出版社 2005 年版,第 2 页。
② [英]戴维·佩珀:《生态社会主义:从深生态学到社会正义》,刘颖译,山东大学出版社 2005 年版,第 101 页。

第四章 国外马克思主义技术批判理论的思想内核

地区与落后地区、强势群体与弱势群体之间在享有环境权利和承担相应义务方面的不对等现象及其成因。在此基础上,佩珀提出以"红"与"绿"的联盟变革资本主义制度的理论主张,一方面实行生产资料公有制以避免自然的资本化,另一方面则是发展与自由、平等、民主等政治目标相容的新技术,使人与自然的异化关系在集体控制中得以修复。奥康纳进一步指出,资本主义生产的高度社会化使强调社会交换关系的"分配性正义"缺乏现实性,因而超越资本逻辑的关键在于实现"生产性正义"。只有寄希望于"能够使消极外化物最少化、使积极外化物最大化的劳动过程和劳动产品(具体劳动和使用价值)"[①],才能从根本上破解资本主义"先污染、后治理"的发展逻辑,并为寻求具有生态学和人类学指向的替代性技术提供社会动力。科威尔同样反对脱离资本主义制度框架,他主张利用技术创新化解人与自然之间的矛盾,通过把价值批判与政治运动有机地结合起来,摒弃"以商品为中心"的资本主义生产体系,从而建立"以生态为中心"的社会,促使科技活动遵循生态修复和生态再造的原则。在20世纪90年代以后,生态学马克思主义理论家开始着眼人类的共同命运重新审视全球性问题,不仅深刻地认识到发达资本主义国家利用其在国际秩序中的主导地位,通过"空间转移"策略让发展中国家"吃下污染",而且主张把"地方性行动"与"全球性行动"结合起来,实现发展中国家在全球生态共治中经济发展与环境保护的双赢局面。

第三,生态学马克思主义技术发展观强调在建构生态社会主义社会的前提下大力发展更符合人类整体利益的生态技术。对于如何解决资本主义生态危机及其全球化趋势的问题,生态学马克思主义理论家认为关键在于变革资本主义制度及其生产方式,建立一个生态和谐、

---

① [美]詹姆斯·奥康纳:《自然的理由》,唐正东、臧佩洪译,南京大学出版社2003年版,第538页。

社会公正的生态社会主义社会。在他们看来,无论是单纯重塑生态价值观的德治主义,还是依赖专家系统的技治主义,都只能在一定程度上缓和人与自然之间的冲突。莱斯和阿格尔侧重于从社会结构出发讨论科学技术形式的改变,主张推行"稳态经济"的增长模式以及与之相适应的小规模技术。论及社会发展模式问题,他们反复强调:"通过使现代生活分散化和非官僚化,我们就可以保护环境的不受破坏的完整性(限制工业增长),而且在这一过程中我们可以从性质上改变发达资本主义社会的主要社会、经济、政治制度。"① 这是由于分散化的技术形式具有简易性、小规模、低成本、易取性等优势,且更倾向于选择使用风能、水力、太阳能等可再生资源,有利于扭转技术被政府或大企业垄断的局面,推动社会朝着人性化和民主化的方向发展。尽管有计划地缩减生产规模和选择"小技术"降低了自然资源的消耗和浪费,分散化的管理体制也使人们直接参与生产和决策的过程中,但却在很大程度上限制了经济的增长速度,以至于在谋求发展的现实面前显得苍白无力。法国生态学马克思主义理论家高兹则更注重科学技术选择之于社会转型的重大意义,强调社会性质往往是同科学技术具有逻辑上的一致性,倘若"没有技术的改造,社会转型将是一种形式和幻想。……国家的体制和结构在很大程度上是由自然条件和技术的分量决定的"②。基于此,他把科学技术具体区分为资本主义独裁式的"硬技术"和社会主义民主式的"软技术",认为它们分别表征着以经济理性和生态理性为内核的生产和生活方式。具体而言,前者推崇"利益优先""效率至上""越多越好"的信条,其社会应用导致对日常生活的殖民、过剩人口的奴役、自然资源的浪费等一系列新问题;后者提倡"更少但更好"的理念,旨在以耗费较少的人力和物力来满足人们的基本生活需要,主张以非异化劳动为中介

---

① [加]本·阿格尔:《西方马克思主义概论》,慎之等译,中国人民大学出版社1991年版,第499—500页。
② André Gorz, *Ecology as Politics*, Boston: South End Press, 1980, p. 19.

第四章 国外马克思主义技术批判理论的思想内核

重建人与自然的和谐关系。所以高兹认为,要改变工人阶级和自然环境受剥削和压迫的悲惨处境,就必须实现社会和工具的同步改变。"软技术"是以人的解放为目标,因为它非但不会像资本主义性质的技术那样污染自然和压抑人性,反而有助于实现社会的生态社会主义转型。只是高兹过分期待不同技术模式所引发的社会质变,使其技术批判具有"科技决定论"的倾向。由此可见,生态学马克思主义从生态政治批判的视角思考技术的合理性问题及其伦理指向的做法,既不是抽象地谈论科学技术的范式转换问题,也不是具体地剖析科学技术应用的过程,而是旨在建构一个以社会正义为主导的生态社会主义社会,在此基础上促成技术的生态化、人性化和民主化转向。

归结起来,生态学马克思主义理论家是在对西方绿色理论的全面清算中反思资本主义的生态危机,指认技术的资本主义使用是造成环境问题的始作俑者,他们把哲学价值观和社会制度的双重变革看作消弭这一问题的根本出路。也正是在对技术非理性运用的资本主义批判的同时汲取了现代生态学的最新理论成果,生态学马克思主义理论家逐渐形成了以生态理性为核心的技术价值观和以社会正义为导向的技术发展观。前者表明他们反对资本主义的技术体系对自然和需求的控制而主张树立劳动幸福观的价值立场,后者展现了其反对资本主义"以物为本"的线性增长模式而主张生态社会主义社会所秉承的"以人为本"的协同发展路径,两者之间的相互影响和相互作用共同构成了当代社会转型发展的技术性支撑。虽然他们在不同程度上都偏离了历史唯物主义立场,但这些理论观点对于我们正确把握技术进步与生态保护之间的关系,大力推进社会主义生态文明建设仍有着重要的借鉴意义。

第五章 国外马克思主义技术批判理论的当代发展*

自20世纪八九十年代以来，发达资本主义国家在新自由主义和信息革命的推波助澜下朝着全球化、数字化和高速化的方向发展，西方学者从各自的理论视角出发对这一新变化作出了不同诊断，如贝尔的"后工业社会"、鲍德里亚的"消费社会"、卡斯特的"网络社会"以及维利里奥的"速度帝国"。但不论是从何种意义上解读当代资本主义的新动向及其发展趋势，都始终无法离开现代技术的发展及其社会应用，正如美国后现代哲学家大卫·格里芬所言，"在人类历史上，似乎还没有一种力量更能影响我们的社会生活和社会进程了，事实上，不管技术从何而来，又流向何方，今天人类所有的问题似乎都在这里聚集起来"①。与传统工业技术一样，以信息技术为核心的高技术群在西方社会的广泛应用极大地提高了社会生产力，但同时也造成了技术代码垄断、媒介文化泛滥、速度暴政等一系列新的异化现象，在不同程度上溢出了经典西方马克思主义技术批判的理论边界。当代国外马克思主义理论家在继承和深化"技术—社会"批判传统的同时广泛汲取社会建构主义、符号消费主义、社会加速主义等思想，从多

---

* 本章部分内容曾在下列期刊发表：张星萍：《当代国外马克思主义技术理性批判三重视域及其理论反思》，《湖北社会科学》2024年第11期。

① ［美］大卫·格里芬：《后现代科学：科学魅力的再现》，马季方译，中央编译出版社1995年版，第7页。

元的、微观的、边缘的视角展开对现代技术的激进批判,形成以技术代码批判、媒介技术批判以及加速技术批判为理论典范的多元化发展格局。

第一节 基于社会建构主义的技术代码批判思想

当代美国社会学家彼得·伯格和托马斯·卢克曼在合著的《现实的社会建构》一书中明确使用"社会建构"这一范畴,厘清"知识社会学是对'现实'的社会建构过程的分析"①的核心要旨,由此引发了人们对于人与社会之间相互建构过程的诸多思考。作为一种新的学术思潮,社会建构主义在20世纪80年代之后迅速在人文社会科学领域中流行起来。它在欧美国家的兴盛促成了技术哲学研究的"经验转向",既突破经典技术哲学本质主义的理论范式,又为当代技术哲学研究提供了更广阔的理论视野。法兰克福学派第三代领军人物芬伯格在这一思潮的启发下,把批判理论与知识社会学结合起来,提出以"激进民主"为价值诉求的技术民主化理论,使国外马克思主义技术批判理论实现了从"批判"到"建构"的逻辑转换,同时呈现技术乐观主义的基调。对此,荷兰学者汉斯·阿切特胡斯给予高度评价,他认为"从早期严格的、单一化的经典技术哲学视角转变为经验上更为协调、理论上更为精致的当代视角,没有人比芬伯格更为鲜明了"②。

一 对本质主义技术观的接受和拒斥

芬伯格对技术议题的关注绝非偶然,而是与他丰富的人生经验和学

---

① Peter Berger, Thomas Luckmann, *The Social Construction of Reality: A Treatise in the Sociology of Knowledge*, New York: Anchor Books, 1967, p. 3.
② Don Ihde, *Postphenomenology Essays in the Postmodern Context*, Evanston: Northwestern University Press, 1995, p. 1.

术背景有着密切的联系。他在跟随马尔库塞、戈德曼等西方马克思主义理论家学习时,见证了法国"五月风暴"和东欧剧变的失败,加之后来受邀开发在线教育程序的实践经验,促使技术问题成为贯穿其学术生涯的主线。作为20世纪美国最具影响的技术哲学家之一,阿尔伯特·伯格曼在其代表性著作《技术和现代生活的特征》中,把以往的技术理论概括为技术的工具理论和实体理论两种形式。① 芬伯格通过借鉴上述分类方法,对传统技术理论展开批判性反思,并且指出二者尽管表征着人类对技术所持有的乐观主义或悲观主义态度,但都不自觉地滑向了对技术的本质主义限定。因此,他认为技术批判的首要任务就在于对传统技术理论进行全面的清算。

首先,芬伯格分析了技术的工具论和实体论及其在经典西方马克思主义理论图谱中的意见分歧。工具论是建立在常识基础上的一种最广为接受的技术观,主张技术本身并不负载任何社会价值而是用来服务使用者不同目的或需要的工具系统。在芬伯格看来,工具理论所秉持的中立性观念至少暗含以下四种观点:一是作为纯粹的工具手段,技术与它所要实现的目标及其负荷的价值没有必然联系;二是技术活动不包含任何"政治性"的内容,它的功用性不因社会情境的转移而改变;三是技术的价值无涉取决于它的"理性"特征,也就是技术体现的不以人的意志为转移的真理普适性;四是技术的效率原则是衡量一切事物合理性的最高准则,尽管在一定程度上间接地受制于这些非技术的价值,如政治的、环境的、伦理的或宗教的观念②。实体论则有所不同,他们对技术的中立性观念予以坚决反对,认为技术作为负荷价值的相对独立实体是一种具有自主性的文化力量,并通过不断向日常生活领域的扩张而把整个社会重新构造成一个可控的对象。这表明现代社会的总体技术化塑造

---

① 参见 Albert Borgmann, *Technology and the Character of Contemporary Life*, Chicago: University of Chicago Press, 1984, p. 9.
② [美]安德鲁·芬伯格:《技术批判理论》,韩连庆、曹观法译,北京大学出版社 2005 年版,第 4—5 页。

第五章　国外马克思主义技术批判理论的当代发展

着人们的存在语境和生活方式。随着技术实体论的日益流行，越来越多的西方学者相信技术是不依赖于外物的独立存在。譬如，埃吕尔确证技术的自主性特征、海德格尔发出"技术已经变成了人类的天命"的悲叹、马尔库塞控诉技术法西斯主义的罪行。

关于上述技术观念，芬伯格认为法兰克福学派内部在技术本质论上的分歧就恰恰反映出二者的不同意见，主要体现在马尔库塞与哈贝马斯关于科学技术与意识形态之间关系的争论。马尔库塞主张一种"实体论"的技术观，认为技术作为一种新的控制形式把整个社会置于其统治逻辑之下，这种合理性在于以可计算性和高效率为主导原则消解社会的否定性和批判性向度，使当代资本主义成为一个高度一体化的极权主义社会。哈贝马斯则主张一种"工具论"的技术观，尽管他承认科学技术在晚期资本主义社会已经成了"第一位的生产力"，但并不是马尔库塞所认为的那样先验地具有特定的政治意图和阶级偏好，它在本质上是价值中立的，之所以具有意识形态性是因为"目的理性"对"交往理性"的遮蔽和侵扰。在这场标志着法兰克福学派重要历史转折的争论中，芬伯格无疑是站在马尔库塞的理论阵营。他旗帜鲜明地指出，哈贝马斯只是因为更好地适应这个渴望规训的时代而赢得了最终胜利，而他的老师"马尔库塞终究是正确的，他提出技术是受社会决定的，即使他不能富有成效地逐步展开他的深刻见解"[①]。

其次，芬伯格在科学历史主义和社会建构主义的启发下对传统技术理论进行批判性反思，在此基础上提出了独具特色的历史主义技术观。事实上，他对技术的工具论和实体论都感到不甚满意，认为它们虽然包含着一定的合理成分，但在本质上都只不过是一种本质主义技术观。这两种观点从不同角度强调了技术的本质属性而忽略了其社会性内容，一方面造成了对待技术"或接受或放弃"的简单化态度，另一方面彻底

---

① ［美］安德鲁·费恩伯格：《哈贝马斯或马尔库塞：两种类型的批判?》，朱春艳译，《马克思主义与现实》2005年第6期。

排除了技术转化和改造的可能性。因此，对本质主义技术观的批判和扬弃构成了芬伯格技术批判理论的逻辑起点。

第一，在本体论层面上主张技术在本质上是"待确定的"（underdetermined），而非某个固定不变的东西。无论工具论还是实在论都把"效率"视为技术的本体论承诺，因为倘若技术只是一种不掺杂任何价值因素的中立性"手段"，那么技术问题应关注的是其应用范围和社会功能而非指向社会的实质性内容；倘若技术只是一种不依赖于外部世界的自主性"文化意识形态"，那么我们或者将技术继续推向排除了一切想象和自由的"敌托邦"，或者直接退回到一种更原始的、朴素的、田园式的生活状态。如此一来，技术要么是与社会政治无关的纯粹工具，要么是相对独立的统治合理性，"效率"则成为蕴含其中不可改变的先天本质。就此而言，这种同人类社会历史相分离的技术合理性，实质上就是一种非历史的本质主义技术观，往往会导致人们对技术采取或盲目崇拜，或消极抵制的极端态度。芬伯格运用马克思的历史分析方法研究技术问题，指出技术的乐观主义和悲观主义态度都是不可取的，技术及其实践作为特定历史条件下的产物承载着包括伦理、政治、宗教等在内的社会价值。他强调，技术发展是一个具有多种可能方向和潜能的偶然性过程，"技术不是一种天命，而是斗争的舞台。技术是一个社会的战场，或者用一种更好的隐喻来说，把技术比作一个文明的替代形式互相竞争的'事态的议会'"①。这表明技术的本质规定性绝不是固定不变的，而是取决于它所处的社会情境，既包含普遍的效率原则也蕴含特定历史时期的具体内容，也正是在这个意义上确证了技术的"待确定"本质。

第二，在价值论层面上赞同技术实体理论的"价值负荷论"，反对技术工具理论的"价值中立论"。工具论者通常把技术视为与科学一样

---

① ［美］安德鲁·芬伯格：《技术批判理论》，韩连庆、曹观法译，北京大学出版社2005年版，第16页。

第五章 国外马克思主义技术批判理论的当代发展

具有普适性的客观真理,认为它的社会功能与政治、经济、文化等因素没有任何关系。芬伯格对此持相反意见,他强调技术不管在设计过程还是实践过程中都蕴含着特定的价值偏好,技术的中立形象实际上支持的是统治集团的政治目的与阶级利益。因此,现代技术既不是与社会价值无关,也不是对社会需求漠不关心的客体,而是包含道德规范、风俗习惯、审美标准等在内的文化意识形态之间相互缠斗的空间。他在《可选择的现代性》一书中具体阐明了技术与价值的关系问题,指认"各种技术都是有意义的客体",同时从常识的角度剖析了这一论断的两个基本含义:"第一,技术具有一种功能,而且大多数情况下它们的意义与这种功能相一致;第二,我们还是认识到使技术客体与其他独立于功能之外的社会生活方面相联系的各种'内涵'的影子。"[①] 为此,他还考察了西方社会普遍存在的各种形式偏见,大致可分为两种情形:一是以监视系统为例说明技术结构的设计是为特定的社会群体服务的(构成性偏见),二是以数字鸿沟为例阐明技术实施的过程是以牺牲部分人的利益为代价的(实施性偏见)。从中不难看出,现代技术不论处于设计研发阶段还是社会应用阶段,都不可避免地印刻上了历史的印记和身份的特征,只有考虑到尽可能多的"参与者的利益",才能确保技术的合理化发展。

第三,在方法论层面上综合实体理论和社会建构论的思想资源并提出"解释学的建构主义"(Hermeneutic Constructivism)。芬伯格认为,马尔库塞的"社会决定技术"观点具有一定的前瞻性,但他所持有的技术实体理论即使承认了社会因素对技术的影响,仍然停留在抽象的哲学思辨层面而缺乏对这一过程的具体性研究。所以,与其唯唯诺诺地蜷缩在技术的浪漫主义想象中,倒不如在新的历史条件下运用社会建构主义方法对技术进行分析和改造,从微观层面剖析社会因素是如何参与和

---

① [美]安德鲁·芬伯格:《可选择的现代性》,陆俊等译,中国社会科学出版社2003年版,第184页。

影响技术的生成过程。既然社会建构主义认为技术是社会建构的产物，那么就应将其置于更为广阔的社会领域加以研究。一般而言，社会建构论者利用系统论、行动者—网络理论等方法深入剖析社会因素，在何种意义上介入现代技术的形成过程并逐渐内化至技术结构，"尝试在经典的社会学变量、相关集团的典型'利益'以及由这些集团所支撑的知识内容之间，寻找因果变量"[①]。芬伯格肯定了社会建构论对人文主义技术研究的重要性，不过他并没有止步于科学知识社会学在技术问题上狭隘的经验性研究，主张用技术实体论的文化批判思想扩充建构论的实践向度——转化技术，通过对后者的政治学改造提出"解释学的建构论"的概念。这样不仅从经验层面揭示技术被社会建构的具体过程，而且从规范层面为技术的民主化发展提供了一个相对综合性的理论框架。

芬伯格融合经典西方马克思主义和社会建构主义的思想资源，在批判传统技术理论的前提下形成了历史主义技术观。一方面，他汲取实体论者重视技术文化特征的思想，具体剖析技术与社会的相互影响和塑造过程，特别是社会对技术形成的决定性作用，由此避免了工具理论在考察技术问题时的狭隘视野；另一方面，他又同技术工具论者一道反对实体理论的抽象性和悲观性，认为不能一味否定技术的合理性，更不能全然拒绝技术的发展，倡导以一种积极务实的态度把技术的文化研究与经验研究结合起来，使技术的民主化在实践上成为可能。

二 以"技术代码"为内核的工具化理论

为了解决本质主义和建构主义对技术本质看法的分歧，芬伯格提出包括初级工具化和次级工具化两个不同层面在内的"工具化理论"，从而形成了一种不同于传统技术观念的整体化技术理论框架。他认为

---

① [美]安德鲁·皮克林：《作为实践和文化的科学》，柯文、伊梅译，中国人民大学出版社2006年版，第2页。

第五章 国外马克思主义技术批判理论的当代发展

"工具化理论"实现了整合,既是历史主义技术观在本体论层面上的展现,又是重新审视后现代语境中技术实践的根本方法。作为技术批判理论体系的思想精髓,它的形成主要得益于对"技术代码"(technical code)概念的引入,芬伯格在此基础上阐明了现代技术如何重构当代资本主义社会及其合理性问题。

芬伯格提出"技术代码"的概念,在很大程度上受到马尔库塞和福柯的思想启发。他认为,这是指把技术的工具理性与价值理性、技术规定与社会规定、技术设计与社会需求之间聚合起来的一般性标准,其基本特征表现为编码的先验性、标准的稳定性、构成的多元化和参数的变动性。更确切地说,"技术代码"是一个标识着技术社会建构特性的理论范畴,具有以下三层含义。

一是"技术代码"作为一种规则,通常用来解释技术的内部结构及其社会功能。这表明技术从一开始就不是中立的,而是预设了某种允许或禁止的活动范围和行为方式,其特殊的政治意图和价值偏好又伴随技术的广泛应用而被内嵌于日常生活领域,以一种不易觉察的隐秘方式规定着人们的言行举止和社会的主流价值。也就是说,技术设计的过程实际上是对技术规范与社会需求之间一致性的生动刻画,就像芬伯格所说的那样,"一套技术代码就是一套标准,它能够根据社会目标挑选各种可行的技术设计,还能够在设计中实现社会目标"[①]。

二是"技术代码"作为一种文化,总是在某种程度上倾向于占据统治地位的社会行动者的价值选择。尽管技术代码的形成是不同利益集团之间相互斗争和妥协的产物,但它最终所确立的技术形态和社会标准具有相对稳定的、普遍的、文化上的意义,且体现了特定历史时期居于支配地位的技术参与主体的利益。就此而言,技术的设计不只遵从技术自身的发展规律,更服从外在于技术系统的统治合理性,由此生成的技

---

① [美]安德鲁·芬伯格:《在理性与经验之间:论技术与现代性》,高海青译,金城出版社2015年版,第76页。

术代码也就悄无声息地"在规则和程序、装置和人工物中沉淀了价值和利益,这些价值和利益使人们通过一种占主导地位的霸权使对权力的利益的追逐规范化"①。

三是"技术代码"作为一种权力,在"规则"和"文化"联合的引申意义上被界定为"霸权"。技术装置的运行规则展现了社会权力关系,因为技术代码作为效率和众多利益相协调的标准是占支配地位的参与者依据自身的利益来设计和实施的,通过压制其他的技术潜能维护统治阶级的霸权地位。不仅如此,技术的形式偏见总是以"进步"和"自由"的副作用出现,以至于它难以被精准地识别出来,如计算机技术在普及过程中产生的数字鸿沟会造成新的社会不平等问题,人们在对新技术和新生活方式的盲目追求中遗忘了其固有的政治意义。所以,芬伯格把资本主义的技术代码称为"操作自主性",他强调资产阶级因掌控技术代码的话语权而使其从传统规则和家庭限制中解放出来,并借助这种自上而下的技术系统达成全面控制社会的目的。

"技术代码"范畴构成了芬伯格技术批判思想体系的基石,不仅有利于克服传统技术理论对技术本质的狭隘理解,而且表明技术是由效率标准和社会利益所"待确定的"双层结构体系。为进一步阐释技术的建构过程及其负载的社会意义,他在整合技术本质论和社会建构论的基础上建构了"工具化理论",指认既然技术的合理性介于技术层面与意识形态之间,那么必须把技术问题置于具有两个层次的总体性框架中加以详细考察,如此才能使技术图景作为一个有机的整体而被清晰地呈现出来。

其一,"初级工具化"作为工具化理论的第一个层次,旨在揭示不同历史时期技术主体和技术客体的功能性构成,强调技术作为载具所共有的自主性特征。这实质上是从静态视角剖析技术的自然属性和效用结

---

① Andrew Feenberg, *Transforming Technology*, New York: Oxford University Press, 2002, p. 15.

构，西方技术哲学家大多都停留在这个层面。芬伯格在借鉴海德格尔技术实体理论和哈贝马斯媒介理论的基础上，揭示了技术实践是通过"去情境化—简化法—自主化—定位化"的基本环节实现初级工具化过程的。一是"去情境化"或"去世界化"，指技术客体与它的生成背景相分离。这表明要把自然物构造成技术物，必须人为地使前者从它最初产生的直接情境中剥离出来，继而在对自然物效用评估的基础上将其重新整合到特定的技术系统中去。二是"简化法"或"还原论"，指技术客体的第一性质与第二性质相分离。前者表示事物本身具有的形状、重量、颜色等自然属性，后者则表示事物所关涉的伦理学的、美学的和文化价值等社会属性。技术客体在上述两个方面的分离实则意味着事物被去情境化后进一步地被简化或还原为它的有用性，因为"每种基本的材料都可以进一步分解为更基本的材料，直至我们达到基本的去情境化和简化的要素，所有技术都开始于这些可用性要素（affordance）"[①]。三是"自主化"或"自组织"，指技术行为的主体与客体相分离。尽可能地把技术行为的主体方面从其对技术客体的直接影响中抽离，使技术活动成为一个不受技术主体反馈回路所干扰的相对自主化过程。例如，"汽车司机可以开到很高的速度，但却只承受很小的压力和震动；射击手开枪时只承受枪击对他的肩膀所造成的很小的反击力"[②]。四是"定位化"，指技术主体利用客体的发展规律来驾驭或控制技术对象以实现特定的目的，同时主体也借此在战略上处于相较客体而言的主导性地位。技术内在规律的客观性决定了它只能为技术行为的主体所利用而无法被任意更改，只有服从这些规则才有可能使自身利益最大化，就像航海的水手通过掌握风向的规律来确定行驶方向并顺利抵达终点。由此可见，技术客体在去情境化和简单化的过程中彰显其有用性和功能性，而

---

① ［美］安德鲁·芬伯格：《从技术批判理论到合理性的理性批判》，高海青译，《哲学分析》2010 年第 2 期。
② ［美］安德鲁·芬伯格：《技术批判理论》，韩连庆、曹观法译，北京大学出版社 2005 年版，第 227 页。

技术主体则是从客体中抽离出来并顺应其发展趋势以实现自身的目的。但技术的"初级工具化"只是从自然属性方面呈现了纯粹的技术关系,要使其进入现实的技术系统,就必须在第二个层次上展开技术实践。

其二,"次级工具化"作为工具化理论的第二个层次,关注的是技术主体和技术客体在现有社会网络和技术装备中的实现问题,强调技术作为非中立的社会产物所具有的文化特征。芬伯格认为,技术的次级工具化就是技术的再情境化和现实化,实际上是初级工具化以代码的形式被秘密地植入社会意义的过程,这不仅展现了沉淀于技术体系的道德、审美、文化等社会价值,而且促成技术的"对象和情境、第一性质和第二性质、主体和对象、领导层和群体的重新融合"①。至于技术如何实现从工具化层面到现实化层面的跃迁,芬伯格认为这一建构过程包括了与"初级工具化"相对应的四个环节。具体来说,一是去情境化的技术对象与技术客体、技术主体以及自然环境相结合的"系统化"过程。这些要素之间彼此协调并被重新组织和整合到社会环境中,从而更好地适应多元化的现实需要。换言之,技术对象的系统化有利于弥补其在去世界化过程中因割裂技术与社会之间的偶然性联系所造成的破坏性后果,只不过当代资本主义利用"以系统为中心的设计"战略抑制了蕴藏其中的激进潜能。二是依据特定的社会逻辑,把道德观念、审美特性和文化习俗等价值要素嵌入技术装置的"中介"过程。通过技术中介赋予被简化的技术客体"第二性质",使技术设计重新回到社会情境中。如若不然,技术必将因工具理性与价值理性的分离而自食恶果,人的主体性丧失和全球性的生态危机便是最好的例证。三是技术客体的自主性在技术活动的"职业化"过程中被逐渐克服。一旦行为者把他所从事的技术实践看作一项有意义的事业,那么他就不再是被动地听命于技术规则,而是在两者的相互作用中使技术关系转化为社会关系。对于

---

① [美]安德鲁·芬伯格:《技术批判理论》,韩连庆、曹观法译,北京大学出版社2005年版,第230页。

第五章　国外马克思主义技术批判理论的当代发展

技术主体而言，在职业化过程中不仅认识到其作为生命客体与技术对象的紧密联系，还通过充分施展才能而在一定程度上抑制了"操作自主性"。四是从属于主体的技术对象并非全然按照预设的路线行进，而是"可以享有一定的策略上的自由活动"①，即"主动性"过程。既然技术系统本身包含着多种可能性，那么技术主体在参与设计和管理的同时也使其固有模式得以改变，为技术服务人类的整体利益规划了具有经验色彩的折中道路。

芬伯格从技术构成和社会建构的不同层次对文化情境中的技术进行全面审视，通过揭示技术"待确定的"特性提出了一种历史主义技术观。基于工具化理论的总体框架，他洞悉了当代资本主义技术霸权及其社会后果，指明技术的初级工具化因使其彻底脱离了它的原初情境而变得愈发独立，因割裂了它与自然的或社会的联系而带来了一系列负面影响，使现有技术系统的"重新设计"成为迫在眉睫的事情。技术的次级工具化过程则恰恰相反，它把面向现实的技术关系整合到自然环境和人类社会中，在不同社会利益集团的相互作用中促成技术的民主化，从而构建了不同于本质主义的技术整体论。

三　践行技术民主化的微政治学进路

面对当代资本主义通过掌控技术代码的话语权强化其政治权威的社会现实，芬伯格极力反对传统技术批判思想的本质主义技术观，尤其是对哈贝马斯把技术问题限定在游离于生活世界之外的工具系统的看法感到强烈不满。在他看来，技术作为一种可选择的、可塑造的社会建构过程，"不仅展现了它们所构成的独特的世界所固有的可能性，而且还展现了与它们能够被改造成为之服务的其他世界相应的变化可能性"②，

---

① ［美］安德鲁·芬伯格：《技术批判理论》，韩连庆、曹观法译，北京大学出版社2005年版，第224页。
② ［美］安德鲁·芬伯格：《可选择的现代性》，陆俊等译，中国社会科学出版社2003年版，第43页。

必须对它置身其中的社会整体文化环境予以考察才能正确把握其本质内涵。他还指出，马尔库塞的技术统治论即便是看到了技术的政治意向，但因过于强调技术的意识形态性而忽视其民主潜能，只能诉诸悲情的大拒绝策略以实现自我救赎。由此可见，芬伯格既没有一味地崇拜技术，也没有彻底地抛弃技术，而是力图在对社会建构主义和后现代主义的理论融通中，找到一条超越乌托邦和敌托邦的技术民主化之路。

第一，技术民主化理论建基于"民主的理性化"思想，主张在技术的代码设计和使用过程中重构技术体系，为技术的民主化发展提供了一种理论可能。芬伯格认为，当代资本主义的独特性在于它通过工业技术设计所形成的"操作自主性"（operational autonomy）及其再生产过程确证其统治合理性，以资本为导向的技术设计除了追求效率，从来"不考虑外在因素、通常的惯例、工人的嗜好或抉择对工人家庭的影响"①。资本家之所以取得了对生产的绝对支配权，主要是凭借控制劳动程序、规范劳动主体、增加社会福利等一系列微观操作，把劳动人民变成需要被管理的"去技能化"从属者。为了打破当代资本主义对社会的技术性统治，芬伯格把技术批判主义与社会建构主义的方法结合起来对理性加以修正和改造，指出技术行为主体在能动地介入技术设计和使用过程中，使技术合理性的内容从"效率至上"拓展至社会意义，尤其是弱势群体的价值诉求也被纳入其中，从而形成对现有社会主导性技术秩序的挑战。在这个意义上，他把理性的多元化发展称为"颠覆的理性化"或"民主的理性化"，强调从技术系统内部反抗精英阶层知识垄断的民主理性，是"始于技术本身的结果，始于围绕技术媒介而推动大众的各种方式（如公众协商——引者注）"②。在《质问技术》一书中，他将民主理性的基本特征概括为：

---

① ［美］安德鲁·芬伯格：《技术批判理论》，韩连庆、曹观法译，北京大学出版社2005年版，第91页。
② Anderw Feenberg, *Questioning Technology*, New York: Routledge, 1999, p. 105.

(1) 具有预见性而非保守性，开启了一种可能的未来而不是保护传统的价值观免遭技术的破坏；(2) 代表一个更大范围的价值关注而非"家庭的道德经济学"，包括人权、身心健康、环境保护、工作质量等方面；(3) 涉及创新的交往策略，有必要使公众问题成为技术统治论的社会中关注的主题。① 这就是说，"民主的理性化"绝不局限于技术自身的改造，还十分注重技术设计的社会相关性及其对技术霸权秩序的破坏性作用，至此技术合理化问题从抽象的思辨哲学领域被引向微观的民主政治学议程。

第二，践行技术民主化的关键在于技术主体的参与，通过多元主体的深度介入把不同价值诉求内嵌于社会系统，在技术与社会的相互制约和协同发展中实现质变，使公众免于被负荷统治阶层利益的技术体系所钳制。在芬伯格看来，我们生活的技术环境是以"软机器"方式形塑而成的松散社会结构，只有采取一种渐进式的微观技术政治学策略而非大规模的技术暴动，才有可能使公众成为自觉的社会行动者。就此而言，必须尽可能地扩大技术主体的范围、培育技术主体的科学素养和构筑公共领域的责任文化，使技术行为主体实现从知识精英向边缘群体的延伸，把他们的意见、态度、利益等具有普遍性的价值诉求纳入现有技术体系的过程，实质上"意味着赋予那些缺乏财政、文化或政治资本的人们接近设计过程的权力"②。然而，社会大众尤其是弱势群体究竟该如何参与技术设计以发掘其新的发展方向呢？芬伯格结合环保运动、医学实验、可视图文技术等实证性研究提出了三种方式——技术争论、创新对话和参与设计、创造性的再利用。以医学技术系统为例，他认为传统医学机制总是把患者视为配合医生治疗的样本，正因为患者被排除在技术系统之外，故而别指望其意见表达、实践自由和人格尊严能够得到有效保障了！但近二十年来美国的艾滋病患者越来越多地参与医学实

---

① Anderw Feenberg, *Questioning Technology*, New York: Routledge, 1999, p. 108.
② [美] 安德鲁·芬伯格：《可选择的现代性》，陆俊等译，中国社会科学出版社 2003 年版，第 8 页。

验过程,他们通过对标准化治疗的有组织抵抗来为患者争取公民权利。这些自下而上的抗议活动,迫使实验医学在技术设计时把认识论、技术规则以及伦理关怀等要素都纳入考量的范围,在很大程度上弥补了医生主导治疗的惯例对患者之间共享利益的忽视,围绕着互动式实验性治疗而建立的社会网络同样打破了过去沉迷于技术进步的医学建制。可见,基于特定情境的技术设计或建构环节走向民主化的关键节点在于公众的参与及其与专家之间的创新性对话,只不过芬伯格给出的逆转"技术统治论"策略是高度依赖公众参与的局部的、暂时的、多元化的政治运动,这同大多数西方马克思主义者如出一辙,最终退回到了主体性革命的立场。

第三,践行技术民主化的目标是推进以技术为中介的制度民主化,致力于在技术的民主化转变过程中走向有利于专家与公众、技术与社会、人类与自然之间协同发展的社会主义文明。在论及技术与现代性之间的关系问题时,芬伯格以一种审慎而乐观的态度表示技术的社会建构特性使可选择的现代性在其实践向度上成为可能,因为"技术很大程度上是一种文化的产物,因此任何给定的技术秩序都是一个朝向不同方向发展的潜在的出发点,但到底向哪个方向发展则要取决于塑造这种技术秩序的文化环境"①。很显然,实现从技术的民主化向可选择的现代性的跨越,仅靠单方面地改造技术是不现实的。基于当代资本主义的一切社会关系都为技术所中介的判定,芬伯格指出资本主义技术体系与它所在的社会政治生活一样有着严密的科层体系,只有在更民主、公平和自由的社会主义模式下,才能确保参与技术设计的公众成为道德和政治的主体,使之具有相对于技术系统而言的独立意义,在自觉的技术活动中推动社会朝着民主化的方向发展。基于此,他提出"技术代议制",其所反映的不同社会集团权力关系的合理分配,是向社会主义过渡的重

---

① [美]安德鲁·芬伯格:《技术批判理论》,韩连庆、曹观法译,北京大学出版社2005年版,第165页。

第五章　国外马克思主义技术批判理论的当代发展

要环节。作为技术外行的公众面对日益复杂化的现代技术体系往往感到束手无策，他们对新技术的理解程度有限以至无法真正参与设计过程。如果宣称每个人都参与政治决策的直接民主形式，那么就会在实践中走向它的对立面。为了避免民主代议制流于形式主义的通病，芬伯格强调"技术代议制"应当把民主制拓展至技术领域，以理性改造的方式实现主体的切身利益，而"一个未能代表包含在编码中的利益的专家在技术上也将会是一个失败者"①，只有选举出部分代表社会共同利益的人直接参与决策才更为妥当。随之而来的是知识体制的变革，从前为技术专家所垄断的知识向全社会开放，劳动者与知识相结合的深度和广度都得到了极大改善，政治的民主化程度也因技术代理人对知识含量更高的技术领域的有效理解而不断提高。不论实行技术代议制还是变革知识体制，芬伯格都转而向少数技术精英求助，认为他们在技术代码系统中拥有更多的话语权和更大的影响力，而仅依靠专家的同情心和公众的责任感的解决方案显然是不可取的。事实上，芬伯格技术批判理论指向的是一种不同于工业文明的社会主义新形态，但因"离开了对社会关系内在矛盾的具体的、历史的分析"，企图通过"局部运动实现技术民主化进而推进社会变革"，最终又陷入经典西方马克思主义文化革命的泥淖。②

芬伯格的技术批判思想既是技术哲学经验转向的理论典范，又是对资本主义技术统治论的现实回响。他通过整合法兰克福学派、社会建构主义和后现代主义等思想资源，在本体论上主张一种非中立的历史主义技术观，把技术问题置于工具化理论的总体性框架中进行规范性研究和描述性研究，不仅提出以技术代码为核心范畴的工具化理论框架，而且从中找到了实现技术与社会协同发展的民主化道路。虽然在很大程度上受到经典西方马克思主义特别是马尔库塞的影响，但他

---

① Anderw Feenberg, *Questioning Technology*, New York: Routledge, 1999, p. 142.
② 王华英：《芬伯格技术批判理论的深度解读》，上海交通大学出版社 2012 年版，第 184 页。

深入技术系统内部展开的代码批判和民主化重建,一方面使技术批判理论实现了从"批判"向"建构"的逻辑转换,更多地呈现乐观主义的理论基调;另一方面改造理性归根结底是一种基于责任文化的、自下而上的、局部性的激进运动,秉承从技术民主潜能走向社会主义文明的思想路线。

第二节 基于符号消费主义的媒介技术批判思想

如果说早期资本主义是一个由工业生产体系主导的"生产型社会",那么晚期资本主义就是一个由符号文化体系主导的"消费型社会",尤其是伴随着电子与通信技术的广泛应用,西方社会进入了一个全新的阶段,即从物的消费到符号消费。然而,人们非但没有真正实现政治解放,反而深陷光怪陆离的符号中无法自拔,故而媒介技术批判被纳入国外马克思主义文化研究的问题域,并逐渐形成了与美国经验主义传播研究分足鼎立的媒介批判理论范式。[①] 总体而言,根植于马克思主义批判传统的媒介批判理论存在两个研究路向:一是法兰克福学派的批判理论,从否定意义上批判媒介技术的统治功能及其对人的感性系统的麻痹和压抑;二是伯明翰学派的文化研究,从肯定意义上揭示媒介技术的抗争功能,以及它在同社会的双向互动中凸显的人的主体性地位。循此足迹,媒介技术批判在与后现代主义的交融过程中演变成"最为多元化和异端的一代",如鲍德里亚的"超真实"批判、凯尔纳的"技术资本主义"、布尔迪厄的场域理论。他们基于不同理论立场探究现代媒介技术是如何在消费社会中被运用和展开的,尽管形式上的文化激进主张掩盖了政治上的保守态度,但有助于我们从新的视角透视晚期资本主

---

① 当代西方媒介批判理论以国别和研究方法为依据分为四大谱系,具体包括:以法兰克福学派为主的德国谱系,以巴特、德里达和鲍德里亚等人为代表的法国谱系,以英国文化研究学派为主的英国谱系,以加拿大多伦多传播学派和纽约学派为代表的北美谱系。

义的本质特征及其发展趋向。

一 消费社会的符号化及其再生产逻辑

当代资本主义生产方式从"泰罗制"转向"福特制",一方面在为社会提供源源不断的标准化产品的同时造成了市场的相对饱和,在客观上要求刺激人们的消费欲望以避免社会经济链条的被迫中断;另一方面流水线生产模式最大限度地榨取劳动者的剩余价值,尤其是信息革命的到来打破了工作和生活的界限,以更为隐晦的方式增加了劳动强度,在主观上促使人们投身消费活动以获取片刻的愉悦和自由。因此,"消费"在晚期资本主义社会中的主导性地位日益显现,并一跃成为维系现代资本主义体系稳定性的一种有效策略,人们在对物的象征意义而非功能层面的消费活动中塑造了现代社会的独特景观。

实际上,马克思早在《〈政治经济学批判〉导言》中就从一般意义上对生产与消费的辩证关系作出了清晰的理论阐释。他认为,生产和消费是资本主义再生产过程中的两个重要环节,两者表现为作用与反作用的关系——前者内在地规定了消费的对象、方式和目的,在整个环节中起决定性作用;后者则是不断创造出新的生产需要。正因为马克思强调消费活动在本质上服从于生产逻辑,所以他清醒地认识到资本主义宣扬的公平和自由只是少部分人的消费自由和人格尊严。不过他没有对消费的具体过程、基本特征、社会效应等问题进行仔细探究,这就为西方马克思主义消费批判理论留下了有待开垦的思想领地。他们基于文化研究范式控诉了消费异化带来的一系列社会负效应,鲍德里亚的符号政治经济学批判理论则将这一范式推向了极点。在他看来,晚期资本主义社会得以正常运转的关键在于需求和符号的结构性控制,"在我们的周围,存在着一种由不断增长的物、服务和物质财富所构成的惊人的消费和丰盛现象。它构成了人类自然环境中的一种根本变化。恰当地说,富裕的人们不再像过去那样受到人的包围，而是受到物（OBJETS）的包围"①。基于此，他指出必须从个人行为进入社会关系层面展开消费异化批判，厘清作为"一种符号的系统化操控活动"的消费赋予当代资本主义的基本特征。

一是从"物的消费"转向"符号消费"的生活方式。从马克思主义政治经济学的观点看，消费包括"生产的消费"和"消费的生产"两方面的内容，前者作为一种否定性存在指向生产过程中人（指体力和脑力的劳动）与物（指原材料、机器、厂房等生产资料）的消耗，后者作为一种肯定性存在指向消费过程中人的本质的自我确证和商品使用价值的实现。在资本主义自由竞争时期，人们的消费活动主要是为了满足吃、穿、住、行、用等基本需要，商品的功能性和实用性成为审视消费合理性的重要标尺。随着发达资本主义国家相继步入以物质丰裕为特征的消费社会，生产与消费之间的关系则被颠倒过来了，消费的符号化征候标识当前最时髦的生活方式。正因如此，鲍德里亚就断言"消费是一个系统，它维护着符号秩序和组织完整：因此它既是一种道德（一种理想价值体系），也是一种沟通体系、一种交换结构"②。这种从"消耗"转向"交流体系"的消费活动，实则表明现代人对物的符号性追求远胜于功能性需求。譬如，人们对奢侈品的青睐，更多的是通过对象征着财富、权力、名誉、品位、情趣、个性的商品符号的占有来获得社会身份和地位的认同感。对此，美国经济学家凡勃伦在《有闲阶级论——关于制度的经济研究》中这样写道："要获得尊荣并保持尊荣，仅仅保有财富或权力还是远远不够的，有了财富或权力还必须能够提供证明，因为尊荣只是通过这样的证明得来的。"③"炫耀性消费"不是注重实体性的物质消费，而是

---

① ［法］让·鲍德里亚：《消费社会》，刘成富、全志钢译，南京大学出版社 2014 年版，第 1 页。
② ［法］让·鲍德里亚：《消费社会》，刘成富、全志钢译，南京大学出版社 2014 年版，第 60 页。
③ ［美］凡勃伦：《有闲阶级论——关于制度的经济研究》，蔡受百译，商务印书馆 1964 年版，第 31 页。

第五章 国外马克思主义技术批判理论的当代发展

在符号化的意义消费过程中表达特有的生活方式。它作为一种积极主动的介入模式对社会阶层进行重新划分，使日常生活在符号的狂欢中呈现出一片颓败荒凉的景象。而资产阶级正是通过符号消费来彰显其在物质生活上的优越感和虚荣心，由此不仅构成了社会财富最易辨识的维度，而且发挥着提高社会声誉的效用。

二是从"生产之镜"走向"符号之镜"的社会逻辑。鲍德里亚认为，消费社会的来临使当代资本主义的权力关系、阶级结构、意识形态等都发生了重大变化，马克思所揭示的政治经济学批判已经完成了它的理论使命，倘若"沿着马克思革命活动的足迹，我们必须走向根本不同的层面，超越政治经济学批判，使政治经济学的最终消解成为可能……由于还没有更好的术语，我们称之为符号政治经济学批判"[1]。不可否认，他对晚期资本主义社会的分析思路与马克思有接近的地方，从"消费者的需求和满足都是生产力"的观点不难看出，鲍德里亚在这里坚持了资本主义生产体系对消费体系的决定性作用的观点。但当他吸收以列斐伏尔为代表的日常生活批判理论的同时，运用索绪尔、巴特等人的符号学方法透视"消费社会"的内部结构时，就开始偏离了马克思着眼于生产关系批判的整体思路。鲍德里亚在具体考察物体系转换成符号体系过程的基础上指出，消费社会中的"物"实现其交换价值的前提是符号化，今天的人们对于物的需求已普遍超越了功能层面，只有把物的使用价值抽象化为标识身份、权力、地位等的意象性符号，才能使之与人的需求相吻合并最终以符号的意义形式被消费。然而，在意义层面的消费需求总是被唯利是图的资本挟持，通过将使用价值抽象化制造层出不穷的符号形式，借此掩盖人的真实需要，使其沉浸在符号的迷狂中却浑然不觉遭到符码的全面侵袭和深层剥削。可以说，发达资本主义国家为巩固其统治基础，利用符号消费的差异逻辑和象征逻辑制造着社会的生存等级，使"普通大众不仅被生存所迫的劳动之需所控制，

---

[1] [法]鲍德里亚：《生产之境》，仰海峰译，中央编译出版社2005年版，第34—35页。

而且还被交换符号差异的需要所控制"①,甚至错误地认为"超越"使用价值并占有消费符号就等同于自我价值的实现。

三是广告系统成为消费意识形态的主要载体。无论人们承认与否,铺天盖地的商品广告依托橱窗、报纸、广播、电视、网络等大众传播媒介扮演着符号消费的"同盟军"角色,它们总是在不遗余力地鼓吹伪个性化、差异化、非理性的象征性消费的正当性与合法性,使当代资本主义的符号霸权在消费逻辑向日常生活领域的全面扩张中得到不断强化。在这个意义上,日本学者堤清二把20世纪戏谑地称为"广告代理店和娱乐公园的世纪"②,通过综合运用商品的差异化策略勾起消费者的购买欲望。这些看似没有任何用途的广告却在引申意义上"自我指涉",以修辞性或告知性的广告语言向公众展示模范物的完美形象、理想的消费环境、愉悦的体验过程,使商品成为表征个性、品位、身份、地位等文化意义的能指符号,通过商品美学、流行时尚、宣传策划等多元手段强化这一消费逻辑。就此而言,广告系统借以实现它所指涉的符号价值的秘密在于为他者制造永无止境的消费欲望,通常包括两个策略:(1)"心理引导术"。广告总是用散文诗般的非强制性话语对消费者进行心理暗示,但电视广告指向的真实物品对于公众来说却处于"缺席"状态,这就触发了"一种遭遇失望的微弱意志——未完成的步骤、持续的上升、持续的挫败、物品的端倪、欲望的黎明"③。为了平息这种焦虑情绪,人们就会按照广告的意图从物体系中选择特定商品。(2)"赠品意识形态"。商家通过折扣、减价、抽奖以及提供额外服务等手段,使消费者在对"好处"的关注中为那些本来不需要的东西买单,人们不由自主地掉进了由广告的等级化意指系统所精心编织的幸福陷阱。在广告系统的语言煽动、视觉诱惑和心理暗示下,人们不可避免

---

① [美]马克·波斯特:《第二媒介时代》,范静哗译,南京大学出版社2000年版,第145页。
② [日]堤清二:《消费社会批判》,朱绍文译,经济科学出版社1998年版,第17页。
③ [法]让·鲍德里亚:《物体系》,林志明译,上海人民出版社2018年版,第192页。

地成为形形色色的消费主体,并且通过对物质产品特别是它的符号价值的占有来确证生命存在的意义。

"消费"在晚期资本主义社会中的主导性地位日益显现,并逐渐成为维系现代资本主义体系稳定性的一种有效策略,特别是从"商品消费"到"符号消费"的转变。这实则意味着消费主义的意识形态已然从生产领域向日常生活全面拓展,相伴而生的是实在过剩、奢侈浪费、生态恶化、平等幻影等一系列发展困境,这使当代西方马克思主义理论家不得不思考"生活在消费社会中的人们究竟该如何摆脱符号霸权的控制"这一现实问题。他们在批判性地汲取法兰克福学派批判理论、英国文化研究以及后现代主义理论养分的前提下,从不同视角深入剖析了"能指拜物教"的成因与出路。

二 伯明翰学派的媒介文化批判与积极受众理论

英国伯明翰学派起源于伯明翰大学的"当代文化研究中心",致力于把社会文化现象与阶级、性别、种族等社会因素联系起来展开文化研究,其中媒介技术向文化领域的拓殖所形成的媒介文化研究是该学派的一个重要论题。作为继法兰克福学派之后影响最大的文化思潮,学派成员侧重于从文本和受众的不同视角研究媒介问题,把孤立的媒介技术置于整个现代社会尤其是文化领域中加以考察,强调现代传播技术作为意识形态相互缠斗的公共空间是价值无涉的中立性存在,受众在文本解码的过程中发挥着积极的能动作用。这不仅在很大程度上扭转了法兰克福学派技术悲观主义的倾向,而且在对符号学和后结构主义等思想的借鉴中为媒介批判理论开辟了新的研究方向。

首先要弄清楚伯明翰学派是在何种意义上使用"媒介"范畴的,这是理解媒介文化批判理论的必要前提。从词源学上看,媒介(medium)一词来自拉丁文"middle",大约是从16世纪末开始被人们当作"中介物"或"传播渠道"加以使用。在经历"口语"和"文字/印刷"的传播阶段以后,人类迎来了以立体网络、数码复制、光速传播为特征的电子媒介时代,这意味着大众媒介开始从技术体系的边缘走向中心,并日益成为人们日常生活中不可或缺的组成部分。倘若只在原初意义上把媒介技术界定为一种传播信息的纯粹工具,那么就很难理解晚期资本主义社会为什么会出现符号霸权、现实内爆、主体消亡、娱乐至死等一系列新的异化现象,更遑论提高公众文化素养以推动媒介技术的民主化发展。英国伯明翰学派从文化研究范式介入这一问题,认为"大众媒介的所有权,尤其是政治和经济组织对媒介的控制及其在媒介内容的生产、销售和获取上发挥的重要作用"①,通过对"谁是传播者"和"谁是接受者"的形而上学追问揭示了媒介技术的政治意图和价值偏好。在他们看来,媒介技术的社会功能表现为在政治上维护资本主义的合法性,在经济上攫取更多的剩余价值,在文化上消解革命主体的否定向度。为了澄清电子媒介时代技术的本质、影响及其给人类未来带来的机遇和挑战,以下选取该学派具有代表性的观点予以说明。

雷蒙·威廉斯是伯明翰学派中最早开始关注这一问题的思想家,他从技术解释学视角出发驳斥了传统技术观的两种错误倾向——不是着重强调技术的决定性作用,就是过于倚重社会的结构功能,主张对作为文化形式的大众媒介技术进行辩证分析。威廉斯认为,无论技术决定论还是社会制约论都没有超越主体性哲学,现代传播技术是一个价值无涉的、不偏不倚的中性存在,它作为现代社会最为典型的一种文化形式,包含着奴役与反抗的双重意蕴,媒介技术既有可能作为统治集团的"帮凶"而发挥意识形态的社会功能,也有可能成为大众的"盟友"而推动意义共享和民主参与。紧接着,他把"技术表征"(symptomatic technology)作为切入点探讨媒介技术的产生及其应用问题,指出技术意向和社会制度分别构成了技术生成和社会影响的主要原因。关于前者,大众媒介的产生和发展不只是一项纯粹的科学活动,更多的是与

---

① 刘建明:《媒介环境学理论范式的局限与突破》,《武汉大学学报》(人文科学版)2009年第3期。

第五章　国外马克思主义技术批判理论的当代发展

个人的意愿乃至社会的主导性需求休戚相关的综合性活动。对此，他明确表示："绝对不是传播系统的发展带动创造了新的社会，而恰恰是有了长期的资本积累，加上种种技术基础的改良，才有工业生产决定性的转变与新社会形态的出现，由此才创造了新的需求，提供了新的发展可能，而电视则是在这一切条件具备之后创造出的结果。"[①]关于后者，大众媒介的社会功能受制于特定的社会利益集团，至于在控制与自由之间作出选择的关键则是看谁掌控着技术，绝不能脱离历史语境抽象地谈论技术的社会后果，而"要理解任何一种大众传播技术，我们必须将其历史化，我们必须考虑它们在某种具体的社会秩序内与那些具体的利益形式的接合"[②]。在此基础上，威廉斯又具体分析了专制式、家长式、商业式和民主式的媒介传播模式，通过对不同传播模式的批判性解读揭示了隐匿在技术背后的资本主义权力关系。他以"电视流"为例，强调媒介技术依据特定"流程"，如电视节目的编排、承接、语言风格，把看似没有任何联系的"文本形式"联结起来，借此深度参与甚至控制着社会意义的建构过程。不过威廉斯并没有一味地夸大技术及其文化形式的作用，而是聚焦于受众的能动性和创造性，主张以"复数文化"或"共同文化"对抗技术霸权主义和文化精英主义的统治。

符号学和结构主义在英国的兴起大致是20世纪70年代，这一时期的伯明翰学派在斯图亚特·霍尔的领导下把符号学的方法引入文化研究。他们通过对媒介文本进行语言符号和意识形态的深层剖析阐明其运行机制，同时在对葛兰西文化霸权理论和阿尔都塞结构主义思想的征用中提出"编码—解码"模式，由此建构了媒介符号学的研究范式。一方面，它是"文化和传媒以及电视研究从消极走向积极的转折

[①] Raymond Williams, *Television: Technology and Cultural Form* (Routledge Classics), London and New York: Routledge, 2003, p. 12.
[②] Graeme Turner, *British Cultural Studies: An Introduction*, London and New York: Routledge, 1996, p. 59.

点";另一方面,又为后世"对法兰克福学派和文化帝国主义理论的批判打下理论基础"①。在霍尔看来,现代媒介技术作为一种文化表征系统构造了社会现实,大众媒介中呈现的"现实的文本性"不再是媒介环境学派的镜像反映,而是意义建构和再生产的过程,媒介技术在其中充当意识形态较量和话语权争夺的"竞技场"角色。这就需要继续追问:媒介技术究竟是在何种意义上作为国家意识形态机器发挥作用呢?他在《文化、媒体及其意识形态效应》中指出,媒介的文化功能表现在三个方面:(1)有选择性地供给"社会知识"和"社会图像",如生活形象、意义表征、思想观念,使大众在真切感知世界和他者的同时想象性地构造"作为一个整体的世界";(2)"提供词典、生活方式和意识形态的不断变化的清单",把事件以开放性和多元性的方式编排到特定的、可分类的、秩序化的语义表征系统中;(3)"组织、协调和集合那些已被选择性地得到表征和选择性地得到分类了的东西",以至于大众掉进了政府和媒体联手打造的"普遍赞同"和"道德恐慌"的陷阱中。② 所以说,现代社会无所不在的媒体话语总是以技术操作的中立性和专业性为借口掩盖其意识形态霸权的真实面貌。根据马克思主义政治经济学理论,霍尔又将这一过程划分为"编码""成品"和"解码"三个阶段。他认为,内嵌于电视媒介的"优先意义"要想达成其诱导、教育和规训的目的,就必须借由广告、新闻、娱乐节目等形式使之进入流通领域并被观众有效地接收和消费。此时的受众不再是法兰克福学派所刻画的"冷漠的烂土豆",他们以更为积极主动的姿态与主导性意识形态展开对话和斗争,文化研究也在符号学结构主义与马克思主义政治经济学的"结合"中彰显了参与式媒介的解放潜能。

---

① 陆扬、王毅:《大众文化与传媒》,生活·读书·新知三联书店2000年版,第67页。
② Stuart Hall, "Culture, the Media and the Ideological Effect", *Mass Communication and Society*, London: Edward Arnold, 1977, pp. 340–342.

第五章 国外马克思主义技术批判理论的当代发展

约翰·菲斯克作为伯明翰学派后期文化研究的核心人物之一①，在霍尔模式的启发下将受众理论向前推进了一大步。他强调大众在媒介文化再生产和再创造过程中的主体性地位，对大众文化的抵抗功能持一种乐观主义的态度。菲斯克承认霍尔所说的"优先意义"或"偏好意义"具有合理性，认为这只是作为一种可能性而从属于以多义性、开放性和互文性为基本特征的媒介文本。在此基础上，他明确表示文本意义的形成和传播实质上是作为"文本期望主体"的编码者与作为"文本接受主体"的解码者之间的对话和抗争。他用"文本间性"的范畴概括这个过程，指认它是"在封闭与开放的力量之间，在读者式与生产者式之间，在被偏好的意义的同质性与解读的异质性之间进行斗争的文本。它再生产和再创造了社会秩序的规训权力和对此权力进行多重抵抗之间的斗争，这是由下而上的多种力量对单一的由上而下的力量的反抗"②。至此，既作为商品消费者又作为意义生产者的积极受众论被菲斯克推至理论顶峰，公众不仅以喜好、快感、社会认同等个人需要为标准筛选和淘汰部分文化商品，而且根据个人相关知识、审美情趣等创造性地解读多义性文本以激活其中的"留白"意义。正因如此，菲斯克把社会大众对文本的抵抗性或创造性的阅读提升为一种"快感"，主张以作用于身体的"躲避式快感"和作用于心灵的"生产式快感"来表达对现实的戏谑、不满甚至反叛。他给出的当代资本主义文化霸权对抗策略，实质上是一种自下而上的"游击战术"，这也就不难理解为什么他如此关注麦当娜现象、破洞

---

① 这里需要说明两个问题：一是关于 John Fiske 中文译名。据掌握的文献资料发现有约翰·菲斯克、约翰·费西克两种译法，本书为保持统一性而采用了流传较广泛的约翰·菲斯克，但在引用中为尊重译者依然采用原本译法；二是关于菲斯克的归属问题。国内学界对于是否将菲斯克纳入伯明翰学派一直存在争议，但无论如何都承认他的媒介文化研究与伯明翰学派有着深厚的理论渊源，而且参与该学派重要文集《斯图亚特·霍尔：文化研究的批判对话》的写作等实质性工作，所以本书将他作为伯明翰学派后期的重要思想家加以论述。

② [美]约翰·菲斯克：《解读大众文化》，杨全强译，南京大学出版社2001年版，第135页。

牛仔裤、朋克摇滚等青年亚文化。在菲斯克的不懈努力下,英国文化研究实现了从"媒体对受众做了什么"到"受众对媒体做了什么"①的彻底转变。

英国文化研究在伯明翰学派的推动下一度成为具有世界影响力的知识领域,他们重点剖析了以广播电视为代表的大众媒介及其文化再生产过程,不仅重构了大众媒介与意识形态之间的关系,而且还提出了"积极受众论"的对抗方式。只是该学派强调文化和意识形态的相对独立性,把媒介技术理解为一种特殊的文化形式,在一定程度上忽视对其物质动因的分析,同时过分高估了大众的意义生产功能,以至于被吉姆·麦克盖根、道格拉斯·凯尔纳和约翰·多克等学者贬斥为"文化民粹主义"的变体。

三 鲍德里亚的媒介镜像批判与放弃式抵抗策略

第二次世界大战后的法国知识分子以极富创造力和激进性的学术思想而闻名于世,他们面向现实问题建构的当代社会批判理论逐渐成为引领西方文化思潮的风向标,从后现代主义视角深化和拓展媒介技术批判思想也是其题中之义。鲍德里亚围绕"拟真""内爆""超现实"等核心范畴展开的媒介拟真批判,是继海德格尔之后欧洲大陆知识分子对于技术问题形而上学沉思的又一理论高峰。英国学者尼克·史蒂文森高度赞扬了鲍德里亚的媒介批判理论,认为他"对时下已有的大众传播提供了最为精辟的后现代批评"②。

为了澄清符号消费秩序下的媒介运作机制,鲍德里亚从对消费社会的符号政治经济学批判又重新回到对"物"的研究,但并非他在早期著作《物体系》中的"实在之物",而是中后期著作《命定策略》和《完美的罪行》中的"虚拟之物"。这里的虚拟之物不是"一种指涉性

---

① 参见陆道夫《文本/受众/体验——约翰·菲斯克媒介文化研究》,北京邮电大学出版社2008年版,第1—2页。
② [英]尼克·史蒂文森:《认识媒介文化》,王文斌译,商务印书馆2001年版,第226页。

第五章　国外马克思主义技术批判理论的当代发展

的存在或一个实体。它是由原本或现实的真实模型的创造物：一种超真实"①，一种为媒介镜像所遮蔽、篡改甚至伪造了的"能指"的自我指涉之物。这是由于媒介技术的仿真特性使符号消费成为可能，它把所有的现实都转译为二进制符码——以"0"和"1"的数字编码生成包括文字、声音、图像等表征实物的信息，使事物在大众媒介中得以生动而逼真地再现，由此构筑起一个"比真实更真、比美者更美"的超真实世界。就此而言，晚期资本主义社会的超真实图景是以符号秩序为基础，新技术尤其是作为意义建构场域和载体的大众媒介，通过编码机制和复制技术"大量生产出影像、符号、符码，而这些构成了（超）真实的独立领域并最终在日常生活和社会的消除中起着重要作用"②。所以，他在对大众媒介的拟真模式"谋杀"客观现实的讨论中展开现代技术的激进批判，并以尼采式的极端化叙事风格预言了历史的终结。

第一，现实的消失。自文艺复兴以来，西方社会相继出现了仿造、生产和仿真三种拟像模式，晚期资本主义则是以媒介技术为"拟真机器"和"符号制造术"的超现实社会。鲍德里亚认为这种"过度"的真实，实际上并没有更加清晰地展现世界的真实面目，反而使之在无限激增的"拟像"中被悬置起来。因为人们在日常生活中触及的只能是经由媒介之手筛选、剪辑和切分之后的"虚拟实在"，不必亲临现场就可以获得感官享受和精神愉悦，有时候甚至比不完美的现实所给予人们的生命体验还要丰富得多。这主要得益于下述两个方面的原因：一是大众媒体的拟真模式使世界的真实性维度消失在符号的生产和再生产过程之中，并通过对主体的"致命诱惑"不断强化

---

① Jean Baudrillard, *Simulacra and Simulation*, Ann Arbor: University of Michigan Press, 1994, p. 1.
② Douglas Kellner, Jean Baudrillard, *From Marxism to Postmodernism and Beyond*, Stanford: Stanford University Press, 1989, p. 68.

这一模式，使真实不再具备超越拟像的任何可能性；二是大众媒体的"单向性"阻隔了人与物、人与人之间的双向交流，作为主体的人被固定在各类电子屏幕前而不再深度参与社会实践，对界面的高度依赖使之成为游离于真实世界的"旁观者"，从而消解了自笛卡儿以来的主体性哲学。

第二，意义的匮乏。电子媒介技术凭借它的复制功能削弱了事件本身的可信度和严肃性，甚至是利用其表征功能摧毁了原有的意义系统，最终导致整个社会的界限坍塌及其"熵"增加的过程。鲍德里亚指出，媒体编码抹平了客体与主体之间的差别，由此导致原本丰富多彩的实在之物沦为平面化、表象化和同质化的"符号—物"，实在的意义维度也在驱逐一切内容的"符号游戏"中被彻底肢解。例如，一部关于气候变化的纪录片与一则房产推销的广告，即便没有任何逻辑上的联系，却可以凭借媒介技术的抽象化、形式化和信息化而被排列组合在一起。他还强调媒体平台展陈的理想化模型成为大众竞相追逐的对象，更准确地说，人们追求的是蕴含其中的身份、地位、权力、品位等一系列符号价值，此时意义在"符号—物"的激增性生产和即时性传播过程中就会被不断抵消以至趋向零度化，尤其表现为艺术的死亡，事物的美感则是由媒介剪辑成的拟像在其过度暴露过程中显现。他极力反对现代技术溢出其固有范畴而演变为内嵌于社会的意识形态范畴，同时还斥责了符号秩序的强制逻辑造成的真实世界同质化和零度化后果。

第三，历史的终结。鲍德里亚的历史观与他的技术决定论思想具有内在的一致性，主要"是建立在一种悲观的命定论的基础上的随机的、偶然的历史终结观，……具有两个重要的特征：一是命定的悲观论；另一是偶然的、随机的、非决定性的观点"[①]。他不仅控诉以媒介为核心

---

① 孔明安：《物·象征·仿真——鲍德里亚哲学思想研究》，安徽人民出版社2008年版，第212页。

的现代技术所犯下的"完美罪行",而且以一种极端悲观的论调宣告"世界终结了"的黯淡前景。从技术角度看,媒介技术以高度信息化、数字化和拟人化的方式把包括人在内的一切事物吞噬。如此一来,事件之间的因果性消融于媒介编码的任意性、事件内容的深度消失于媒介信息的内爆、事件制造者的主体性消解于媒介技术的自主性,至此作为整体性的历史事件在客体击败主体的过程中变得面目全非,社会的发展、进步和变革也就不再可能了。从社会角度来看,晚期资本主义事实上是一个由符号堆砌而成的消费社会。它得以维系的前提条件是永无止境的消费欲望,媒介技术所炮制的暗示意义链则以一种温柔的口吻诱使大众沉浸于符号消费,从而遗忘了生命的厚度和历史的真实,社会也在批判的停顿中走向历史虚无主义。

如上所述,晚期资本主义是一个以电子媒介技术为支撑的"超真实"社会,而极具讽刺意味的是,包括人在内的一切事物在这个"无历史可创造的年代"都走向了自己的反面——启蒙变成统治、自然之物变成命定之物、阶级逻辑变成大众逻辑,难怪英国学者麦克·甘恩要以"兽性文化"为核心范畴来界定鲍德里亚的技术观。鲍德里亚对媒介技术的发展及其社会后果感到忧心忡忡,但他并没有因此回避新技术给人们带来的前所未有的震撼,从"虚拟之物"出发审视西方消费社会有效运转的内在逻辑,同时基于技术与社会的辩证关系重估了"沉默的大众"对于颠覆媒介暴力的现实意义,为准确把握当代资本主义的本质特征和发展动向提供了独到见解。

鲍德里亚认为,媒介的拟真模式通过抽空事物的内容而形塑了一个比真实世界还要真实的世界,这不可避免地造成这样的后果:一方面作为客体的"自然之物",因高科技的发展而变得越来越人性化和智能化,甚至有时候比人还要聪明得多;另一方面作为主体的人,因被阻隔在"拟态环境"中而不再对真实世界作出任何回应,媒介的非应答机制决定了上述状况,此时人们的思想和行动变得越来越迟钝直至陷入沉寂。因此,他把造成现代社会灾难性后果的根源归咎于物的"命定策略"(fatal strategy)①，通常被简化为"比 X 更 X"的公式。他强调这是一种以极具活力的、诱惑性的、会报复的命定之物，是消灭近代哲学语境中具有思辨能力的、批判精神的、创造性主体的客体策略。因为"物的逻辑"随着技术的自律性和极端化发展，必将击败主体的辩证法而成为社会的主导性原则，如此一来，"世界不再是辩证的，它肯定要走向极端，而不是平衡；它肯定走向激进的对立，而不是调和或综合，这也就是恶的原则，它表现在物的'恶的聪明机灵'中，表现在纯粹物的狂喜和物的谋略中，它战胜了主体的谋略"②。既然物的诡计得逞的关键在于媒介之镜对意义模型的重塑和话语垄断的形成，那么大众就应彻底放弃主体立场而转向客体立场，通过保持沉默的消极方式瓦解作为封闭系统的社会意义循环链，并从中生成一种与媒介暴力相抗衡的、带有诡秘色彩的拒绝意志。实质上，鲍德里亚主张的是一种放弃式抵抗的"儿童策略"，就像孩子对家长的顺从一样，家长的权威在孩子的绝对服从中被悬置起来，毕竟孩子在表面上越是听从家长的命令，家长的命令就越没有存在的必要。循着鲍德里亚的思路追问下去，我们就不难发现他的拯救方案不过是退回到传统形而上学的故乡罢了，大众的沉默不仅没有引领人们走上解放之路，反而使之在客体的命定策略中彻底沉沦。正因为这样，美国学者凯尔纳和贝斯特这样评价道："鲍德里亚这位一向激进的理论家，在提出历史的终结观念时，却加入了保守主义的行列，加入了为现实作消极辩解的保守主义传统，面对现存的社会秩序，竟想象不出任何出路。"③

无论英国伯明翰学派的文化研究，还是以鲍德里亚为代表的后现代理论，他们都聚焦于媒介问题，这主要源于消费社会的符号化和被现代

---

① 有时也译作"致命的策略"，通常包含两个意思：一是命定的、必然的，二是可怕的、注定的和灾难性的。该词频繁地出现在鲍德里亚后期著作中，表明其后期哲学思想中带有决定论色彩的技术悲观主义倾向。

② Jean Baudrillard, *Fatal Strategy*, London: Pluto Press, 1990, p. 7.

③ [美]道格拉斯·凯尔纳、斯蒂文·贝斯特：《后现代理论——批判性的质疑》，张志斌译，中央编译出版社 2011 年版，第 150 页。

媒介技术中介了的日常生活。具体来说,前者侧重于从受众角度解读媒介文本的高度意识形态化及其微观政治学意蕴,既深化了法兰克福学派技术文化批判的理论内涵,又有利于扭转文化精英主义的消极受众形象;后者更注重从技术角度严厉斥责媒介的超真实镜像及其命定策略,不仅以敏锐的理论触角对后现代媒介技术进行批判性反思,而且还站在维护"实在性"和"本真性"的立场号召大众保持缄默,其理论带有浓厚的技术悲观论色彩。尽管当代媒介批判理论表现为异质性、开放性、多元化的发展路向,但在相互借鉴和针锋相对中为国外马克思主义技术批判理论注入了新的思想活力,同时对后继者产生了不同程度的理论影响,如凯尔纳对媒体文化现象的解析就融合了"德—法"哲学传统。

第三节 基于社会加速主义的加速技术批判思想

作为第三次科技革命的最新技术形态,信息通信技术(ICT)和数字媒体技术(DMT)被广泛地应用于社会生活的各个领域,从而掀起了资本主义生产方式的根本性变革。"速度"问题成为理解当代资本主义新发展不容忽视的理论向度之一,其中以法国文化理论家保罗·维利里奥的竞速学、美国人文地理学家戴维·哈维的时空压缩理论和德国社会学家哈特穆特·罗萨的社会加速批判理论为社会速度研究的典型理论形态。[①] 此后,加速主义思潮在加拿大学者阿列克斯·威廉姆斯、尼克·斯尔尼塞克和英国学者本杰明·诺伊斯等的共同努力下走向体系化,这同时标识着当代西方左翼思想的新动向。基于社会加速主义视域的技术批判思想,不仅丰富和拓展了西方马克思主义技术批判理论的思想内涵,甚至压倒了传统文化意识形态批判而一跃成为批判理论的逻辑

---

① 郑作彧:《社会速度研究:当代主要理论轴线》,《国外社会科学》2014 年第 3 期。

支柱，而且力图在对当今资本主义的速度政治学批判中发掘不同于西方马克思主义的斗争策略。

一 历史唯物主义视野中的"速度"概念

意大利诗人马里内蒂在1909年发表《未来主义宣言》，他热情洋溢地歌颂了现代工业文明，认为"一种新型的美正在丰富着世界之美：即速度之美。呼啸着的赛车引擎，以及闪闪发光的巨大的排气管，好像猛劲呼吸着的蛇……咆哮着的汽车如同骑在霰弹上一样，它比卢浮宫的胜利女神更美丽"①。"一切都在加速"是置身数字资本主义时代的人们最为真切的生活体验，"速度"范畴也从物理存在的维度拓展至社会存在的维度。然而，这种流行于20世纪的意大利未来主义却没有意识到对速度的迷恋，恰恰表明了"速度的剃刀"作为一种技术法西斯主义正重构着现代社会的冷峻样貌。所以，英国学者本雅明·诺伊斯极力反对未来主义对加速度的顶礼膜拜，他认为"意大利的未来主义主流形式与法西斯主义的'方案'相媾和，沦为一种法西斯主义现代化的复杂的立场"②。但无论赞同还是批评科学技术的加速效应，"速度"话题都已成为当前展开当代资本主义现代性批判的重要着力点。

关于现代资本主义技术加速及其社会后果的争论，在加速主义思潮中主要表现为以尼克·兰德为代表的右翼加速主义与以亚历克斯·威廉姆斯和尼克·斯尔尼塞克为代表的左翼加速主义之间的不同看法。前者对"无限制加速"持一种肯定的态度，认为现代社会的问题在于技术还不够发达而非技术过于发达，强调要完成"彻底的加速革命"，寄希望于资本主义条件下的生产力发展和技术进步；后者则是对"无限制加速"持一种辩证否定的态度，认为问题的症结在于资本主义生产关

---

① Filippo Tommaso Marinetti, "The Manifesto of Futurism", *Futurism: An Anthology*, New Haven and London: Yale University Press, 2009, p. 51.

② Benjamin Noys, Malign Velocities, *Accelerationism and Capitalism*, Winchester: Zero Books, 2014, p. 13.

第五章　国外马克思主义技术批判理论的当代发展

系限制了技术的生产力，只有通过颠覆资本主义统治才能使无产阶级重新掌握技术的领导权和自身的命运。随后，斯尔尼塞克还对"加速主义"的概念予以澄清，指出"一切试图加快资本主义所固有的扩张和进步的趋势，以便把资本主义推向危机和崩溃的理论和实践"①。总体而言，左翼加速主义是立足 20 世纪六七十年代以来当代资本主义加速发展的全球化趋势，以马克思主义理论为思想基础，同时借鉴瓜塔里和德勒兹的后结构主义思想，将加速主义政治、社会、经济、哲学批判与后资本主义分析结合起来，由此形成了对当代资本主义批判的独树一帜的学术观点②。既然左翼加速主义者通常将其理论渊源追溯至马克思，那么有必要首先考察历史唯物主义视域中的速度概念。

经典马克思主义理论作家虽未直接言明社会速度的重要性，但是在对资本主义的政治经济学批判中内蕴了加速主义批判思想的核心内容，《1857—1858 年经济学手稿》中的"机器论片段"更是被左翼加速主义者视为马克思"最公开的加速主义写作"。他对"速度"问题的理论阐释是从历史唯物主义的立场出发，强调"速度"不是在物理学意义上描述物体运动快慢的矢量概念或实证概念，而是表示社会关系与社会秩序的重构过程的历史性范畴。这里马克思不仅看到了资本主义尤其是物质生产和货币流通领域的加速现象，而且将其同资本主义的发展逻辑联系起来一并加以批判，力图在规训和束缚人的社会加速链条上打开一个缺口。实际上，他和恩格斯早在《共产党宣言》中就敏锐地捕捉到：19 世纪的资本主义在科技革命的助力下呈现了高速运转的发展趋势，使"资产阶级在它的不到一百年的阶级统治中所创造的生产力，比过去一切世代创造的全部生产力还要多，还要大"③。这样的社会生产力不仅是资产阶级实现其统治的物质基础，更是无产阶级解放自身的现实

---

① 复旦大学当代国外马克思主义研究中心等：《国外马克思主义研究发展报告》（2017），天津人民出版社 2018 年版，第 23 页。

② 刘秦民、马希：《当今国外左翼加速主义思想研究》，《广东社会科学》2019 年第 5 期。

③ 《马克思恩格斯文集》第 2 卷，人民出版社 2009 年版，第 36 页。

力量。

马克思没有止步于对资本主义加速特征的现象描述，而是深入生产领域揭露资本主义加速逻辑的全部秘密。从《德意志意识形态》直至《资本论》的创作时期，他都颇为关注资本加速运动及其社会后果，发现资产阶级利用精细化的劳动分工和机械化的工具系统提高社会生产力，而无产阶级却被抛掷于"速度暴政"的统治之下。所以，马克思从三个方面对资本主义的加速逻辑展开批判，具体如下：其一，在政治上被"速度区隔"的社会阶层。技术进步使资本主义"创造性破坏"的生产过程无限加速成为可能，资本的循环周期被大大缩短了。如此一来，社会财富迅速向占据统治地位的少数资本家积聚，为谋生而被迫出卖劳动力的无产者则遭到沉重的压迫，这造成了资产阶级的"暴富"与无产阶级的"速穷"之间的两极分化。其二，在经济上为"速度主导"的劳资关系。为了适应"以死的自然力即某种铁的机构的有节奏而均匀的速度和不知疲倦的动作而工作着"[1] 的机器系统，工人就不得不消耗更多的体力和脑力劳动跟上高速运转的资本主义工业体系。只是原本彰显人的本质力量的对象性活动，随之沦为奴役和控制人的异己力量，由此引发了资本主义的物质生产速度与工人劳动的生命速度之间的内在断裂。其三，在文化上奉行"速度崇拜"的价值观念。资本主义工业体系对利润的如饥似渴势必要求不断提高生产效率，与之相契合的"速度拜物教"正好迎合了这一现实需要。人们要想免于被高速运转的资本主义体系淘汰，就不得不适应高负荷的工作强度和保持"持续奔跑"的生活状态，那么注重"即时性""当下性"和"过程性"的价值观念就变成了社会的主导意识，从而使"一切等级的和固定的东西都烟消云散了，一切神圣的东西都被亵渎了"[2]。

究其根本，马克思认为社会加速发展的根本动力在于资本自我否定

---

[1] 《马克思恩格斯文集》第 8 卷，人民出版社 2009 年版，第 320 页。
[2] 《马克思恩格斯选集》第 1 卷，人民出版社 2012 年版，第 403 页。

第五章　国外马克思主义技术批判理论的当代发展

的辩证法，其在自我增殖的本能驱使下不断克服主体和客体方面的诸多限制，一方面维系了资本主义的高速运转和经济繁荣，另一方面加速了对人的生命性否定和剥夺。就剩余价值的生产而言，资本主义私有制把追求剩余价值作为根本目的，内在地规定了资本家通过延长劳动时间和提高劳动效率的两种生产方式为资本拓展增殖空间的正当性。在这一过程中，前者利用对"工作日"的无止境筹划以生产出更多的使用价值，后者则凭借技术进步、科学管理、工人素质改善等手段提高时间的利用率，最终"消灭了工作日的一切道德界限和自然界限"①。就剩余价值的实现而言，马克思强调，从商品到货币的过程是"惊险的一跃"，商品生产者只有成功地把劳动产品卖出去才能实现其价值，这就需要进一步突破地理空间的障碍和减少一切不必要的流通时间，此时"大工业创造了交通工具和现代的世界市场，控制了商业，把所有的资本都变为工业资本，从而使流通加速（货币制度得到发展）、资本集中"②。然而，随着自动化生产体系的建立和资本统治力量的壮大，工人阶级不仅遭到越来越严重的排挤，而且还与劳动过程及其创造的劳动产品相分离，基于自然节律的生命活动也被整合到工业体系中，最终导致了人的"非人"生存处境及其发展空间的极度萎缩。所以，历史唯物主义视野中的"速度"范畴并非指涉抽象的、非批判的、无主体的客观进程，而是作为一种"抽象的具体物"折射出特定的社会生产方式及其权力关系结构，特别是以时间性设置为前提的资本循环速度。

法国哲学家保罗·维利里奥是速度学的奠基人，在其早期著作《速度与政治》中构造了极具原创性的"竞速学"（Dromologie）概念，认为速度作为人类生存的核心要素而构成了较为完整的历史叙事。基于此，他把人类历史划分为自然速度、相对速度和绝对速度三个阶段，甚至还断言："根本就没有所谓的'工业革命'，有的只是'竞速革命'；

---

① 《马克思恩格斯全集》第44卷，人民出版社2001年版，第469页。
② 《马克思恩格斯文集》第1卷，人民出版社2009年版，第566页。

根本没有所谓的'民主政体',有的只是'竞速政体';也根本就没有所谓的'战略',有的只是'竞速学'。"① 之所以强调"速度"的独特性,是因为它以"不可见的透视法"照耀着人类社会生活的具体经验,而"并不是一个现象,而是现象间的关系,换句话说就是相对性本身,由此而产生了光速的常量的重要性,这种重要性不仅仅在物理学或是在天体物理学方面,而且,自从我们在运输的时代就组织起对领土的电磁调制,它就存在于我们的日常生活中"②。在这个意义上,维利里奥是在本体论层面上界定"速度"范畴的,强调速度就是"相对性本身"(relativity)或"环境"(milieu),而"速度—空间"作为人类的生存根基则构成了其关于世界真实体验的知觉场。因此,他反复强调基于信息通信技术的加速逻辑在空间军事化、政权更迭、知觉方式、文化生活等变革中的重要作用。其后,法兰克福学派第四代领军人物哈特穆特·罗萨在《加速:现代时间结构的改变》一书中,针对新的生活异化情境提出了社会加速批判理论,从时间维度揭示当代资本主义现代性的本质特征。在他看来,以"时空压缩"为显著特征的社会加速逻辑实则意味着社会时间结构的"提速升级",或者说,现代社会正是通过"提升时间密度"的逻辑推进合理化过程。基于此,罗萨又在《新异化的诞生》一书中指出速度就是社会本身的性质,而不是存在于"社会当中的某种速度",更不是指向无差别的同质状态,因为速度在微观经验范畴呈现不同的表现形式和社会效用——科技加速、社会变迁加速和生活步调加速,与之相对应的动力因素分别是"经济引擎""社会结构引擎"和"文化引擎"③。只不过罗萨忽视了经济要素的决定性作用,使其社会加速批判理论从政治领域退转为一个文化领域的议题。

---

① Paul Virilio, *Speed and Politics: An Essay on Dromology*, New York: Semio-text (e), 2006, p. 69.
② [法]保罗·维利里奥:《解放的速度》,陆元昶译,江苏人民出版社2004年版,第17页。
③ [德]哈特穆特·罗萨:《新异化的诞生:社会加速批判理论大纲》,郑作彧译,上海人民出版社2018年版,第13页。

如果说经典马克思主义对速度问题的关注更多地聚焦于它在宏观上对历史变迁的重要影响，那么当代西方马克思主义则着眼于将它与日常生活的微观过程联系起来，从政治学、文化学、心理学等不同视角揭示当代资本主义加速异化的根源与出路。从马克思到罗萨的社会速度问题研究尽管各有其理论侧重点，但他们都认为速度是一个具有社会历史性的范畴，强调它作为"在我们面前展陈的世界"标识着人类历史的不同发展阶段。

二 技术加速的不同面向及其速度政治学批判

不论科学技术的演进还是社会形态的变迁，都可以在加速逻辑中得到清晰的阐释。前者在技术层面上表明从19世纪的"运输革命"到20世纪的"传播革命"，是在对空间和时间的征服中实现的"竞速革命"；后者在社会层面上确证政治组织历经了"奴隶制—封建制—民主制"的变化，就是协作速度不断合理化的过程。"速度"在本体论意义上重构着晚期资本主义社会的组织结构和生产模式，作为加速协作者的电传科技既颠覆了传统时空观又加剧生存恐慌，故而社会加速批判理论家不约而同地把"速度"视作现代性批判的中心线索。

从速度政治学的视角看，技术的革新、演进和突破是为了实现社会的全面提速和人的自由解放，作为人类生存环境的速度又反过来促逼技术以各种义肢形式兑现其无限增长的承诺。而"义肢"（prosthetics）的概念，来自恩格斯—麦克卢汉理论传统，强调"工具—技术"通常是用来指称人的肢体或身体的延伸。维利里奥把它引申为加速语境中一切人工的、补充人类有限感官能力和肢体能力的工具性存在。譬如，机械钟表以精确性的特质替代了"日出而作、日落而息"的自然时间，影像技术以可视化的手段留存了历史事件的发生过程，计算机系统以自动化的指令影响甚至支配着从生产到消费领域的社会实践。也就是说，技术义肢弥补了基于自然节律的身体载具的缺陷，在很大程度上成为社会加速状态（包括生命的竞速运动）得以维持的重要原因。自工业革命以来，技术加速把人类推向了一种速度暴政的临界时刻，使之"身处一个越来越遵循技术超越的技术义肢队列之中，我们的'个体性'或'灵性'（parapsychologie）也变得越来越'电子化'了"①。法国著名技术哲学家贝尔纳·斯蒂格勒在对技术的本质追问中也表达了相似的看法，他借由爱比米修斯神话和普罗米修斯神话的隐喻对技术的后种系生成进行了详细论证，认为人与动物生存的最大不同在于前者是凭借自身外部的广义技术来冲抵其"原始性缺陷"。同时，他还指出义肢性技术本身固然没有生命，但却决定着作为"生命存在之一的人的特征"，并且构成了"人类进化的现实"②，今天人们的生产劳动、社会交往、艺术创作、休闲娱乐等片刻也不能离开技术系统的正常运转。由此可见，当代加速批判理论家不仅强调技术对于人的肢体的延伸作用和辅助功能，而且高度重视技术对于人的精神"内殖民化"倾向，尤其是远程技术形塑的生存景观对主体的彻底颠覆。

第一，抨击技术加速在"道路层的污染"导致的生存状况趋于零度化和界面化。维利里奥发现在资本主义合理化的过程中，"除了大气层污染、水层污染的现象和其他污染现象，还存在一个未被察觉到的空间扩展的污染现象"，他建议把这种污染称为"道路层的（DROMOSPHERIQUE）污染"③。所谓"道路层的污染"，不是指生态学意义上自然环境的污染和破坏，而是指存在论意义上"空间—距离"的逐渐消失和"时间—距离"的不断萎缩现象。整个社会的全面提速使近处与远处、过去与未来、真实与虚拟之间的界限都在光速达到的"远程在场"中消失了，人类赖以生存的现实世界在被全部压缩进数字空间后便不再剩下什么！远程技术学取消了空间和时间的独立意义，人

---

① ［英］约翰·阿米蒂奇：《〈消失的美学〉介绍》，李会芳译，载于《文化研究》（第17辑），社会科学文献出版社 2014 年版，第 259 页。
② ［法］贝尔纳·斯蒂格勒：《技术与时间 1：爱比米修斯的过失》，裴程译，译林出版社 2000 年版，第 60 页。
③ ［法］保罗·维利里奥：《解放的速度》，陆元昶译，江苏人民出版社 2004 年版，第 30 页。

第五章 国外马克思主义技术批判理论的当代发展

类的生存环境也历经了一场光学厚度的衰变——从"代谢性邻近"到"机械性邻近"再到"电磁性邻近",而趋近于零度化。整个世界的伸展不再依赖物理空间的间隔,而是依托电传科技的即时传播界面,"当前(在场)的深度"或"持续膨胀的当前"使立体感消失,从而引发了人类生存的光学厚度危机。一方面,人的身体被绑定在不知道开往何方的高速装置(如电子屏幕)之上,通过对感官的剥夺斩断了人们与感性经验世界的直接联系;另一方面,作为辅助性器官的技术乂"往往过度赋予媒介化了的信息以特权,从而损害了意义;现实效果,它似乎取代了即刻现实"①,时间距离的本质异化使人们沦为依附实时传输技术的"终端公民"。这种以"远程在场"为表征的数字化生存,把真实世界藏匿在没有体积、重量、密度的虚拟空间中,使人类的存在基础被连根拔起,最终陷入了无家可归的悲惨境地。维利里奥在《消失的美学》中对此进行了详细说明,指认"理性的技术不停地使我们远离我们为一个客观世界的降临所采取之物:快速旅行,个人、符号或事物的加速传输,在让失神癫效果恶化的同时,令其再生产了失神癫效果,因为他们在主体时空脉络之外招致了对主体永恒重复的去除"②。基于此,加速批判理论家号召人们通过亲自去看、去听、去触及的方式留下生命足迹,而不是在静态的电视荧幕、电脑界面和智能手机屏上去感知世界。

第二,批判技术加速的"读秒战略的接近性"对传统地缘政治的解构及其破坏性后果。伴随工业革命而兴起的运输与通信革命彰显了加速逻辑的优越性,社会治理也随之被置于激烈的速度竞赛中并催生了新的政治模式——光速政治,通过对介于主体与客体之间的流通领域调控来维系整个社会的稳定性和有序性。在英国思想家齐格蒙特·鲍曼看来,资本的流动性对政治结构提出了新的挑战,这是"由于速度最新

---

① Paul Virilio, *Lost Dimension*, New York: Semiotext (e), 1991, p. 24.
② [法] 保罗·维利里奥:《消失的美学》,杨凯麟译,河南大学出版社2018年版,第206页。

获得了可变能力和扩张能力，首要的是，'现代时代'已经成了征服空间的武器。……在现代时期里，运动速度和更快的运动手段在稳步增长，挑拨了最为重要的权力工具和统治工具"①。维利里奥指出，这种既借助减速装置限制大众反抗又依靠加速装置提升决策效率的统治方式，不仅突破了基于特定时间和地点的传统地缘政治的时空限制，而且不可避免地造成了"信息系统的最高暴政"。从速度政治的内容看，在光速到达中实现的互动性宗主政治是以时间管理补充空间规划的缺席，作为权力关系布展重要载体的"空间—距离"让位于"时间—距离"，并"从国家地理的即实空间的城市化到国际远程交往的即实时间的城市化，地缘政治的'空间—世界'逐渐地将它的战略优先权让给有着一个没有延迟、没有对跖点的读秒战略接近性的'时间—大写的世界'"②；从速度政治的形式看，由于"基础结构、意识形态，社会变革和经济变革，三者之间良性反馈环产生了一种新的复杂的领导权，一个新的后资本主义的技术—社会平台"③，资产阶级利用网络平台、数字界面、智能软件等手段使其在速度上的竞争优势得以保持，同时借助无偿占有"网络原住民"冲浪时留下的海量私人数据，加剧了处于速度劣势和界面终端的公众被剥削和压榨的程度；从速度政治的前景看，围绕提升速度竞争力和威慑力的政治策略势必会将文明推向一种战争状态，传统地缘政治所无法企及的全景式监视和即时性遥控在光速政治中都成为轻而易举的事情，此时人们连同自身寄居的生存空间也在虚拟空间的政治博弈中被排除在外，随之而来的则是人类的生存大恐慌和全球极权主义的崛起。

第三，反对技术加速倡导的"更快的生活"信条对生命时间的内

---

① ［英］齐格蒙特·鲍曼：《全球化：人类的后果》，郭国良等译，商务印书馆2001年版，第49页。
② ［法］保罗·维利里奥：《解放的速度》，陆元昶译，江苏人民出版社2004年版，第88页。
③ Robin Mackay, Armen Avanessian, *Accelerate: The Accelerationist Reader*, Falmouth: Urbanomic, 2014, p. 360.

第五章 国外马克思主义技术批判理论的当代发展

在规训。当代资本主义在加速逻辑的支配下开启了一个前所未有的时间意识觉醒的时代,如"越快越好""时间就是生命""美好的生活就是被填满的生活"等一类随处可见的标语,生动地说明了现代人强烈的竞争意识和时间观念。现代社会的加速逻辑给予人们这样的幸福期许:生活步调的加速是我们在面对自身的有限性与死亡问题时所作的(现代性的)回答①。只是时间的资本化和利益化,运用"加速策略"跨越社会时间与生命时间之间的巨大鸿沟,让人们无一例外地被卷入这场没有终点的竞速游戏。维利里奥以绝对速度和相对速度为依据,把人们划分为两大对立阵营,一类人在真实时间的统治下体验着他们在世界城市的虚拟共同体内部的经济活动的本质,另一类人比以前任何时候都要贫困得多,他们在一些地方城市的真实空间里艰难生存。② 因此,他在《消失的美学》一书中大声疾呼道:"停止就是死亡!"当速度成为一种支配生活世界的权力,以"速度拜物教"为核心的文化意识形态不仅从宏观层面上加剧社会等级的固化,而且从微观层面上引发个体生命的自我异化,人们为了不必在物理上移动就能实现对环境的控制,心甘情愿地被通信技术装备起来,只不过"生物学的"与"技术学的"事物融合的后果是真实时间的加速。关于时间异化的后果,罗萨作出了精辟的论述:"时间似乎'落得双重下场':飞快流逝,却又在记忆里不着痕迹。……我们体验到的时间,以及花费在体验上的时间,都相异于我们。而且,对于我们自己的行动和经验缺乏完全的吸收、占有,会导致严重的自我异化。"③ 在大城市显得尤为强烈的时间紧迫感便是最好的例证,人们原本的身体感知为身体移动的速度所改变,尽管处理各项事务花费的时间越来越短了,但迫于时间压力而打乱自然节律的生命体验

---

① 参见 [德] 哈特穆特·罗萨《新异化的诞生:社会加速批判理论大纲》,郑作彧译,上海人民出版社2018年版,第37页。
② 参见 [法] 保罗·维利里奥《无边的艺术》,张新木、李露露译,南京大学出版社2014年版,第70页。
③ [德] 哈特穆特·罗萨:《新异化的诞生:社会加速批判理论大纲》,郑作彧译,上海人民出版社2018年版,第139页。

显然是缺乏深度思考的，最后剩下的只是碎片化记忆或彻底性遗忘。这是由于快节奏生活和快餐文化的浅尝辄止，往往使感性生命在内容上变得乏善可陈，而抽象、空洞的生命体验又进一步强化了社会生活的单调性和无意义感。

当代社会加速批判理论家不只是在一般意义上讨论技术的义肢性，以及它与人的关系问题，还通过揭露现代技术造成的时空压缩、生存经验匮乏、地缘政治瓦解、社会风险增加等一系列新异化现象，对当代资本主义的加速现状及其社会效应展开时间政治学批判。他们采取一种更为现实的态度去看待新技术的快速迭代及其社会影响，使速度问题在"不偏不倚"的视角中不至于被污名化。这不仅有利于人们理解自身所处的加速社会是如何在技术进步、社会变迁、生活理念等要素的相互形塑中得以生成，而且聚焦于速度问题重新激活了马克思的异化理论，同时还拓展了社会批判理论的时间维度。

三　从加速批判话语走向激进突围的可能性

晚期资本主义是在电传科技的座架中实现资本的"无限加速"和全球化运动，今天的我们正在迎来一个以光速时空为存在轴的远程遥控时代，同时也遭到远比技术虚无主义对世界破坏性更强的"速度虚无主义"。面对数字地缘政治、破坏性生产以及快餐式文化带来的社会负效应，我们究竟应该何去何从呢？社会加速批判理论家从速度政治学视角，对电传科技及其社会后果展开了激进批判，并提出对抗当代资本主义加速逻辑的三种策略——回归"慢速生活"、重建"共鸣"关系、夺取加速技术的领导权。在一定意义上弥补了技术批判理论时间政治学向度的缺失，但相对忽视技术社会历史性质的分析，使他们对抗加速社会的具体方案带有浪漫主义、悲观主义和理想主义的色彩。

第一，批判对速度的盲目崇拜，倡导通过"慢速生活"向身体的本真性存在复归。维利里奥运用知觉现象学的方法，全面审查了以信息通信为典型的现代技术，深刻揭示了"新型的远程宗主政治中不同政治主体的生存断裂"①，提出以"慢速生活"方式破解资本主义的加速策略。他认为，速度作为人的生存环境在思想观念上表现为一种追求高效、快捷和利益最大化的"速度拜物教"。一方面，对速度的崇拜不断强化着当代资本主义速度政权的合法性基础，使加速逻辑以潜移默化的方式渗透社会生活的各个方面；另一方面，对速度的迷恋催促人们拖着疲惫的身体不停地向前奔跑，即便他们并不知道目的地在何处，由此割裂了主观世界与客观世界之间的内在联系。面对当代资本主义借由速度暴力杀死了在场、剥夺了知觉、取消了深度思考的生存困境，维利里奥断言世界在表面的地平线和深层的地平线相继消失之后会被压缩进"屏幕的方形的地平线"，作为"一种'遗忘的文明'的前所未闻的可能性的远程通讯的结果，是一个没有未来、没有过去的直接性事物的社会"②。但他在讨论新技术和人的未来时并不全然充斥着悲观和绝望的情绪，而是强调技术进步为人类文明带来新风险的同时也蕴含着新的可能性。当代资本主义通过技术的解域性力量侵蚀作为生命表达的身体，只有摆脱技术思维的控制才能归还身体的感性本能。维利里奥试图把身体设定为技术的边界，以"缓慢"或"减速"的生活对抗速度拜物教和技术依赖症，为打破全球化的"速度暴力"魔咒留下了希望的微光。具体而言：一是鼓励人们在闲适的慢生活中利用充足的时间进行深度思考，反思过去忙碌的生活状态并加以调节；二是提倡人们在亲近自然、远离都市生活的过程中向身体的本真性存在回归，此时与生命高度融合的现代技术也在对世界的真实体验中被剥落。然而，维利里奥对回到慢速社会的期待实则带有强烈的复古主义倾向，追求的只不过是一种新亚里士多德主义式的主体间性。他过分沉溺于慢生活的美好幻象而拒斥现代文明的做法，最终把人类引向无家可归的穷途末路了。

第二，批判新的异化形式，诉诸以"集锦式人格"为特性的新主

---

① 张一兵：《文本的深度耕犁》，中国人民大学出版社2019年版，第215页。
② [法] 保罗·维利里奥：《解放的速度》，陆元昶译，江苏人民出版社2004年版，第35页。

体重建人与世界之间的共鸣关系。罗萨坦言自己对社会病理学的兴趣很大限度内受惠于他的老师霍耐特,通过全面考察当代资本主义的加速现象及其动力机制,他阐明新异化的根源在于"提升时间密度"的强制逻辑。基于"异化和共鸣的辩证关系"的框架,罗萨建构了一种伦理面向和时间面向的新批判理论,为人们超越加速社会以实现"美好生活"愿景提供了可能的路径。他认为,现代性总是朝着社会加速的方向发展是源于加速与减速的结构性不对称,在所有的减速形式中没有能与之相抗衡的力量。现代社会的稳定模式在罗萨看来是动态的,要超越"坏的快速"与"好的慢速"的简单二分法,明白加速并不必然带来坏的结果,采取减速或停滞的方案既不现实也无必要,正如他所说,"慢速的因特网链接只是一种麻烦,慢速的过山车也一点都不让人激动"①。但为什么人们在社会的快速发展中时常感到疲惫不堪甚至孤立无援呢?罗萨在继承德国批判理论传统的基础上,通过复活"异化"概念来捕捉"加速"的失误,指出快节奏的生活使我们与时空、行动、体验、物品以及自我之间的鸿沟越来越大。这种异化的世界关系是以"去同步化"的病症表现出来的,同时指向生命时间与社会时间的彼此疏离。为此,他开出的药方是以"共鸣"祛除"异化",主张在自我与世界之间建构一种相互回应的共鸣轴,这条轴线则会"在主体与社会世界、物质界、自然、劳动之间的关系中铺展开来"②。作为实践行动的共鸣模式的建立,需要下列四个步骤:一是客体刺激或呼唤着主体;二是主体在作出回应的同时感受与世界的联结并获得自我效能感;三是在同世界产生共鸣的过程中改变自我;四是承认共鸣具有永远不可能强迫或预料变化结果的特征。③ 因为个体对于世界的回应、触动、感受乃至自我

---

① 陆兴华、张生:《法国理论》(第八卷),上海文化出版社2022年版,第156页。
② [德]哈特穆特·罗萨:《新异化的诞生:社会加速批判理论大纲》,郑作彧译,上海人民出版社2018年版,第149页。
③ [德]哈特穆特·罗萨:《加速理论家哈特穆特·罗萨:在速度帝国》,孙一洲、郑作彧校,《澎湃新闻·思想市场》2018年10月3日,https://www.thepaper.cn/newsDetail_forward_2576967,2024年8月29日。

第五章 国外马克思主义技术批判理论的当代发展

改变是产生共鸣的必要条件,故而他把建立"共鸣轴"的重任托付给以"集锦式人格"为特性的新主体,且用社会中的"变色龙"来形容这类主体,而不再执着于高度统一的身份规划,"不断地将自己构造成对于所给定的情景来说是有用的或是令人满意的"①。他的建议与法国后现代主义哲学家德勒兹、加塔利的"游牧主体"如出一辙,都倾向于从主观方面去探寻逃离加速的方式,这实际上是对现存社会秩序的一种理论妥协。此外,罗萨也没有对世界如何激发主体兴趣、主体又怎样感受并改变世界等关键问题作出解释,使人们面对飘忽不定的"共鸣"只能满怀期望地等待下去。

第三,批判对技术的高度垄断,旨在夺取资产阶级技术加速的主导权以释放其潜在生产力。当代左翼加速主义奠基人尼克·斯尔尼塞克与阿列克·威廉姆斯在 2013 年发表的"加速主义宣言"使其名声大噪,这个宣言标志着加速主义作为一种新兴的左翼政治策略正式诞生。在他们看来,晚期资本主义社会从福特制向后福特制的转变实现了生产的自动化、智能化和弹性化,这样做虽然使工人在生产过程中被逐渐边缘化,但将其从繁重的物质劳动中解放出来,而且工人和机器的联合使非物质劳动成为可能,通过对生命速度的深度规训而释放的潜在生产力会造就一种摧毁资本主义的力量。因此,左翼加速主义理论家指出问题不是出在机器身上,而是资本主义生产关系对作为生产力的技术革新的扼制,倘若像经典西方马克思主义那样直接拒绝现代性,就会把批判理论引向让人绝望的死胡同。既然科学技术是中性的,资产阶级可以通过驾驭生产和技术的速度来榨取劳动者的剩余价值,那么无产阶级和左派知识分子同样能够在掌握技术生产力的前提下超越资本的控制。左翼加速主义所采取的立场不是拒斥科学技术,而是"先发制人"地让晚期资本主义社会在高速运转中迅速崩溃甚至死亡。对此,斯尔尼塞克和威廉

---

① [德]哈尔特穆特·罗萨:《加速:现代社会中时间结构的改变》,董璐译,北京大学出版社 2015 年版,第 279 页。

姆斯乐观地表示："认为左派政治要反对技术社会的加速运动，至少从某种程度上来说，这种评价绝对是一种误解。事实上，如果政治上的左派要想拥有未来的话，那么他们就必须最大限度地拥抱这种受压迫者的加速主义的发展趋势。"① 为了顺利推进加速主义的策略，他们提出三个重要且现实的目标：首先，构建一种智识性的下层结构，它的任务是创造新的意识形态、新的经济模式和新的社会模型，以达成"自我批评和自我掌控"的启蒙理想；其次，进行大范围的媒体改革（包括传统媒体和新媒体），因为报纸、电视、网络等多渠道传播使信息更透明、更公开；最后，重组阶级权力以形成一种新的无产阶级身份，无论这种权力形式是暂时的还是永久的、是政治的还是工团主义的、是全球性的还是区域性的形式。② 而最为关键的是，无产阶级要充分掌控并精通现代科学技术，使生产、金融、物流和消费的数字平台不再为资本所垄断，并将认知劳动阶级的生产潜力最大限度地激发出来。只是沿着左翼加速主义的思路继续走下去，人们很可能会遭遇技术精英主义和数字极权主义的风险，因为这一走向"后人类"和技术乌托邦的行动策略，无疑充满了近代启蒙理性的愿望与普罗米修斯式的人道主义色彩。在这个意义上，奈格里肯定了加速主义对"组织生态学"的政治架构，同时批评了蕴含其中的技术决定论倾向③。不过他们承认生产和技术领域相较于伦理和政治的基础性地位，积极探索跳出加速旋涡的乐观精神仍是值得肯定的。

当代社会加速批判理论家敏锐地捕捉到晚期资本主义社会全面加速的发展新动向，尤其是网络信息技术在生产和生活中的广泛应用及其对

---

① Robin Mackay, Armen Avanessian, *Accelerate*: *The Accelerationist Reader*, Falmouth: Urbanomic, 2014, p.354.
② ［加］阿列克斯·威廉姆斯、尼克·斯尔尼塞克：《加速主义宣言：超越资本主义对技术的压制》，蓝江译，《澎湃新闻》2018年3月13日，https://www.thepaper.cn/newsDetail_forward_2019817，2024年8月29日。
③ 参见张一兵《社会批判理论纪事》（第15辑），江苏人民出版社2023年版，第32页。

人类社会的深刻影响。自维利里奥开创"速度学"以来便吸引了越来越多的学者研究速度问题，他们从政治学、社会学、文化学等不同视角诠释内嵌于现代社会的加速逻辑以及它所产生的新异化现象，通过对当代资本主义依托加速技术的柔性剥削方式及其对生命速度的宰制展开多元化的激进批判，提出"减速""共鸣"或"加速"等不同的解放策略，使人们从一片荒芜的"速度帝国"中突围出来。因此，加速批判理论家把技术与速度联系起来思考当代资本主义面临的发展困境，在很大限度内弥补了社会批判理论时间向度的缺失，但他们对马克思主义理论的曲解或偏离使其行动策略极其不切合实际。以此为鉴，在面对数字资本主义时代的加速异化现象时，我们绝不能草率地将现代技术拒之门外，要辩证地看待技术的两面性并进行政治经济学的批判性解析，指明有效地规避加速技术带来的新异化和"人类世"困局的现实可能。

第六章　国外马克思主义技术批判理论的特征与得失[*]

作为国外马克思主义理论家反省当代资本主义社会中人的生存境遇的一面棱镜，技术理性批判不仅重构以人本主义为底色的技术价值观，而且拓宽马克思主义技术哲学的理论视域。尽管在具体讨论现代技术与伦理价值、政治效应、生态后果等之间的关系问题时存在分歧，但他们始终把技术批判与制度批判结合起来的做法决定了其共同的价值取向和理论特质。基于新时代马克思主义科技观创新发展的理论诉求和我国实现高水平科技自立自强的现实需要，从总体上把握国外马克思主义技术理性批判的基本特征与理论得失，是我们正确理解国外马克思主义发展的理论主题和内在逻辑，有取舍地汲取蕴含其中思想精华的必要前提。国外马克思主义技术批判理论呈现多学科的研究视角和多形态的发展格局，如若我们不能通观其核心议题、理论进路以及价值诉求所展现的思想特质，就难以进一步回答技术理性批判的得失问题并予以理论定位，更无法真正从国外马克思主义研究的中国立场出发阐释其当代价值和借鉴作用。

---

[*] 本章节部分内容在下列期刊发表：张星萍：《西方马克思主义技术理性批判的基本特征》，《中国社会科学报》2023年6月27日第3版。

第六章 国外马克思主义技术批判理论的特征与得失

第一节 国外马克思主义技术批判理论的基本特征

基于历时性和共时性的总体研究，国外马克思主义技术批判理论的思想画像日益清晰。它是立足 20 世纪资本主义的新发展和新征候，以马克思主义理论和当代西方哲学为思想资源，从不同视角对现代技术及其社会后果展开批判性反思的理论成果。在国外马克思主义理论家看来，既然现代人罹患"异化综合征"的根源在于技术理性与资本逻辑的合谋，那么就理应通过哲学价值观和社会制度的双重变革实现人的自由而全面的发展。这不仅构成国外马克思主义技术理性批判的核心论点，而且也彰显了其独特的理论视域和价值旨趣。就此而言，国外马克思主义技术批判理论既具有一般技术哲学的理论共性，也具有与之相区别的理论个性。认真总结国外马克思主义技术批判理论的基本特征和精神气质，有利于进一步发展马克思主义的"技术—社会批判"学术传统，为我们正确认识它与当代西方技术哲学之间的关系提供理论依据。

一 以"技术的合理性问题"为核心议题

自古以来，技术就以各种不同的形式存在于人类的生活环境里，使人类获得了认识和改造世界的物质力量和思想自信。发达资本主义国家抓住了几次科技革命和产业变革的发展契机，相继崛起为引领世界发展格局的典型科技强国。然而，人们越来越深切地感受到技术进步对自然、社会和人类自身都提出了前所未有的挑战，如生态危机的全球化、法西斯主义势力的猖獗、核武器的扩散、人性向物性的妥协。一大批西方知识分子开始把理论视线转移到同现代性危机纠缠在一起的技术问题上，从不同视角介入技术研究，形成工程主义和人文主义的理论传统。国外马克思主义理论家作为马克思主义的拥趸同样关心无产阶级的命运，他们围绕"技术的合理性问题"所展开的物化批判、意识形态批判和生态批判无一不指向人的解放。在理论立场上，他们与人文主义的技术哲学基本一致，但又不局限于后者在思辨哲学的层面控诉现代技术产生的消极影响，而是致力于把技术批判与制度批判联系起来探索通向解放之路的可能性。

哈贝马斯认为，"哲学在其形而上学和黑格尔以后的潮流中，正在朝向一个合理性理论的汇聚点奔去"①。作为一个评价性或规范性概念，"合理性"指的是对人的行动是否合乎规律性与目的性的评价，实质上就是用理性的眼光去审视、矫正和完善现实生活。自工业革命以来，理性与技术的高度融合催生了技术理性，至此人的理性获得了稳定的物质形式，不仅广泛地渗透社会生活的各个领域，而且作为一种追求效率的世界观支配着人们的思维方式和行为模式。因此，从技术理性及其实践的批判中引申出的技术合理性问题，主要是指根据科学的理性观和价值观对技术行为及其社会后果进行反思、评价和规范。这是在逻辑实证主义以轻蔑的态度将神学和形而上学从知识的殿堂中赶出去以后，现代人本主义哲学家对价值和意义问题所给予的理论观照。人们通常是在两个意义上把技术确认为合乎理性的活动：一是源于理性世界的认同，即作为理论知识的技术体系是建立在对自然世界的真理性认识基础上的认识性活动，它体现的是一种技术"能够做什么"的认知性思维；二是源于生活世界的认同，即作为实践活动的技术应用是建立在对人类社会的正确认识前提下的生产性活动，它遵循的是一种技术"应当做什么"的批判性思维。就此而言，国外马克思主义理论家不是从经验层面解决某项具体技术行为及其使用过程中出现的认识问题，而是从科学技术成为第一生产力的客观现实出发追问它对于政治、经济、文化以及日常生活的合理性问题。

在论及现代技术"能够做什么"的事实问题时，国外马克思主义

---

① ［德］赫尔伯特·施奈德巴赫：《作为合理性之理论的哲学》，载《德国哲学》（第七辑），北京大学出版社1989年版，第165页。

第六章 国外马克思主义技术批判理论的特征与得失

理论家从不同侧面剖析了它在晚期资本主义社会中发挥的生产力和意识形态的双重功能,不仅极大地提高了社会生产力水平,而且奠定了当代资本主义统治的合法性基础。马克思认为,科技成果一旦转化为直接现实的生产力就会成为"最高意义的革命力量",从而引发生产方式的变革、产业结构的调整和生活方式的转变,社会形态也随之实现从低级向高级的跃迁。在此基础上,国外马克思主义理论家明确提出"科学技术是第一位的生产力"的观点,指出当代资本主义正是通过对外部自然和内部自然的总体控制再一次获得了历史性的喘息机会。一方面,利用先进的技术手段对自然资源进行大规模开采和深度加工使之资本化;另一方面,在可计算性和可操作性的技术规则下形塑与现代资本主义生产体系相匹配的主体(包括人的身体和心理)。卢卡奇明确指认,现代资本主义实质上是建立"在合理技术基础上的严格合理的劳动组织"[①],包括人在内的一切事物都被整合到机械化、程式化和数字化的劳动过程中,在很大限度内消解了人的主观能动性、提高了社会的生产效率、改善了人的生活环境。葛兰西更强调科学管理和技术进步在资本主义社会转型过程中的重要作用,他把福特制生产模式在意大利迅速发展的原因归结为"意大利的生产集体,从来也没有积极地反对那些旨在降低成本、劳动合理化、在整个企业范围内采取最完善的自动机构和建立最完善的技术组织的新设施"[②]。相较于卢卡奇而言,他从肯定性方面阐明福特主义和欧洲不同程度的"美国化"代表了人类历史的前进方向。之所以这样,是因为葛兰西看到了新的生产方式要求形成与之相适应的道德标准和心理结构,如为保证资本主义生产体系的高速运转而反对工人酗酒和过度纵欲,这在客观上有利于培育他们健康的生活习惯与和谐的家庭关系。法兰克福学派侧重于剖析技术理性对思想文化、政治统治、日常生活等微观层面的广泛影响,并把"科学技术就是意识形态"

---

① [匈]格奥尔格·卢卡奇:《历史与阶级意识》,杜章智等译,商务印书馆1999年版,第164页。
② [意]安东尼奥·葛兰西:《狱中札记》,葆煦译,人民出版社1983年版,第394页。

这一论断系统化和完善化，明确技术统治意识构成了当代资本主义的合法性基础。具体来看，在政治方面通过现代技术内蕴的合理性原则使公众"非政治化"，在经济方面利用现代技术的现实转化能力制造层出不穷的文化产品和消费欲望，在文化方面凭借现代技术的同一性逻辑把社会的一切反对派都消灭掉了。生态学马克思主义则集中讨论了技术与生态之间的关系问题，指认技术的资本主义使用是环境问题的始作俑者，现代技术作为"控制自然"和"控制人"之间的纽带，不仅割裂了人与自然的内在联系使全球性生态危机愈演愈烈，而且进一步加剧了社会的不均衡发展。所以，国外马克思主义理论家不仅看到了技术在器物层面上对生产力的推动作用，还注意到它在制度和文化层面上对生产关系的塑造作用，从现实角度回答了"技术究竟能够做什么"的问题。

在论及现代技术"应当做什么"的价值问题时，国外马克思主义理论家从晚期资本主义社会普遍存在的物化现象出发反思技术理性的内在缺失，主张在变革资本主义生产方式的前提下重塑彰显人文向度的技术文化。一般来说，技术的价值评价和伦理规约要求人们把技术活动从"是"的问题转向"应当"的问题。国外马克思主义理论家对技术"应当做什么"的价值判断则是在对技术理性的批判中逐渐铺展开来的，他们从物化批判到意识形态批判再到生态批判，都无一例外地指向了技术的人本主义向度。由技术和理性结合而成的技术理性构成了现代西方社会意识形态的内核，通过自然的祛魅化和人的工具化实现剩余价值的最大化，但是现代技术在经济上的胜利为人的不自由提供正当性，社会的不合理秩序也就在技术合理性的幻影中被合理化，由此形塑了"一个致力于最大规模的物质生产和消费的，由计算机所控制的完全机械化的新社会"[①]。大多数国外马克思主义理论家对现代技术的意识形态功

---

① Erich Fromm, *The Revolution of Hope: Toward a Humanized Technology*, New York: Harper & Row, 1968, p. 1.

能基本上秉持的是一种否定态度，他们严肃指责了片面追求效率的工具理性，实际上是为资本主义和官僚主义进行隐性辩护的思想意识，不仅在生产领域消解了人的自主性和创造性，而且在消费领域炮制层出不穷的虚假需要以掩埋大众对自由的向往。尽管他们对科学技术蜕变为工具理性及其社会影响的论述着墨甚多，但几乎不曾直截了当地划定技术的伦理底线。然而，我们也不能就此草率地断定国外马克思主义理论家无视技术的"应然问题"，其从不同视角对技术异化现象的激进批判事实上清晰地展现了他们对于技术促进人的自由所保留的些许希望。具体而言，国外马克思主义理论家对技术的伦理审视是以批判的形式表现出来的，在对实证主义的驳斥中生成批判的理性观、在对技术理性的批判中呼唤价值理性的回归、在对技术统治意识的抗争中改造现有技术体系和在对技术控制自然的反省中倡导合乎生态理性的价值观，目的无一不是为了破除"科技万能论"的沉疴痼疾，从而确立以"人本原则"为内核的现代技术范式。这表明国外马克思主义对技术理性泛滥的强烈不满，为此他们把技术是否有利于发挥人的主体性、是否有利于实现社会公平正义、是否有利于保护生态环境作为考量技术实践的伦理尺度，力图通过对技术异化的批判和主体精神的重塑，推动现代技术朝着人性化、民主化和生态化的方向转型。国外马克思主义理论家并没有止步于现象描述，而是基于人本主义立场回答了技术"应当做什么"的问题，强调不仅在价值层面重塑彰显人文精神的技术伦理观，而且在实践层面倡导有益于人与自然、他人以及自身之间和谐共生的技术发展观。

二 以价值和制度的双重批判为理论进路

尽管国外马克思主义理论家对"技术的合理性问题"的批判性反思呈现出异质性和多元化的理论样态，但他们始终围绕着价值批判与制度批判的双重逻辑展开理论探索，从不同侧面探讨技术与人性、政治、生态、消费等之间的关系问题。正是这一理论路向使国外马克思主义理论家的技术主张与西方技术哲学划清了界限，同时在很大程度上决定了国外马克思主义技术批判理论的现实性和批判性的特质。归结起来，一方面他们把技术问题置于广阔的社会历史语境中加以考察，有利于克服人本主义技术哲学家停留在思辨层面追问技术合理性的空洞性；另一方面他们在总体上对技术持一种批判的态度，能够有效避免工程主义技术哲学家囿于技术系统研究其内部结构的狭隘性。

从哲学价值观批判的维度看，国外马克思主义理论家认为工具理性和价值理性构成了"理性"的基本内容——前者追求效率的最大化、后者追求人的自由，他们强调只有在价值理性规范下的工具理性才能使社会良性发展。然而，近代自然科学在把人们从宗教神学的桎梏中解救出来的同时，使理性越来越走向技术化、工具化和形式化，至此"理性"退化为失去价值理性指导的工具理性。这种对理性的片面理解，又使实证主义哲学大行其道，消费主义文化和"控制自然"观念也逐渐成为人们普遍认同的价值观，这导致人们对科学技术的非理性运用，进一步加剧了社会、人与自然三者之间的紧张关系。

国外马克思主义理论家把视线从生产领域转移到日常生活领域，着眼于"技术的合理性问题"重新审视当代资本主义的发展悖论，尤其是人们正在遭遇的意义匮乏、生态恶化、消费异化、符码垄断、速度暴政等现实问题，更促逼批判理论家追问技术的价值和人类的发展方向。早期西方马克思主义对物化意识消解革命主体性进行反省，法兰克福学派对实证哲学和消费主义扼杀人的否定性思维和批判性精神加以控诉，生态学马克思主义对西方文化传统中"控制自然"的观念及其生态后果展开批判，当代激进左翼思潮对技术代码、消费社会以及速度帝国的无情鞭挞，无一不是从哲学价值观批判的视角揭示技术理性的内在缺陷，表达了他们对当代资本主义高度一体化及其全面控制人和自然的极力抗争。在批判理论家看来，工具理性追求的可核算性和效率优先性原则与资本主义现代性价值体系不谋而合，通过"将先验的、辩证的理性与形式主义的、定量的、技术的、操作的、

第六章 国外马克思主义技术批判理论的特征与得失

工具的理性做了对比"①，使工具理性盛行的哲学基础、文化根源以及社会功能等一系列问题得以澄明，从而揭露组织化资本主义社会为科技意识形态所遮蔽的剥削本质，通过唤醒无产阶级意识使社会革命的发生成为可能。所以，国外马克思主义理论家并没有像马克思主义经典作家那样，他们更侧重于从文化批判视角探究作为意识形态的科学技术及其应用问题，而不是把理论的焦点置于政治经济学批判视域考察作为生产要素的科学技术及其应用问题。这就决定了其纾解技术社会困境的良方首先是从恢复主客体统一的辩证法着手，因为工具理性把目的和价值问题推到技术实践的范围以外造就了失去否定向度的社会，所以只有汲取康德、黑格尔和马克思关于总体性和辩证法的范畴，才能恢复马克思主义哲学的批判性，激发革命主体的反抗意识。对此，霍克海默这样说道："批判乃具有这样的辩证功用：它并非仅仅依据孤立的材料和概念，而是根据每一历史阶段的原始和整体内涵，根据把这种看作是起决定性作用的东西，来衡量每一历史阶段。"②

从资本主义制度批判的维度看，国外马克思主义理论家指出技术与资本的合谋使技术理性成为一种新型意识形态控制着人和自然，资产阶级借助现代技术大肆宣扬消费主义价值观和生存方式，使原本蕴含现代技术的价值理性及其解放潜能被逐步消解。在他们看来，当代资本主义实质上是在工具理性膨胀而价值理性萎缩的不对称发展中走向高度一体化的极权主义社会，因为"当技术变成了物质生产的普遍形式，它就限制了整个文化的范围；它设计了一个历史性的总体——一个'世界'"③。国外马克思主义理论家再三强调技术的资本主义使用而非技术本身是造成人和自然异化的罪魁祸首，主张通过哲学价值观和社会制

---

① ［美］瓦尔·杜谢克：《技术哲学导论》，张卜天译，中信出版集团2023年版，第75页。
② ［德］马克斯·霍克海默：《批判理论》，李小兵等译，重庆出版社1989年版，第236页。
③ ［美］安德鲁·芬伯格：《技术批判理论》，韩连庆、曹观法译，北京大学出版社2005年版，第80页。

度的全面变革实现"人—自然—社会"之间的协同发展。

在谈论现代技术的非理性运用问题的时候,国外马克思主义从来没有脱离当代资本主义的现实语境,主张在变革资本主义生产方式的前提下弥合工具理性和价值理性之间的鸿沟。早期西方马克思主义倾向于把现代技术理解为非实体性的形式理性,在对资本主义生产过程的批判中揭示作为物化形式的现代技术对思想的侵蚀和价值的贬黜,为法兰克福学派的工具理性批判奠定了理论基础。卢卡奇通过援引韦伯的合理化理论剖析现代资本主义的物化结构时,发现形式理性因素的不断增加磨灭了人的独特个性和自由意志。葛兰西对此持相同意见,他认为福特制生产是对人的主体性和创造性的根本抹杀,控诉这种生产方式对日常生活的"人性化"管理。法兰克福学派则把批判的矛头直接指向了现代技术及其社会后果,在对工具理性的全面检视和深层批判中图绘了晚期资本主义的政治文化样态。这样,工具理性不仅把政治问题转化为技术问题,使公众专注于知识兴趣而非解放兴趣,而且借助技术手段大肆地宣扬消费主义的价值观和生存方式,使公众逐渐失去了反抗意识。霍克海默对实证主义的严厉批评、阿多诺对文化工业形塑社会同一性的忧心忡忡、马尔库塞对技术合理性奴役人和自然的激进批判、哈贝马斯对生活世界殖民化的极力反对,无一例外都是从制度批判的视角出发反思工具理性向政治、经济、文化乃至日常生活领域的不断扩张及其社会后果。自20世纪七八十年代以来,愈演愈烈的生态危机使国外马克思主义把理论聚焦于环境问题及其全球化趋势,甚至认为生态危机已然取代经济危机而成为晚期资本主义社会的基本矛盾。尽管生态学马克思主义不同时期的研究重心有所不同,但他们大多通过对资本主义价值体系和生产方式的批判性反思得出"资本主义的反生态本性"结论。具体来说:一方面,资本主义文化对待自然的功利主义态度,在他们对"控制自然"的观念和消费主义价值观的反省中得到说明;另一方面,资本主义制度有违生态有限性的增长模式,在他们对片面追求利润最大化生产模式的批判中展露无遗。而芬伯格对公众参与技术设计的民主设想、伯

第六章　国外马克思主义技术批判理论的特征与得失

明翰学派对媒介文本的意识形态解码、鲍德里亚对拟真技术的"超现实"批判、加速批判理论家对速度帝国的诘问和拯救，也从不同侧面反映了国外马克思主义理论家对当代资本主义全球化、数字化和加速化的发展趋势及其技术未来的高度关注。他们清醒地认识到作为整体生活背景的现代技术，凭借其复杂性、系统性、高效性等特性向人们的日常生活全面渗透，为现代社会带来极大便利的同时也将人们置于一种不确定的高风险状态。

国外马克思主义的技术批判思想不是完全脱离了实际的纯粹理论思辨，而是在不同程度上秉承马克思社会批判传统的现实观照。从卢卡奇到法兰克福学派再到晚近马克思主义者基于对当代资本主义总体性危机的病理学诊断，从哲学价值观和资本主义制度的双重维度展开技术理性泛滥及其社会后果的深层批判。正因为他们始终把价值批判与制度批判结合起来反思技术异化现象，才使其在众声喧哗的现代性批判浪潮中独树一帜。美国技术哲学家兰登·温纳在《当代技术哲学与社会批判》一文中指出，西方技术哲学尤其是经验论转向以后越来越倾向于远离公共领域而隐居到大学校园和学术机构，并且更愿意对具有争议性的技术选择问题作出"弹性解释"，之所以选择暧昧不明的态度是因为他们害怕被扣上反技术主义或技术决定论的帽子[①]。与之截然不同的是，国外马克思主义理论家旗帜鲜明地表明他们反对资本主义条件下现代技术的意识形态化及其剥削本质的看法，这种激进的批判立场因过于强调主体性逻辑而偏离了政治经济学的批判路线，不过他们敢于直面现实的理论勇气和对人类命运的深切关心仍是值得激赏和学习借鉴的。

三　以"人的自由全面发展"为价值诉求

"人的解放"问题是人类历史发展的永恒主题，同时也是马克思主

---

① [美] 兰登·温纳：《当代技术哲学与社会批判》，安军译，《科学技术哲学研究》2009 年第 5 期。

义哲学孜孜以求的终极目标。关于这一点，北美马克思主义理论家阿格尔明确指出："马克思主义不是一种纯思辨的方案，不是流于自我欣赏的我行我素，而是一种方法，一种把解放理论和关于社会主义可能性的设想与被压迫人民的日常斗争联系起来的方法。"① 国外马克思主义理论家在不同程度上坚持了马克思"改变世界"的信念，把高悬于"天国"的技术之思拉回到"人间"，从不同视域对当代资本主义条件下技术异化展开了全方位、深层次、宽领域的批判性分析，为人们冲破科技意识形态的束缚和奴役提供了新的思路。实际上，解放政治学的规划从来就内在于国外马克思主义理论家对"技术的合理性问题"的沉思中，他们通过资本主义的总体性批判重建现代技术的批判意识、人文向度和生态之维，旨在实现人和自然的双重解放。

西方马克思主义的出场与国际共产主义运动遇挫和当代资本主义新变化息息相关。一方面，西欧社会运动的相继失败使共产国际内部围绕革命策略问题展开激烈争论，其结果是催生了"企图探索不同于传统马克思主义和现实社会主义的另一条'新道路'"② 的西方形态的马克思主义哲学；另一方面，当代资本主义社会的统治方式从政治、经济领域延伸至文化领域，这种包括身体和心理在内的总体性控制使阶级斗争理论面临前所未有的挑战，由此决定了发现新的革命主体成为摆在国外马克思主义面前的迫切理论任务。在承袭马克思主义注重批判性和现实性的学术传统基础上，批判理论家们把重心从政治经济学批判转换为文化哲学批判。对此，英国学者佩里·安德森在《西方马克思主义探讨》一书中分析指出："整个西方马克思主义传统的指针就不断摆向当代的资产阶级文化。马克思主义理论同无产阶级实践之间原有的关系，却微妙而持续地被马克思主义理论同资产阶

---

① ［加］本·阿格尔：《西方马克思主义概论》，慎之等译，中国人民大学出版社1991年版，第5页。
② 张一兵、胡大平：《西方马克思主义哲学的历史逻辑》，南京大学出版社2003年版，第8页。

级理论之间的一种新的关系所取代。"① 国外马克思主义对技术理性的批判是文化意识形态批判理论的内在组成部分，探索西欧社会人的自由和解放问题构成了其理论旨趣。但不同理论家因受不同文化传统的熏陶和个人学术兴趣的影响，各自理论的侧重点有所不同。他们在剖析当代资本主义社会结构及其技术异化成因的基础上，大致形成了两种不同的解放策略。

其一，早期西方马克思主义和生态学马克思主义更侧重于关注作为整体的人的自由和解放问题，他们强调在技术理性支配下的资本主义生产过程对人和自然的深层压榨和全面盘剥，主张通过主客体统一的辩证法或建构生态社会主义社会以实现人的全面发展。更确切地说，早期西方马克思主义主张把马克思主义哲学理解为"总体性辩证法"是唤醒无产阶级意识的理论武器，生态学马克思主义强调通过"红绿联盟"的生态政治革命实现人与自然的全面解放。

在西方马克思主义的最初发展阶段，卢卡奇、柯尔施、葛兰西等人致力于反思西欧社会主义革命的失败原因和战略问题，反对第二国际理论家把马克思主义庸俗化、实证化和教条化的做法，力图恢复辩证法在马克思主义理论体系中的应有地位，主张"把人推出来作为实践的主体，重申了马克思主义哲学的主体性原则，这无疑是在当时窒息人的主体性的机会主义及机械唯物主义的笼罩下扬起的一股颂扬人的主体性的清风"②。当代资本主义社会的合法性基础主要源于文化思想领域的意识形态控制，而不是国家机器的暴力统治，尤其是随着技术合理性向社会生活的推行，工人阶级的革命意识被极大地削弱甚至消解了，故而革命主体的生成问题成为贯穿西方马克思主义第一代思想家的理论主线。卢卡奇认为，现代技术作为一种形式理性应用于物质生产过程，同时对劳动者的思想意识也起到潜移默化的作用，使之形成单一化的、机械化

---

① ［英］佩里·安德森：《西方马克思主义探讨》，高铦等译，人民出版社1981年版，第72页。
② 刘卓红：《历史唯物主义新形态的探索》，人民出版社2006年版，第62页。

的、程式化的思维方式，以至于割裂了人与自然、社会以及他人之间的内在联系，从而遮蔽了资本主义的剥削本质，使无产阶级革命因失去主体而成为无稽之谈。所以，卢卡奇对形式理性造成的物化意识展开无情地批判，目的就是为了培育成熟的无产阶级革命主体。这里卢卡奇已经开始从文化批判视域反思技术问题，对于无产阶级革命意识在历史上的决定性作用予以高度重视，这正是他不同于马克思主义阶级斗争理论的地方。葛兰西的实践哲学也表达了同样的看法，他通过对东西方社会结构的剖析指出，西方资产阶级政权难以推翻的原因在于其凭借强大的市民社会而形成的文化领导权。基于此，他主张进行包括政治、经济和文化在内的总体革命，尤为强调人在革命实践中的主体地位，提出培育同资产阶级意识形态作斗争的有机知识分子，从而成功地建立以无产阶级政党为主导的社会统一战线。

生态学马克思主义理论家根据西方社会日益严峻的生态问题，迫不及待地将社会的基本矛盾从经济领域转向了生态领域，认为马克思把资本主义的崩溃归因于经济危机是不合时宜的，有必要从生态视域重建历史唯物主义，据此提出用生态革命替代阶级革命的理论主张。尽管他们在不同程度上受到人类中心主义、生态中心主义、后现代主义等哲学文化思潮的影响，缺少对当代资本主义生产关系进行彻底批判，但尝试把马克思主义与生态学结合起来探讨生态问题的成因和出路，提出"资本主义在本质上是反生态的"命题的做法仍旧没有超出马克思主义的理论框架。早期生态学马克思主义侧重于从意识形态领域入手转变消费主义的生存方式，如莱斯从"控制自然"意识形态的批判中走向"较易于生存的社会"，阿格尔的"期望破灭了的辩证法"为人们提供了挣脱"劳动—闲暇二元论"束缚的可能性。晚期生态学马克思主义更注重从人类长远利益出发批判资本主义高生产和高消费的发展模式，主张通过社会主义方向的生态重建实现人和自然的解放，如高兹指出以生态理性限制经济理性的扩张有效避免了社会资源浪费，奥康纳认为从分配

第六章 国外马克思主义技术批判理论的特征与得失

性正义转向生产性正义有利于公众直接参与决策,福斯特在建构马克思主义的生态学时提出把生态革命与社会革命联合起来的斗争策略。归结起来,生态学马克思主义理论家并没有从根本上否定理性,他们真正反对的是工具理性、经济理性、技术理性的恶性膨胀,更没有放弃人类解放的理想追求,致力于通过变革资本主义的消费主义价值观念和片面追求利润的生产方式克服人与自然之间的敌对关系,建立一个以社会正义为目标的生态社会主义社会。

其二,法兰克福学派更倾向于关注作为个体的人的自由和解放问题,他们从大众文化、消费异化、生活世界殖民化等视角揭开了当代资本主义社会压抑和摧残人性的面纱,主张通过批判理性、审美救赎、交往理性、心理革命等不同策略改造技术理性,在技术人性化的过程中重新确立人的主体性地位和批判性精神,最终把他们从社会的总体控制中解救出来。应该说,法兰克福学派对当代资本主义畸形发展的无情揭露和严肃批评达到了愤慨万分的程度,在很大限度内同反资本主义的人本主义思潮产生了思想共鸣,注重从生存论意义上探讨个体的自由和尊严问题。

法兰克福学派对工具理性的批判与其社会批判理论是血脉相通的,通过运用多学科综合研究的方法全面检视当代资本主义乃至整个人类文明内在逻辑的种种弊端,以揭示标榜客观中立的科学技术及其工具主义特征对人性的压抑,主张以内在批判路径对抗任何形式的极权主义,把自我救赎的希望投向彰显个性自由的艺术领域。阿多诺认为,文化工业的繁荣非但没有满足人的精神需要,反而麻痹了人的思考神经和批判意识。因为文化打上了工业技术的烙印就意味着它的意义在批量生产和随意复制的过程中被逐渐稀释,人的个性也被湮没在标准化、齐一化、伪个性化的大众文化中,只有诉诸高雅艺术的自律性和超越性才能释放人的潜能。关于阿多诺的文化工业批判理论,美国思想史学家理查德·沃林作出这样的评价:"在现象世界之无处不在的堕落中,艺术作品拥有一种独一无二的拯救力量:他们把这些现象置于某个自由塑造的、非强制的、整体的处境中，借此把他们从其残缺的日常状态中拯救出来。"①马尔库塞也强调，发达工业社会利用大众传播媒介技术大肆地宣扬消费主义价值观及其生存方式，使人们因沉浸在虚假需求得以满足的消费快感中而丧失了批判现实的能力，由此形成的单向度文化遏制了人的爱欲本能和自由意识。因此，他站在个体生存和发展的立场上主张"为生命而战，为爱欲而战"的本能——心理革命，强调通过艺术的审美功能对现实的否定和超越激发人的"新感性"，使其在同现存社会的彻底决裂过程中走向一种非压抑性文明。不过法兰克福学派把拯救个体尊严和价值的希望寄托在具有颠覆性、批判性、解放性等特征的高雅艺术上，他们对大众文化采取全然拒斥的态度就有失公允了，这种极端论调显然与辩证唯物主义的世界观和方法论是背道而驰的。

不同于早期法兰克福学派对大众文化和现代技术的看法，本雅明并没有彻底否定机械复制时代的艺术作品带给人们的震惊体验，而是指出先进的技术不仅使艺术的社会功能从崇拜价值转向展示价值，而且还催生了以机械复制技术为基础的流行音乐、畅销小说、电视广告等新的现代艺术形式，在大众共享文化艺术的意义上推动社会的民主化进程。正因如此，专注于研究本雅明的德国学者毛姆·布罗德森指出："本雅明对于他对机械复制为大众带来了理解和领悟艺术作品的新的可能性这一估计是过于乐观了。但这或多或少是由他提出的问题所决定的乐观主义。"② 弗洛姆深受马克思和弗洛伊德的思想影响，从人本主义精神分析角度探讨德国法西斯主义产生的心理根源，指明现代人逃避自由而崇拜技术是出于对确定性和安全感的强烈渴望，但同时也把整个社会都置于非人道化的技术控制中，所以只有通过社会的人道化，才能激活个体的生命能量、规范技术的合理使用、促进人的自由而全面的

---

① [美] 理查德·沃林：《文化批评的观念：法兰克福学派、存在主义和后结构主义》，张国清译，商务印书馆 2000 年版，第 121 页。
② [德] 毛姆·布罗德森：《在不确定中游走：本雅明传》，国荣等译，敦煌文艺出版社 2000 年版，第 268 页。

发展。他强调"真正的人"不是依附或凌驾他人之上的不健全的人,而是"富于建设精神、没有异化的人;他与世界友爱地联系着,用理性客观地把握现实;他体验到自己是一个独一无二的个别实体,与此同时,又感觉同他人联系在一起;他不屈从于非理性的权威,而是乐于接受良心和理性的合理权威"[①]。此外,当代国外马克思主义理论家结合符号消费、媒介文化、社会加速等现实问题,阐明了孤立无援的个体究竟该如何走出现代性困境,尽管他们的拯救方案带有理想主义和悲观主义的色彩,但却从未抛弃实现个体的自由和解放的理论承诺。

国外马克思主义理论家不仅从哲学价值观视角考察理性病变的思想根源以重塑技术的人文主义向度,而且从社会制度视角提出改变资本主义生产方式是技术合理运用的前提条件。这种把社会制度、社会结构的变革同人的价值观变革相结合的拯救之道,既有利于克服人本主义技术哲学家停留在思辨哲学层面的空洞性,又有利于避免工程主义技术哲学家囿于技术系统内部的狭隘性,由此彰显其现实性和理想性相契合的精神气质。但我们应清醒地认识到,国外马克思主义的技术理性批判孕育于科学与技术高度一体化的发达资本主义社会,他们对现代性危机的拯救毕竟是从人本主义的抽象人性论中引申出来的,过于倚重文化意识形态批判使其偏离马克思主义政治经济学的基本路线,最终从技术批判滑向了道德乌托邦。

第二节 国外马克思主义技术批判理论的总体评价

如何看待国外马克思主义的技术批判理论,不仅是关乎国外马克思主义哲学的历史定位问题,而且是同中国语境相结合的先决条件。作为马克思主义技术批判思想的当代形态,它既不是极度恐惧技术进

---

① [美] E. 弗洛姆:《健全的社会》,孙恺详译,贵州人民出版社1994年版,第222页。

步的反技术主义，也不是盲目崇拜技术理性的普罗米修斯主义，而是在继承马克思技术批判传统和借鉴西方哲学文化思潮的基础上，从价值批判和制度批判的双重逻辑审视资本主义条件下技术合理性问题的多元思潮。只是技术批判理论所涉及的主题、论域和人物之多，不仅造成了理解上的困难，而且也使总体上评价其理论得失变得没那么容易。为此，首先确定评骘这一理论的参照系显得至关重要，因为思想对照有利于把握事物的共性与个性，正如马克思和恩格斯在《德意志意识形态》中所言，"这些科学正是由于比较和确定了被比较对象之间的差别而获得了巨大的成就，在这些科学中比较具有普遍的意义"①。在此基础上俯瞰国外马克思主义技术批判理论，从正反两面对其作出客观公允的评价，一方面肯定它在揭示技术理性的负面效应、拓展马克思主义技术哲学的理论视域、唤醒主体的批判精神和反抗意识等方面的理论贡献，另一方面批判它对技术理性的片面否定、对马克思主义理论立场的逐渐偏离、对主体革命话语的过分倚重等方面的理论缺陷。

一 评骘国外马克思主义技术批判理论的参照系

众所周知，王国维的《人间词话》是近代极负盛名的一部文学批评著作，他在谈论诗人境界时强调既要"入乎其内"，又要"关乎其外"。我们不妨在方法论上借用这一观点，采取"内省"和"外观"相结合的评价路径，把批判理论家对技术合理性问题的看法客体化，通过将其与相关客体进行比较，对客体化的"技术批判理论"作出较为合理的评定。回溯国外马克思主义技术批判理论的出场语境、逻辑理路和发展趋向，不难发现马克思主义理论和西方技术哲学的思想印记，二者在学术传统、研究方法、价值立场等方面影响着国外马克思主义理论家对技术问题的思考。因此，要想拨开缠绕在国外马克思

---

① 《马克思恩格斯全集》第3卷，人民出版社1960年版，第518页。

第六章 国外马克思主义技术批判理论的特征与得失

主义技术批判理论大厦周围的思想迷雾,就必须把上述两个理论谱系作为参照坐标系,在比较视域中厘清哪些是国外马克思主义理论家所特有的、哪些又是他们与马克思主义经典作家和当代西方技术哲学家所共有的。

从思想源流看,马克思主义技术异化批判思想构成了国外马克思主义技术批判理论的历时性参照,借由对科学技术及其社会后果的批判揭露资本主义"二律背反"的成因和出路是它们共同的价值取向。马克思主义经典作家以辩证的、历史的、发展的眼光看待人类所处的技术困境及其演变过程,揭示了资本主义条件下人的生存境遇和通向人的自由解放之路的现实路径。马克思在其长达四十年的政治经济学研究过程中始终保持着对技术问题的高度关注,在《1844年经济学哲学手稿》《德意志意识形态》《共产党宣言》《资本论》等著作中有大量关于技术的本质、技术的异化、技术与社会的互动等问题的理论思考,特别是被后人称为"技术手稿"的《1861—1863年经济学手稿》,由此奠定了马克思主义技术哲学的社会批判传统。他通过引入"实践"范畴来诠释处于一定社会生产关系之中的技术实践以及隐匿其中的"人—技术—世界"的三维关系,指认技术是表征一定社会关系的人的感性活动方式。技术实践从一开始就蕴含着人文主义的向度,更确切地说,为了满足"人的需要",作为生产实践的科学技术既生产了整个自然界又生产了人自身。以耕作技术为例,农业社会以精耕细作为主的生产性技术提高了土壤肥力、增加了粮食产量、满足了人的生存需要,同时也在潜移默化中改变着人们认识世界和改造世界的方式。然而,当作为彰显人的本质力量的机器技术被迫卷入资本主义生产体系的旋涡时,技术的价值取向就从"人"的尺度转向"物"的尺度,技术进步所带来的"这种节约具有对抗性的双重性质"则表现为两种情形:一是"人们采用机器以及由机器引起的劳动的社会结合,以便最低限度的支出来取得有用的效果";二是"费用的节约从工厂出现之日起就同时是通过对劳动力的疯狂的浪费和对劳动力执行职能的正常条件的最无耻的剥夺来实现的"①。

马克思深入资本主义社会的生产方式及其运行逻辑去审查技术问题，认为作为"社会权力"的技术实践沦为对工人身体规训和思想控制的工具手段。至于科学技术在资本主义生产体系中榨干无产阶级的过程，他给出这样的说明："资本是在既有的技术条件下支配劳动的，最初它并未改变这些条件。因此，如果把生产过程作为劳动过程来看，工人并不把生产资料当作资本，而是把它当作自己有目的的活动的手段。但是，如果把生产过程作为价值增殖过程来考察，情形就不同了。生产资料成了吮吸他人劳动的手段。不再是工人使用生产资料，而是生产资料使用工人了。"② 从动态而非静态的视角谈论技术实践及其社会后果的做法，实际上是在历史唯物主义的框架中研究技术与社会的辩证关系问题，有利于克服传统形而上学的技术追问及其狭隘视域，从而扬弃了资本逻辑主导下的科学精神与人文精神之间的断裂、第一自然与第二自然之间的敌视。基于此，马克思把技术异化的深层原因归结为资本主义私有制，指出只有变革资本主义社会制度才能从根本上摧毁技术与资本之间的"联姻"，使科学技术在生产资料公有制和社会财富共同占有的前提下成为增进人类福祉的解放性力量。他高度肯定了劳动解放对于实现技术正义和人的自由的重要性，在《法兰西内战》一文中强调："只有工人阶级能够把他们从僧侣统治下解放出来，把科学从阶级统治的工具变为人民的力量，把科学家本人从阶级偏见的兜售者、追逐名利的国家寄生虫、资本的同盟者，变成自由的思想家！只有在劳动共和国里面，科学才能起它的真正的作用。"③ 唯有如此，人类才可能彻底摆脱繁重而枯燥的对象性活动，社会自动化和智能化程度的提高在客观上有利于物质生产资料的合理调控，为实现人的全面发展赢得更多的自由劳动时间。

---

① 《马克思恩格斯全集》第43卷，人民出版社2016年版，第486页。
② 《马克思恩格斯全集》第21卷，人民出版社2003年版，第403页。
③ 《马克思恩格斯选集》第3卷，人民出版社2012年版，第149—150页。

第六章　国外马克思主义技术批判理论的特征与得失

从思想共鸣看，西方技术哲学构成了国外马克思主义技术批判理论的共时性参照，在阐释技术的本质规定、技术的社会建构、技术的伦理审查等理论问题时呈现相互融合的发展趋势，尤其是晚近西方马克思主义者对"技术的合理性问题"展开了激进批判。经典技术哲学①承袭了西方哲学二元论的理论传统，从而形成了技术哲学的两个流派——工程学的技术哲学与人文主义的技术哲学。事实上，这种分类源于美国技术哲学家卡尔·米切姆，他在《技术哲学概论》中明确指出："'技术哲学'可以意味着两种极为不同的事物。当'of technology'（属于技术的）被认为是主语的所有格，表明技术是主体或作用者时，技术哲学就是技术专家或工程师精心创立一种技术的哲学（technological philosophy）的尝试。当'of technology'（关于技术的）被看作是宾语的所有格，表示技术是被论及的客体时，技术哲学就是指人文学家，特别是哲学家，认真地把技术当作是专门反思的主题的一种努力。第一个孩子比较倾向于亲技术，第二个孩子则对技术多少有点持批判态度。"② 就工程学传统而言，主要是以工程师或技术专家为中心，侧重于技术的内部分析，把技术理解为人类摆脱自然统治的工具手段，甚至具备相较于人的优先性和自主性，在价值取向上持一种辩护主义立场；就人文主义传统而言，主要是以人文学者为中心，倾向于技术与社会之间互动的阐释，在价值取向上持一种批判主义立场。然而，工程学的技术哲学所划定的以技术话语解释生活世界的路径，把技术理性当作"裁剪"自然

---

① 学界一致认为技术哲学在20世纪80年代以后发生了"经验转向"，但是对技术哲学发展阶段的具体划分有不同的意见。第一种是以汉斯·安切特胡斯为代表，他把20世纪80年代以前的技术哲学界定为"经典"阶段（前一阶段是以工程学的传统为主，后一阶段是以人文主义的传统为主），之后则为"经验转向"阶段。第二种是以菲利普·布瑞为代表，他认为经典技术哲学大约是从20世纪20—80年代，主要对现代技术及其社会影响采取批判式路径；当代技术哲学是自20世纪80年代以后兴起的面向社会的技术哲学、面向工程的技术哲学以及应用技术伦理学，前两条路径是来自技术哲学领域的经验转向。笔者结合美国技术哲学家米切姆的看法更倾向于第一种意见，把工程学传统和人文主义传统都一并归入技术哲学的经典阶段，而把自20世纪80年代以来技术哲学的经验转向统称为"当代技术哲学"。
② ［美］卡尔·米切姆：《通过技术思考——工程与哲学之间》，陈凡等译，辽宁人民出版社2008年版，第23页。

和"检视"人的行动的唯一标准，使人类社会最终必然走向技术极权主义的深渊。人文主义的技术哲学则从"大写的技术"（TECHNOLOGY）出发，反思技术奴役人和物及其社会后果有利于推动"科技向善"发展，但因撇开具体技术而着眼抽象层面的总体性批判，就被贴上了"不懂技术且憎恨技术的政治团体"① 的标签。

归根结底，技术哲学的工程学传统与人文主义传统因植根于西方知识论哲学而囿于形而上学的思维范式去考察技术问题，前者撇开了人及其现实生存语境讨论技术现象，后者忽视了技术的逻辑而去谈论人的问题，从而加剧了技术与人、客观与主观、科学精神和人文精神之间的断裂。自 20 世纪八九十年代以来，为了克服传统技术哲学"先验论"的理论局限性，破除技术乐观主义和悲观主义的对峙局面，以克洛斯、梅耶斯和布瑞等人为主要代表的荷兰学派通过对技术哲学传统的反思，同时借鉴科学知识社会学（简称 SSK）中的社会建构论和科学哲学中的情境论，开启了技术哲学的经验转向运动，其研究纲领是"关于技术的哲学分析应该基于可靠的、充分的关于技术的经验描述（和技术应用效果）"②。1997 年，汉斯·阿特胡斯公开发表著作《从蒸汽机到赛博格：在新世界中思考技术》③，在该书中以六位美国新生代技术哲学家为例，阐明当代技术哲学研究已逐渐从批判范式转向经验范式。布瑞认为，技术哲学的"经验转向"存在两条截然不同的路径④：一是发生在 20 世纪八九十年代的"面向社会"的路径，伯格曼、芬伯格、阿特胡斯等人继承和发展了经典技术哲学的主要论题，更关注具体的（小写的）技术及其对人类生存的影响，对技术采取一种非敌视的、更实

---

① Joseph C. Pitt, "On the Philosophy of Technology, Past and Future", *Society for Philosophy and Technology*, Vol. 1, 1995, pp. 1-2.

② Peter Kroes, Anthonie Meijers, "Introduction: A discipline in search of its identity", *The Empirical Turn in the Philosophy of Technology*, Amsterdam: JAI Press, 2000, p. 24.

③ 该书由美国技术哲学家唐·伊德组织翻译为英文，取名为《经验转向中的美国》（*American Philosophy of Technology: The Empirical Turn*）并于 2001 年公开出版。

④ ［荷］菲利普·布瑞：《经验转向之后的技术哲学》，闫宏秀译，《洛阳师范学院学报》2013 年第 4 期。

际的、更平和的态度;二是发生在20世纪90年代和21世纪初的"面向工程"的路径,皮特、克洛斯、梅耶斯、米切姆等人彻底背离了经典技术哲学的传统,以更为激进的态度聚焦于对工程和技术本身的哲学描述而非评价和规范性分析,在此基础上展示技术系统的内部结构和运行过程。就此而言,当代技术哲学研究的经验范式是从"社会"和"技术"两个向度促逼人文主义和工程主义的传统从分裂走向融合,以现代技术的经验性描述为基础而对其进行的规范性和批判性研究,从而打开了以高度复杂化和差异化为特征的现代技术之"黑箱"。在这个意义上,当代技术哲学的建制化过程被视为一个从抽象的、宏观的、大写的技术外在进路向具体的、微观的、小写的技术内在进路之转变,同时表现为从技术本体论到技术价值论再到技术认识论的发展过程。这种以描述性、规范性和批判性三大主题为核心内容解读技术与社会共同进化的技术研究范式,为避免其中潜在的"社会—技术"二元概念框架而被置于"技术—伦理实践"之中,不仅为技术实践提供了可靠的经验基础,而且塑造了人与技术之间的良性互动关系。

如果说国外马克思主义技术批判理论图景的澄明需要从内部着手,那么完成价值勘定的任务则有必要向外寻求标尺,因为总是局限于批判理论家的"自说自话"和"孤芳自赏"则会不可避免地掉进主观主义的泥淖。为了准确把握国外马克思主义技术批判理论的思想贡献与不足之处,通过援引马克思技术批判思想和当代西方技术哲学两大参照系,把"技术批判理论"作为一个整体性的客体,分别置于历时性和共时性的坐标轴中加以评述是较为妥当的做法。

二 国外马克思主义技术批判理论的合理性

早在20世纪80年代,美国高能物理学家弗里乔夫·卡普拉就在《转折点——科学、社会和正在兴起的文化》一书的开篇写道:"我们发现我们自己处于一场深刻的、世界范围的危机状态之中。这是一场复杂的、多方面的危机。这场危机触及着我们生活的每一个方面——健康与生计，环境质量与社会关系，经济与技术及政治。这是一场发生在智力、道德和精神诸方面的危机，其规模和急迫性在人类历史上是空前的。"① 面对这场由资本的全球化运动所带来的现代性危机，国外马克思主义理论家以技术理性为切入点对当代资本主义微观统治的运行逻辑展开了深刻批判。他们把技术问题与制度批判、消费批判、生态批判、加速批判等结合起来，从多个角度审视现代技术的价值取向及其社会效应，从而形成不同于人文主义、生态主义、社会建构主义等西方哲学思潮的技术批判理论。尽管相较于马克思主义政治经济学批判而言，它是一种理论上的撤退，但绝不能就此抹杀国外马克思主义技术批判理论所提供的独到见解和思想贡献。

第一，深刻地揭示了现代技术的资本主义使用方式带来的负面效应，告诫人们不要盲目相信"技术救世主义"的神话，对技术理性及其向社会生活的渗透持一种相对悲观的态度。作为一种社会思潮的技术乐观主义是与资本主义现代化运动相伴而生的，因为技术在历史的长河中往往被视为一种把人们从饥饿、疾病、贫穷等生存困境中解救出来的力量，甚至有时还被赞扬为社会进步和人类发展的源泉。然而，随着科学技术的突飞猛进以及由它所导致的负面效应日益突出，人们不得不开始思考现代技术的价值指向及其发展前景，国外马克思主义理论家从社会批判视角介入了这一问题。他们揭示了由科学技术和理性主义结合而成的技术理性与极权主义之间的内在联系，不仅戳穿了当代资本主义的虚假繁荣和"技术救世主义"的谎言，而且让人们清醒地认识到"历史进步主义"的狂悖、"科技万能论"的荒谬和"专家治国论"的伪善。如今看来，批判理论家们对技术理性乃至现代工业文明的拒斥似乎有点矫枉过正，但对于技术帷幕下那些对社会隐性操纵却不自知的人们来说，西方马克思主义者只能以极为激烈的言辞表达其坚决反对"技

---

① [美] 弗里乔夫·卡普拉：《转折点——科学、社会和正在兴起的文化》，卫飒英、李四南译，四川科学技术出版社1988年版，第3页。

第六章　国外马克思主义技术批判理论的特征与得失

术统治论"的态度，使社会大众明白自身仍处于被剥削和奴役的生存境遇，从中萌生与当代资本主义的"总体性"特征相抗衡的批判意识和革命精神。就此而言，他们不是停留在抽象的思辨哲学层面讨论技术问题，而是将其置于广阔的社会文化语境中加以系统考察，通过对现代技术及其社会后果的激进批判给技术救世主义以当头棒喝，同时警醒人们不能无视技术的价值指向而采取竭泽而渔式的发展模式，否则只会给人类带来更多灾难性的、不可逆转的社会后果。在这个意义上，即使他们对于技术理性泛滥的理论反省存在附会之嫌，但"它仍不失为具有极强实效性和深刻性的批判"[①]。

实际上，大多数国外马克思主义理论家不是盲从的技术乐观主义者，他们对资本与技术最大限度的联袂将人们推向了精于筹谋的现代生活感到深深忧虑，所以专注于揭穿当代资本主义利用科技意识形态精心编造的谎言，以期重塑具有独立性、革命性、批判性的无产阶级意识。这又具体表现为三个方面：一是关于技术与价值的问题，国外马克思主义在同实证主义的论战中确立了一种批判的理性观，认为实证论者把"事实中立"作为理论基础是根本站不住脚的。一方面强调主体与客体、理论与实践、价值与事实的统一，主张以批判性而非肯定性的思维方式看待或描述事物，有效避免了"只见树木，不见森林"的狭隘性；另一方面剖析启蒙理性蜕变为工具理性的自我毁灭过程，指明启蒙借助理性的力量摧毁了神话却又给人类带来更大的不幸，其原因在于"启蒙精神"祛除自然的神圣性并将它变成纯粹的客观实在，同时抑制了人的主体性并使之成为服从理性安排的客体。二是关于技术与政治的问题，国外马克思主义理论家提出"科学技术即意识形态"的命题，揭示了现代技术的意识形态性及其对人和自然的深层压榨和全面盘剥。阿多诺强调文化工业使"文化在自我扬弃的

---

① 陈学明、王凤才：《西方马克思主义前沿问题二十讲》，复旦大学出版社 2008 年版，第 146 页。

同时保持为新形态下的虚假的、肯定性的文化"①，因而承担着把现实的人变成被规训的、祛除个性的、没有思想的标准化商品的社会功能。马尔库塞认为现代技术作为一种新的控制形式，不断刺激和挑起人们的消费欲望，使之在满足虚假需求的过程中获得自由和幸福的生命体验，从而心甘情愿地接受服务于技术理性、资本逐利和消费文化的奴隶身份。哈贝马斯更是不遗余力地批判"专家治国论"，阐明它作为官方意识形态的最大危害在于掩盖了工具行为与交往行为的根本区别，这就默许了现代技术超出其自身合理范围的"越轨行为"，在对生活世界的挤压中把政治问题统统都转译成纯粹的技术问题，把人们的注意力转移到技术领域以达到去政治化的真实意图。三是关于技术与生态的问题，国外马克思主义理论家把科学技术与科学技术的社会运用区分开来，强调技术的资本主义使用对内部自然和外部自然的破坏。他们认为环境问题的症结在于不正义的社会制度而非技术本身，"控制自然"的观念和资本主义生产方式分别构成了生态危机的价值基础和制度基础，据此得出"资本主义在本性上是反生态的"结论无疑是正确的。

第二，创造性地阐发了现代技术发挥的生产力和意识形态功能，不仅进一步拓展了马克思技术批判思想的理论视域，而且对历史唯物主义的传统叙事方式加以补充和完善。马克思和恩格斯主要是在生产领域对技术问题展开理论反思的，认为"劳动生产力是由多种情况规定的，其中包括：劳动者的平均的熟练程度、科学和它在工艺上应用的发展水平、生产过程的社会结合、生产资料的规模和效能，以及自然条件"②。因此，资本家作为人格化的资本势必会把科学技术转化为劳动资料和劳动对象，这不仅极大地提高了社会生产效率，而且为实现人的自由和解放奠定了坚实的物质基础。经典马克思主义技术批

---

① ［德］格尔哈特·施威蓬豪依塞尔：《阿多诺》，鲁路译，中国人民大学出版社2008年版，第189页。
② 《马克思恩格斯全集》第44卷，人民出版社2001年版，第53页。

第六章 国外马克思主义技术批判理论的特征与得失

判思想正是在政治经济学的理论视域中铺陈开来,他们既看到了科学技术在资本逻辑的挟持下沦为压迫工人阶级的异己力量,如机器对工人的排挤、劳动强度的超负荷、身心健康的损伤,又积极认同科学技术对历史的推动作用和革命意义。据此,马克思和恩格斯指明走出技术困境的前提在于政治解放,强调只有通过无产阶级革命消灭资本主义私有制,才能使技术生产力成为解放人的手段。列宁、斯大林不仅继承和发展了马克思主义的科学技术理论,而且还首次将这一理论同社会主义建设的实践结合起来。比如,列宁在苏维埃第八次代表大会上提出"电气化计划",认为"只有当国家实现了电气化,为工业、农业和运输打下了现代大工业的技术基础的时候,我们才能得到最后的胜利"[①]。然而,马克思主义经典作家对科学技术正向价值的积极认同被第二国际理论家过度地发挥和阐释,甚至直接将马克思主义与"经济决定论""技术决定论"或"生产力决定论"等同起来。这种把马克思主义庸俗化、教条化的做法,不仅阉割了它的批判性和革命性,而且时至今日仍有不少支持者,如英国学者罗伯特·布伦纳在《机器制造了历史吗?》一文中就坚称技术决定论是马克思的思想纲领。无论如何,这从侧面反映了经典马克思主义作家广义技术视野中劳动技术的基础地位,对科学技术在物质生产过程中所发挥的积极作用给予了充分肯定和高度重视。

随着现代科技革命的蓬勃发展和资本主义合法性危机的出现,现代技术的影响范围已经从生产过程扩展到文化意识形态领域,法兰克福学派抓住这一特征对现代技术的社会功能进行了系统性阐发,从霍克海默经由马尔库塞再到哈贝马斯形成了"科学技术是意识形态"的科学论断。一方面,科学和技术的一体化发展表明作为科学的技术与政治、经济、文化和日常生活等方面的高度融合,不仅以潜移默化的方式改变着人们的思想观念和行动逻辑,而且使人们甘愿接受不合理的社会秩序、

[①] 《列宁全集》第40卷,人民出版社2017年版,第159页。

消费主义的生存方式、虚假的幸福状态；另一方面，当代资本主义通过国家干预和福利政策获得了喘息的机会但又陷入合法性危机，现代技术作为一种新的社会控制形式使一切不合理现象合理化了。生态学马克思主义则致力于把马克思主义和现代生态学结合起来，着重分析资本主义条件下技术滥用的必然性以及由此导致的生态危机。在他们看来，当代资本主义通过"控制自然"观念的意识形态化、宣扬消费主义价值观及其生存方式、选择与经济理性相适应的发展模式等手段，给人们带来了丰富的物质生活享受，但却引发了能源短缺、资源浪费、环境污染等生态问题，同时造成人和自然、他人及其自身之间的冲突的日益激化。因此，生态学马克思主义理论家把批判的矛头指向技术的资本主义使用方式，指认解除生态危机的关键在于把生态运动引向激进的社会政治革命，旨在建构一个以追求生态理性和社会正义为基础的生态社会主义社会。无论是法兰克福学派的工具理性批判还是生态学马克思主义的生态批判，都在秉承马克思批判精神的基础上结合当代资本主义的新变化，从而发掘新的理论增长点。前者洞悉了现代技术发挥生产力和意识形态的双重功能，后者拓展了历史唯物主义的生态学视域。关于国外马克思主义提出的新观点、新看法，俞吾金提醒我们绝不能用抱残守缺的心态维护历史唯物主义的传统叙述方式，而是要以发展的眼光使之获得与当今时代条件相匹配的新的叙述方式。[①] 就此而言，国外马克思主义对科学技术双重功能的勘定和马克思主义生态学的建构，既是对马克思主义"修正论"和"过时论"的积极回应，又是对当代资本主义合理化过程中人类生存困境的现实观照。

第三，严厉地控诉了工具理性对价值理性的僭越，通过批判理性、后技术理性、交往理性等方式使个体重新获得尊严和价值，有利于恢复现代技术的人文主义向度。国外马克思主义理论家在对现代技术的全方

---

① 参见俞吾金《从科学技术的双重功能看历史唯物主义叙述方式的改变》，《中国社会科学》2004年第1期。

第六章 国外马克思主义技术批判理论的特征与得失

位批判中时刻不忘高扬人的主体性,这既是马克思主义主体性思想的逻辑延伸,也是人们挣脱科技意识形态牢笼的现实需要。更确切地说,他们对主体性问题如此关注主要基于两个方面的原因:就理论层面而言,第二国际理论家对历史唯物主义的实证化理解抹杀了人的主观能动性,卢卡奇、葛兰西、科尔施等一批怀抱解放理想的左派知识分子致力于"复兴"和"重建"历史唯物主义,把人本学阐释作为恢复马克思主义哲学批判功能的有效路径;就现实层面而言,第二次世界大战后发达资本主义国家(包括苏联、东欧等在内的社会主义国家)发生了一系列的社会变革,并在技术理性的主导下对社会进行总体性控制使之重新焕发生机,国外马克思主义理论家出于拯救现代性的实践旨趣,聚焦于技术与价值、技术与政治、技术与生态等关乎人类发展的现实问题。现代西方哲学中的人本主义思潮发端于叔本华和尼采,他们认为技术进步主义给人们带来了物质上的富足,但对人的心理方面弃之不顾使生命存在的价值和意义成了问题。因此,他们对近代理性主义思维方式展开了深刻反思,并将这种批判进一步引向对传统形而上学的彻底否定。国外马克思主义理论家在很大程度上受到人本主义思潮的影响,强调从生存论视域介入西方社会技术理性的滥觞现象,通过驳斥实证主义、反思启蒙理性和挣脱科技意识形态,以期唤醒和重塑在资本主义条件下为技术的非理性使用所扼制的人的批判精神和反抗意识。如霍克海默在其代表性著作《理性之蚀》中,就指明问题的症结在于理性的主观化、形式化和工具化,认为"我们所处时代的'客观思维'崇拜工业、技术和民族性,却缺乏一种原则能够赋予这些范畴以意义。它反射出的是一种不允许任何推迟和逃避的经济体系所给予的压力"[1]。不过他们对技术理性的批评和反思绝非简单地重复人本主义哲学家的思路和命题,而是把它与制度批判相结合对资本主义现代性价值体系展开深层批判,由此彰显了技术批判对个体生命和日常生活的理论温度,更具时代性、现实感

---

[1] [德]马克斯·霍克海默:《理性之蚀》,郑兴译,上海人民出版社2024年,第141页。

和穿透力。

客观地讲，当代资本主义因社会现实的合理化和技术化带来了诸多棘手问题，在这种情况下，国外马克思主义理论家开始思考文明与野蛮、主体与客体、理论和实践之间的互动关系，借由技术理性的激进批判高扬价值理性和人文精神，对于唤醒主体意识和激发革命热情的理论探索是大有裨益的。尽管从文化哲学视角展开的技术批判"不保证提供解决问题的办法"，最终走向了审美解放的乌托邦，但是"它的辩证关联方式却使对技术、科学和社会三者具体的历史共生现象的分析成为可能，从这个分析中，技术伦理学的标准论证可以找到它的出发点"①。卢卡奇从当代资本主义的物化现象入手，无情批判了作为形式理性的现代技术及其对人的全面管控。他不仅指认技术与工业的结合使资本主义生产过程变得高度自律而抹杀了人的自主性，而且强调形式理性因对实质理性的僭越而使物化意识侵入日常生活并肢解了人的总体性，从而撕下了资产阶级利用现代技术控制人的思想和行为的伪善面具，开启国外马克思主义技术批判理论的先河。法兰克福学派更是把批判的矛头直指工具理性和启蒙精神，认为工具理性片面地追求经济效益最大化的诉求，割裂了人与人、人与自然以及人与自身之间的内在联系。他们反思工具理性的真实意图在于把技术重新限定在人本主义的发展轨道上，而不是要从根本上解构或否弃理性主义，为此提出以辩证理性对抗工具理性、以技术的审美化克服人的异化、以交往理性规范系统等方式恢复主体的判断力、想象力和创造力。生态学马克思主义理论家极力反对以保护自然为由限制技术进步和经济增长的生态中心主义，指出肯定自然的先在性并不意味着必须放弃人类对自然界的主体性。基于此，他们发出了"重返人类中心主义"的口号，明确表示只有把人类根本的、长远的、整体的利益放在首要位置，在把握自然规律的前提下合理调控人与

---

① ［德］阿明·格伦瓦尔德：《技术伦理学手册》，吴宁译，社会科学文献出版社2017年版，第195页。

自然之间的物质能量变化关系,才有可能真正实现自然和社会的可持续发展。由此可见,国外马克思主义技术批判理论旨在对启蒙理性蜕变为工具理性、技术理性、经济理性的批判中纠正现代性的偏差,而没有把责任全部都推卸给以理性主义为内核的现代化运动,为科学技术在当代西方文明中发挥积极作用保留了一席之地。对此,高兹在《经济理性批判》一书中便开门见山地指出:"当前的危机并不意味着现代化的过程已经走到了尽头,而我们必须走回头路。倒不如说具有这样一层含义:需要对现代性本身加以现代化。"①

国外马克思主义理论家以敏锐的视角捕捉到发达资本主义的合理化过程所造成的意义匮乏、消费异化、生态危机等社会问题,他们以"激活"或"重建"历史唯物主义为己任,把理论靶向对准"技术的合理性问题",不仅从哲学价值观的层面揭示了技术理性的本质和功能,消解了理性裁决和技术决策的狂妄自大,为片面追求技术进步主义神话的现代人敲响了警钟;而且还将工具理性批判同资本主义批判有机结合,既有利于丰富和拓展马克思主义技术异化批判的思想视域,又有效避免了人本主义哲学囿于抽象地批判技术本身而造成否定科学和限制生产的乌托邦想象。正因为他们对人类理性精神的坚守和拯救,才使其技术批判思想不至放弃对主体的追寻而退回到蒙昧的状态,也不至走向后现代主义敌视理性、反对技术、解构主体的矫枉过正。

三 国外马克思主义技术批判理论的局限性

作为当代资本主义科技新成果及其社会影响的理论回音,国外马克思主义技术批判理论有许多可供借鉴的合理之处,就像英国青年马克思主义学者克里斯蒂安·福克斯所强调的那样,"当代批判理论需要成为一种对资本主义的批判理论,但也需要批判资本主义的国家批判理论、劳动批判理论、知识批判理论、技术批判理论、环境批判理论以及阶级

---

① Andre Gorz, *Critique of Economic Reason*, London and New York: Verso, 1989, p. 1.

关系和身份（包括种族和性别认同）的批判理论"①。然而，这一理论混淆了核心概念，偏离了历史唯物主义以及缺乏统一的思想纲领，在不同程度上带有浓厚的悲观主义、浪漫主义和理想主义色彩。而这些缺陷使其从"面向现实"的社会革命蜕变为"躲在书斋"的话语政治，尤其是过分依赖内在性超越路径来挣脱现代性铁笼的做法，更是脱离了资本主义生产关系及其运作过程的社会语境，最终沦为马克思主义经典作家所诟病的"语词革命"。所以，我们要以辩证的态度对待国外马克思主义技术批判理论，既对它的可取之处毫不吝惜地褒扬，又严厉谴责存在其中的"幼稚病"和"臆想症"。

第一，把"技术理性"错误地等同于"工具理性"而加以拒斥，容易滑向技术实体主义的批判陷阱。国外马克思主义理论语境中的"技术理性"，是一种内在于资本主义合理化过程的社会控制形式。现代技术朝着理性化、工具化和实证化的方向一路狂奔，使蕴含其中的工具理性逐渐挣脱了价值理性的规约而成为支配一切的力量，从而导致了人的价值失落、文化工业的崛起、消费符号的控制、生态环境的恶化等一系列社会问题。为了防止工具理性对生活世界的吞噬以及对生命意义的颠覆，国外马克思主义理论家认为对现代技术及其消极影响进行批判性反思是十分必要的。但是他们几乎不假思索地把科学技术等同于技术理性，把技术理性又片面地理解为与价值理性分庭抗礼的工具理性，在对技术理性的或激进批判，或温和限制，或全盘否定中走向了技术悲观主义。这样一味地批判和否定技术理性，对现代技术的正向价值及其社会效应轻描淡写地一笔带过或者直接视而不见的做法，不仅无法正确辨别理性化的科学技术的不合理性，更无助于妥善处理社会合理化过程中人类遭遇的生存困境。所以，国外马克思主义把"技术理性"与"工具理性"等同起来，更侧重于从否定性而非肯定性解读技术问题显然

---

① ［英］克里斯蒂安·福克斯：《交往批判理论》，王锦刚译，中国传媒大学出版社2019年版，第14页。

第六章 国外马克思主义技术批判理论的特征与得失

是不可取的,况且人们无论如何也不能否认正是借助科技力量,他们才得以从自然和宗教的恐惧情绪中解放出来。

国外马克思主义理论家通过审查技术的非理性使用展开社会批判理论,其中法兰克福学派发起的攻击最为猛烈。霍克海默和阿多诺对技术理性所带来的社会不良后果感到绝望,把启蒙理性蜕变为技术理性视为一种本体性意义上的人类宿命而彻底抛弃了。马尔库塞、哈贝马斯、芬伯格等人虽然没有完全否定现代技术,也没有放弃拯救理性的希望,但仍然把技术理性看作与价值理性对立的,如马尔库塞就主张用新的理性形式来替代技术理性。如此一来,国外马克思主义理论家在控诉技术理性时,往往就把内含于现代技术的价值理性一起拒之门外。一方面,他们因过分强调技术理性的负面效应而忽视了现代技术的积极意义,使人们对实证科学产生了"望而生畏"的恐惧和敌视态度。然而,新技术的研发和使用离不开注重经验性、可量化、普遍性的实证精神,这在很大程度上影响了科学研究和技术实践的顺利开展。另一方面,他们极力推崇价值理性并把它凌驾于工具理性之上,这种固执己见的看法触发了现代技术与连接着物质生产活动的工具理性之间的"拉锯战",使之无法扎根于现实生活并最终沦为一种技术乌托邦主义。事实上,技术理性作为理性精神与科学技术相结合的产物,是一种追求合理性、规范性、有效性、功能性、理想性和条件性的人类智慧和能力[1]。工具理性注重手段的合理性,这只是技术理性的其中一个方面,它与价值理性一起构成了技术理性的完整内容。发达工业社会正是借助技术理性高扬人的主体性才创造了前所未有的物质财富,但与之相伴而来的是对资本扩张的现代性普遍叙事的进一步强化。遗憾的是,国外马克思主义理论家的技术理性批判因混淆了核心概念而没有清晰地认识到,只有在彻底变革资本主义私有制的前提下,才能实现技术理性与自由劳动的有机结合,这

---

[1] 赵建军、曹欢荣:《技术理性化的反思与超越》,《自然辩证法研究》2005年第12期。

不仅有利于人的生命意义及其自我价值的确证，而且使人的解放的现实可能性得以开显。

第二，注重从社会批判视域对现代技术及其社会后果展开意识形态批判，在本质上偏离了历史唯物主义的根本宗旨和基本立场，使其从技术批判走向道德乌托邦。马克思、恩格斯通过引入"实践"的范畴，确立了历史唯物主义的总体性原则，强调"社会生活本质上是实践的。凡是把理论引向神秘主义的东西，都能在人的实践中及其对实践的理解中得到合理的解决"①，从而扬弃了一切旧唯物主义的不彻底性和唯心主义的抽象思辨性。基于历史唯物主义的总体性原则，他们无情鞭挞了资本主义机械化生产体系下技术理性的滥用及其对人和自然的奴役，把造成人的工具化和技术片面化的原因都归咎于资本逻辑而非技术本身，强调技术的异化和技术异化的扬弃走的是同一条道路。更确切地说，只有在变革不合理社会制度的前提下改造技术体系，才能真正克服技术的非理性使用及其同人类之间关系的本末倒置，为人的自由和解放提供重要的前提条件。然而，国外马克思主义理论家基于人本主义立场的技术批判思想始终在"外围"兜圈子，尽管他们总是把技术理性同当代资本主义社会联系起来加以考察，在一定程度上触及造成技术异化的制度性根源，但这种资本主义批判更多的是被置于文化意识形态领域，如卢卡奇的物化批判、阿多诺的文化工业批判、马尔库塞的意识形态批判，而且有时混淆了技术与技术的社会应用之间的区别，把资本主义条件下的技术滥用所造成社会问题简单地归因于技术理性，甚至妄图用技术理性的批判替代资本主义制度的批判。

要想真正把握技术批判的核心要义，就必须通过考察科学技术的历史生成、功能展现和发展趋向找到问题的症结所在，使超越和重构技术理性的现实路径得以敞开。但国外马克思主义理论家"重视的只是他们在从事批判，至于批判是否触及了现实、是否会导致对社会的

---

① 《马克思恩格斯文集》第1卷，人民出版社2009年版，第505页。

第六章　国外马克思主义技术批判理论的特征与得失

颠覆、是否会引发推翻资本主义制度的革命，不仅不是他们所关心的，而且是他们竭力加以回避的"①。一方面，为了纠正马克思主义实证化、科学化、庸俗化的理论倾向，早期西方马克思主义者从"黑格尔—马克思"（尤其是青年马克思的"异化"概念）的辩证法中汲取养分，力图通过马克思主义的人本主义阐释路径重塑人的主体性。如此一来，国外马克思主义理论家就把批判理论的重心转移到漠视人文精神的技术理性问题上，在思想上的去政治化造成了实践上的混乱，使其救赎方案不是退回到话语政治，就是完全放弃反抗，这显然无法引领现代人走出发达资本主义社会利用现代技术所炮制的"幸福陷阱"。另一方面，在晚期资本主义社会中，现代技术已经不再是局限于生产领域的现实生产力，更重要的是合理性原则在不断向生活世界拓殖的过程中成为一种新的社会控制力量，此时的"文化是任何一项霸权规划的中心。文化领域是争夺跨国霸权的重要战场。跨国规划中的文化组成因素推动了消费主义、个人主义和竞争主义的文化，并借助大众传媒和广告进行扩散"②。国外马克思主义理论家出于化解科技意识形态威胁的现实需要，把理论重心转向文化意识形态领域反思技术异化的根源和出路，其结果可想而知，非但没有指引人们找到造成工具理性滥用的真正原因，反而使之迷失在多元化批判的语言碎片中而难以突破它所依附的制度性框架，至此国外马克思主义技术批判理论深陷道德乌托邦的内在困境。尽管如此，他们的见解总体上仍是马克思和恩格斯关于资本主义批判的理论扩展，只不过对技术的形而上学追问只能使其激进性更多地表现为一种姿态，马克思主义理论的批判性和革命性在这里因缺乏现实性而大打折扣。

第三，理论的异质性和多元化削弱了批判的锋芒，使马克思主义

---

① 俞吾金：《批判理论的界限——对法兰克福学派主导思想的反思》，《探索与争鸣》2014 年第 12 期。
② ［美］威廉·I. 罗宾逊：《全球资本主义论：跨国世界中的生产、阶级与国家》，高明秀译，社会科学文献出版社 2009 年版，第 108 页。

的革命话语存在被逐渐边缘化的隐忧。众所周知，国外马克思主义从来不是一个封闭的理论体系，而是始终"面向现实"的理论思潮。他们秉承马克思的批判精神对发达资本主义国家在统治方式、经济结构、文化观念等方面的新变化和新特征进行理论阐释，通过对现代技术体系的全方位批判使人们清醒地认识到现代技术的意识形态化及其剥削本质。事实上，国外马克思主义理论家把技术批判与制度批判结合起来探讨技术与价值、政治以及生态之间的关系问题，不仅有力驳斥了第二国际理论家对马克思主义的庸俗化和教条式理解，而且有利于唤醒主体的革命精神和反抗意识，在这个意义上的技术批判理论是值得肯定的。然而，他们通常把马克思根植于市民社会的政治经济学批判混淆成对资本主义的现象学诊断，这就不难理解为什么国外马克思主义对包括技术理性在内的现代性批判总是在不停地转换理论轨道，沿着从总体性批判到意识形态批判再到生态批判，及至具有"后学"性质的消费符号批判、媒介文化批判和加速政治批判的逻辑深化对技术问题的理解。就此而言，技术批判思想实质上是跟随国外马克思主义多元化发展的步伐而不断向"外围"拓展，"马克思主义在西方的发展日益呈现一种概念增殖和理论丛林的特征，也就是说作为具有同一性逻辑的马克思主义在西方事实上已经解体，所存在的只是在马克思主义的经典范式上所增殖的左派与右派的纷争"[①]。

作为国外马克思主义社会批判理论的重要组成部分，技术理性批判日益显示批判性有余而建设性不足的局限性。从其理论内核看，批判理论家更侧重于从意识形态的视角批判当代资本主义的不合理性，总是把视线聚焦于光怪陆离的现象世界而无法把握问题的实质，这也使技术批判思想看似具有很强的现实性和革命性，但他们离开马克思主义政治经济学批判的理论基地所提出的文化心理革命却难以付诸实

---

① 孙承叔等：《重建历史唯物主义——西方马克思主义基础理论研究》，复旦大学出版社 2015 年版，第 526 页。

第六章 国外马克思主义技术批判理论的特征与得失

践；从其理论外围看，批判理论家并不固守马克思主义的经典文本，而是在借鉴现代西方哲学的同时对其加以创造性地发挥，在对技术批判理论不断扩容的过程中逐渐稀释或消解了马克思主义改变世界和解放全人类的革命理想。面对当代资本主义全球化、信息化和高速化的发展趋势，国外马克思主义技术批判理论在同后现代思潮的融通中成为更加时髦的话语政治，使人们在日益学院化的理论丛林中感到头晕目眩和不知所措，以至于最后丧失了前行的方向，作为总体性的无产阶级革命发生的可能性也变得微乎其微了。事实上，这种多元化发展在其源流之处就已经埋下了理论伏笔，卢卡奇强调真正的马克思主义不是某个固定不变的结论，而是一种崇尚批判性的主体辩证法，用他的话来说，"正统马克思主义并不意味着无批判地接受马克思研究的结果。它不是对这个或那个论点的'信仰'，也不是对某本'圣'书的注解"①。诚然，国外马克思主义从来不拘泥于马克思主义经典作家的论述，主张以更为开阔的理论视域深化和拓展历史唯物主义，但我们仍要警惕掉进话语批判的思想陷阱，因为过分倚重主体性原则而相对忽视客体性原则，最终会造成其革命纲领的先天不足，甚至彻底抛弃马克思主义的阶级斗争理论。从这个角度看，"马克思的政治经济学批判，依然是我们认识当代资本主义的根本方法"②，必须沿着马克思、恩格斯所开创的理论道路继续前行，全面地批判资本与技术的耦合形塑而成的资产阶级意识形态，从而避免陷入浪漫主义的想象和经验主义的窠臼中，真正把"精神武器"与"物质武器"结合起来找到通向解放之路的现实路径。

时至今日，发达资本主义国家依然面临着现代化运动所带来的多重困境，而解决现代性危机不仅仅是一个理论问题，更是一个重要的现实

---

① [匈]格奥尔格·卢卡奇：《历史与阶级意识》，杜章智等译，商务印书馆1999年版，第49页。
② 张亮、孙乐强等：《21世纪国外马克思主义哲学若干重大问题研究》，人民出版社2020年版，第70页。

问题。国外马克思主义理论家与马克思、恩格斯一样，都从人本主义层面审视了资本主义条件下技术非理性使用的社会后果，同时以积极介入的方式参与社会变革中，不过其解放规划只停留在文化心理层面。他们与生产关系的批判范式分道扬镳并转向文化意识形态的技术批判进路，从根本上决定了二者在逻辑理路、理论旨趣及其现实功能等方面大相径庭。国外马克思主义更倾向于把技术直接等同于工具理性、重视剖析科技的意识形态职能、停留于缺乏整体性的社会批判，不可避免地造成了技术理性批判存在逻辑不自洽、思想杂糅性以及革命不彻底等方面的理论失误。从这个意义上说，马克思仍是我们时代的同路人，他所提供的理论观点和方法论原则是我们更好地理解和批判当今资本主义的思想武器，在理论方面仔细甄别异同并从中汲取有益的思想养分，是马克思主义科技观创新发展和中国现代化实践的客观要求。

第七章　国外马克思主义技术批判理论的借鉴价值

从学术史角度看，中国的国外马克思主义研究在20世纪80年代初期作为一股新的社会思潮被引介进来，伴随改革开放的历史进程走过了四十多年的"中国化"之路，其研究对象也不再局限于狭义的"西方马克思主义"，而是在追踪国外马克思主义新思潮的过程中广泛涉及哲学、政治学、生态学、经济学、历史学等诸多领域，不仅拓展了当代中国马克思主义理论的问题域和方法论，而且展现了马克思主义的理论解释力和强大生命力。在当前"思想家淡出，学问家凸显"的科研氛围下，国外马克思主义新流派、新思潮和新观点的注解式研究日益成为一种学术风尚，理论研究上的迟滞造成了它碎片化有余而整体性不足的基本格局。因此，重新审视经典西方马克思主义所提出的理论问题和叙事逻辑，如马克思主义哲学观、科技意识形态论、马克思主义生态观等，有利于避免人们在面对国外马克思主义新思潮时感到头晕目眩，深刻理解当代资本主义的新情况、新特征和新动向。关于如何正确认识国外马克思主义理论的问题，习近平总书记在十八届中共中央政治局第四十三次集体学习时作出重要指示："对国外马克思主义研究新成果，我们要密切关注和研究，有分析、有鉴别，既不能采取一概排斥的态度，也不能搞全盘照搬。同时，我们要坚持把自己的事情办好，不断发展中国特色社会主义，不断壮大我国综合国力，充分展示我国社会主义制度的优越性。"① 这要求我们自觉坚持国外马克思主义研究的中国立场，以高度的理论自信挖掘国外马克思主义技术批判理论的当代价值，以期为推动马克思主义科技观的创新发展和中国式现代化实践的全面深化贡献应有力量。

第一节　国外马克思主义技术批判理论的思想借鉴

国外马克思主义理论家在继承马克思主义哲学的批判性和现实性学术传统的同时，强调在与近代理性主义哲学的断裂点上反思当代资本主义条件下的"技术合理性问题"，以直面现实的理论勇气批判科技意识形态及其社会后果，主张从哲学价值观的重塑与社会制度的变革两个方面帮助人们走出总体性异化的生存困境。相较于马克思主义技术批判思想而言，国外马克思主义关于科学技术及其资本主义使用的论述更强调文化意识形态批判的逻辑理路，带有强烈的理想主义、悲观主义和乌托邦主义色彩。为了避免陷入西方中心论的话语体系和强化中国当代技术哲学研究的主体性地位，我们应从共性与个性的辩证统一关系原理出发准确地把握国外马克思主义技术批判理论的思想借鉴作用，既在注重普遍性的前提下揭示它对中国构建技术批判话语体系的积极意义，又在兼顾特殊性的基础上始终秉持国外马克思主义研究的中国立场。

一　以唯物史观为引领，构建中国特色技术批判话语体系

人类发展史就是一部不断认识和改造自然，理解人与自然、他人及其自身之间关系的互动史，同样是一部人类不断解码技术与革新技术的思想史。然而，作为一门学科的技术哲学的历史却并不久远，甚至同与之具有亲缘关系的科学哲学相比仍处于成长发育的"青春期"阶段。

---

① 《习近平治国理政》（第二卷），外文出版社2017年版，第67页。

中国技术哲学更是如此，一开始是以"附着状态"在自然辩证法的研究框架下展开的，直至20世纪80年代中后期才呈现专业化和建制化的发展态势，如学术活动常规化、科研队伍职业化、研究内容主题化。尽管在陈昌曙、远德玉、陈凡、乔瑞金、牟焕森等人的积极推动下获得了长足发展，中国技术哲学研究逐渐成为备受瞩目的专业领域，但浅尝辄止的介绍性内容还比较多，在思想性、原创性、全面性等方面稍显不足。① 倘若缺乏科学的理论指导，那么很可能将人类引入歧途。所以，对于促进当代中国技术哲学的发展而言，在学习西方技术哲学理论的基础上探索适合中国文化土壤和现代化实践的技术批判话语体系已经迫在眉睫。

从现实逻辑来看，建设创新型国家要求以唯物史观为引领建构中国特色技术批判话语体系。党的十九大报告是中国特色社会主义进入新时代的"宣言书"，不仅科学分析了"我国仍处于并将长期处于社会主义初级阶段的基本国情没有变"② 的现实状况，而且擘画了一幅全面建成社会主义现代化强国的宏伟蓝图。无论对历史方位的清醒认识，还是对发展前景的无限期待，都离不开科技创新的支撑引领。反观中华人民共和国成立至今我国科技发展走过的七十多年历程，特别是改革开放以来，科研经费投入的持续增加、新科技成果的不断涌现、科技创新体制的日益完善等一系列举措使我国科技事业取得了举世瞩目的成就，并逐渐实现了从"模仿追踪"到"并行领跑"的跨越式发展，在某些重要领域领先于世界先进水平。但绝不能就此断言中国已然跻身于世界科技强国之列，而要清醒地认识到中国的现代化进程具有后发外生型的特点，在自主创新能力方面与发达资本主义国家仍有着不小的差距。所以，在建构中国特色技术批判话语体系的过程中，不能人云亦云地否定技术理性的积极作用，更不能轻易地放弃现代性立场，必须从现实的、

---

① 参见李三虎《中国技术哲学：历史、现状和趋势（上）》，《长沙理工大学学报》（社会科学版）2015年第3期。
② 《习近平谈治国理政》（第三卷），外文出版社2020年版，第10页。

感性的、具体的生产实践出发，重新审视科学技术对推动社会发展的重要意义。这就如同马克思对待黑格尔哲学的态度那样，我们应采取审慎而辩证的态度解读现代性问题。新时代更好地坚持和发展中国特色社会主义，仍需进一步解放和发展生产力，把提高社会生产力水平、改善人民生活品质作为科学技术实践的根本出发点和落脚点，促进从"要素驱动"向"创新驱动"的转型发展。

国外马克思主义技术批判理论在文化哲学论域全面检视技术进步与社会发展之间的关系问题，恰恰在相反的路向上证明了摒弃历史唯物主义的解放目标只能是一种妄言。马克思仍是我们时代的同路人，他对技术及其发展社会后果的分析是"一种全面的、科学的、深刻的社会历史批判"①，通过对技术的历史唯物主义阐释和政治经济学批判使它的本质特征和社会效应清晰可见。马克思在《机器、自然力和科学的应用》中指出："火药、指南针、印刷术——这是预告资产阶级社会到来的三大发明。火药把骑士阶层炸得粉碎，指南针打开了世界市场并建立了殖民地，而印刷术则变成新教的工具，总的说来变成科学复兴的手段，变成对精神发展创造必要前提的最强大的杠杆。"② 这表明他是从生产力与生产关系的辩证关系出发讨论技术进步对社会发展的推动作用，而不是抽象地肯定或否定科学技术及其社会应用。因此，马克思主义政治经济学是当代中国技术哲学发展不可或缺的视域，不仅有利于避免国外马克思主义技术理性批判的多元化发展削弱批判性和革命性的局限性，而且使人们认识到技术进步和革新是超越技术自身困境、实现人的自由全面发展的基本路径。当今科学技术的发展早已超出了马克思所处的时代，尤其是20世纪中叶后以信息化、网络化、数字化为基础的新一轮科技革命和产业革命，既促进了人类文明形态从工业社会到信息社会的变革，又构成了当代人类特殊的生存境遇，如通过技术进步支配

---

① 付文军：《论"技术之思"的三条路径——兼议马克思技术批判的超越性》，《中国地质大学学报》（社会科学版）2021年第6期。
② 《马克思恩格斯全集》第47卷，人民出版社1979年版，第427页。

第七章　国外马克思主义技术批判理论的借鉴价值

自然所造成的"全球问题"。这种前所未有的变化要求技术哲学的研究范式也要作出相应的调整，必须破除对"西方中心论"的盲目崇拜、摒弃国外马克思主义文化批判的叙事逻辑，回到马克思历史唯物主义的语境中辩证地看待技术合理性问题，着力构建具有中国特色、中国风格、中国气派的技术哲学体系。理论与实践的融合共进是解决问题的关键，因为"现在已经到了这样一个历史关头：理论在变为实践，理论由实践赋予活力，由实践来修正，由实践来检验"[①]。中国特色技术批判话语绝不是脱离实际的"自说自话"，也不是盲从于国外技术批判理论家的"离经叛道"，而是需要结合中国式现代化实践，再度审视国外马克思主义技术批判理论的发展路向，实现对现代技术体系的有效解码和价值重塑。

从理论逻辑来看，推进马克思主义技术哲学当代发展需要以唯物史观为引领建构中国特色技术批判话语体系。关于如何界定技术哲学的问题，吴国盛指出只有它成为一种具有原创性和革命性的哲学纲领，方能显现"技术哲学的真正问世"，它作为哲学纲领的旨趣在于"哲学中的实践取向压倒理论取向，在于意识到技术在形上意义上高于科学（而不是科学的应用），在于意识到技术比科学有更漫长的历史和更深刻的人性根源"[②]。中国技术哲学的学科建制性发展很大程度上是为了契合我国主流意识形态的客观要求，其目的在于坚持和巩固马克思主义在意识形态领域的指导地位。"自然辩证法"是经典马克思主义的重要组成部分，也就顺理成章地成为中国马克思主义理论家关注和研究的对象，由此生成了面向工程的"技术辩证法"传统。1978 年 1 月，经邓小平副主席和方毅等 8 位副总理批准同意成立中国自然辩证法研究会，下设包括技术论研究在内的数十个专业委员会（技术哲学专业委员会，简称为 CSPT），在此基础上逐步发展成为科技哲学学科和跨学科研究。

---

① 《列宁全集》第 33 卷，人民出版社 2017 年版，第 212 页。
② 吴国盛：《技术哲学，一个有着伟大未来的学科》，《中华读书报》1999 年 11 月 17 日。

在马克思主义理论框架下展开的技术哲学研究，通常以一种更为全面的、综合的和辩证的观点理解技术问题，注重从动态而非静态的视角分析技术与自然、技术与社会的互动机制，克服了近代形而上学的抽象性和片面性，不致使马克思主义技术哲学的理论之树凋零。因此，必须"坚持以马克思主义为指导，是当代中国哲学社会科学区别于其他哲学社会科学的根本标志，必须旗帜鲜明加以坚持"①。在推进中国技术批判话语建构的过程中，我们应当秉承马克思主义的立场、观点和方法，立足新的历史方位把马克思主义技术哲学推向当代，深入中国社会发展的现实需要去找寻人机和谐共舞的解决方案。实际上，国外马克思主义理论家在深耕文本的基础上打开了历史唯物主义的研究视野，这启示我们以科学严谨的态度对待马克思主义经典文本，在坚持与时俱进的同时避免盲目跟风地研究。关于这一点，习近平总书记在哲学社会科学座谈会上曾专门谈道："我看过一些西方研究马克思主义的书，其结论未必正确，但在研究和考据马克思主义文本上，功课做得还是可以的。相比之下，我们一些研究在这方面的努力就远远不够了……对马克思主义的学习和研究，不能采取浅尝辄止、蜻蜓点水的态度。有的人马克思主义经典著作没读几本，一知半解就哇啦哇啦发表意见，这是一种不负责任的态度，也有悖于科学精神。"②

倘若回到马克思主义理论体系的思想源头，就不难发现它自诞生之日起便与科学技术结下了不解之缘，二者之间呈现相互依存、相互作用、相互影响的辩证关系。恩格斯在《反杜林论》中这样写道："现今的自然科学家，不论愿意与否，都不可抗拒地被迫关心理论的一般结论，同样，每个从事理论研究的人也不可抗拒地被迫接受现代自然科学的成果。这里出现了某种相辅相成现象。"③ 这种"相辅相成"具体表现为两个方面：其一，前者作为科技成果的高度凝练为其发展指明方

---

① 习近平：《在哲学社会科学工作座谈会上的讲话》，人民出版社2016年版，第8页。
② 习近平：《论党的宣传思想工作》，中央文献出版社2020年版，第222—223页。
③ 《马克思恩格斯文集》第9卷，人民出版社2009年版，第435页。

向。因为科技工作者总是自觉或不自觉地受到某种特定哲学世界观的影响,无论是科学发现还是技术发明都离不开理论思维的指导。其二,后者作为马克思主义诞生的必要前提为其发展提供了新的契机。基于19世纪自然科学的新发现,马克思批判性地吸收德国古典哲学的合理成分创立了唯物史观和剩余价值学说。就此而言,科学技术的最新理论成果是马克思主义经典作家驳斥形而上学世界观的立论根据,不仅证实了历史唯物主义的基本观点,而且不断深化和拓展历史唯物主义的理论视域。恩格斯也印证了这一看法的正确性,他指出:"在从笛卡儿到黑格尔和从霍布斯到费尔巴哈这一长时期内,推动哲学家前进的,决不像他们所想象的那样,只是纯粹思想的力量。恰恰相反,真正推动他们前进的,主要是自然科学和工业的强大而日益迅速的进步。"① 历史唯物主义不曾在哲学与科学之间设置不可逾越的屏障,而是在"人的感性活动"中找到了两者的融通之处。然而,历史唯物主义在恩格斯逝世以后就开始走向了实证化、科学化和庸俗化,正如梅林在《保卫马克思主义》中宣称的那样,"它只是研究人类发展过程的科学方法"②。为了挽救马克思主义哲学的危机,国外马克思主义理论家强调马克思主义按其本性来说是革命的哲学而非实证的科学,主张通过补充、发展或替代的不同方式"重建"历史唯物主义,如卢卡奇的总体性辩证法、哈贝马斯的社会交往理论、福斯特的马克思主义生态学。尽管他们把技术批判与制度批判、文化批判、生态批判、消费批判等结合起来,揭示了技术异化及其负面效应的根源和出路,在很大限度内扭转了正统马克思主义的错误观念,但过分倚重文化心理革命使其偏离了历史唯物主义的航道,最终无法找到走出现代性牢笼的现实道路。在这个意义上,中国技术哲学研究要一改过去"亲技术"的立场,就离不开对马克思主义技术批判思想

---

① 《马克思恩格斯选集》第4卷,人民出版社2012年版,第233页。
② [德] 弗兰茨·梅林:《保卫马克思主义》,吉红译,人民出版社1982年版,第25页。

的继承和发展，特别是对马克思文本的挖掘和诠释，在重视技术作为现实生产力的同时关注它在思想和制度层面上产生的社会效应，促使技术批判话语走向宏观叙事与微观叙事相耦合的理论新样态。

二 以"两创"为突破，推动传统技术文化的现代性转化

国外马克思主义理论家始终立足当代资本主义社会对现代技术及其社会后果展开理论反思，把批判的矛头指向了契合技术文化的物化意识、工具理性、控制自然、消费异化、速度暴力等问题。这一理论视线的转移除了源于他们各自的生活经历和研究兴趣以外，更重要的原因是解决西方社会面临的现实问题和发展困境。尽管在一定程度上接续了经典马克思主义的学术传统，同时吸收和借鉴了现代人本主义、社会建构主义、符号消费主义、社会加速主义等哲学文化思潮，但他们基本上是在批判理论的框架下追问"技术的合理性问题"，从而形成了独树一帜、特色鲜明和各有侧重的技术批判理论。对中国这样的发展中国家来说，技术工作者既要关注工具理性的破坏性后果，也要重视它对社会生活的整体性重构，在技术的本体论、认识论和价值论等方面提出原创性的理论观点。这意味着中国技术哲学的发展不能只是亦步亦趋地跟随西方，而要根植于建设世界科技强国的实践，充分挖掘传统技术文化宝库及其当代价值，在中西方的文明互鉴、文化激荡与思想会通中建构中国特色技术哲学体系。

我国著名技术哲学家陈昌曙先生就中国技术哲学的发展问题发表看法，他认为要保持技术哲学的生命力和影响力，我们就"必须立足自己的学科特色，必须要有深入的、高水平的基础研究，必须关心和回答现实生活提出的问题"①。从侧面也反映了我国技术哲学研究的特色不够鲜明、基础尚不牢固、应用仍不充分等诸多不足。总的来说，造成这一状况的主要原因至少有三点：一是从事技术哲学研究的学者来自工程

---

① 陈昌曙：《陈昌曙技术哲学文集》，东北大学出版社2002年版，第106页。

师和哲学家两大团体，但因前者所占比重远高于后者，使学科知识结构不合理、研究视角过于单一、理论成果也相对缺乏深度；二是中国技术哲学起步较晚、基础较弱、思想杂糅，加之"经世致用"的文化传统，对技术的哲学思考和形而上分析不够重视，以至于技术哲学研究具有"虚浮"倾向，整体实力与西方差距较大；三是哲学理论的独创性有待提高，注重对国外技术哲学成果的述评性研究，根植于中国技术实践的本土化研究较少，形成了原生性内容较少而次生性内容较多的基本特征①。为了破除我国技术哲学的发展困境，需要在研究视角、思想内容和学术群体等方面有针对性地作出改变，在其思想源头处同马克思主义理论和中国传统文化的关联方面，技术哲学的"中国特色""中国立场""中国风格"一类的学术诉求已初现端倪，但在进一步深化和拓展的过程中稍显后劲不足，或因学科门槛较高（尤其是技术本体论和知识论）使人望而生畏，或因技术专业知识匮乏而出现理解偏狭，许多后学即便意识到学科特色不明显也没有在研究深度上实现质的飞跃。基于此，继续推进我国技术哲学建制化和特色化发展亟须实现传统技术文化的现代转型，不仅要摸清传统技术文化的"家底"，而且应结合新时代技术实践对其进行创造性的转化。

　　一方面，通过总结和提炼中华优秀传统文化的思想精髓，弄清楚蕴含在这座思想宝库中的技术哲学智慧，这是创造性转化和创新性发展我国传统技术文化的基本前提。习近平总书记在全国宣传思想工作会议上明确指出："中华优秀传统文化是中华民族的文化根脉，其蕴含的思想观念、人文精神、道德规范，不仅是我们中国人思想和精神的内核，对解决人类问题也有重要价值。"② 在相当长的历史时期，我国古代科技水平领先于世界，这很大程度上是离不开中华优秀传统文化的浸润涵养。作为中国传统文化的重要组成部分，技术文化是我国古代先民利用

---

① 参见陈凡、朱春艳《技术哲学思想史》，中国社会科学出版社 2020 年版，第 500 页。
② 《习近平谈治国理政》（第三卷），外文出版社 2020 年版，第 314 页。

各种工具系统进行生产实践活动的过程中凝聚而成的智慧结晶,在器物层面体现为以四大发明为代表的技术成就,在思想层面表征为以"道"和"技"的辩证关系为内核的技术理论,如"天人合一"的技术本体观、"以道驭术"的技术价值观、"执两用中"的技术操作观。这表明中华优秀传统文化中蕴含着丰富的技术哲学意蕴,技术从一开始就作为人类社会诸要素的聚集地展现了中国文化根脉的独特性,倘若我们"不能在自身文化意义上对西方现代技术在中国的健康发展作出合理论证",那么"中国传统技器道思想的整体论为西方机械论范式所遮蔽便成为了不可逃避的思想命运"①。随着第四次科技革命和智能时代的来临,特别是人工智能和基因工程的快速发展,为人类社会加速演进注入新动能的同时,也可能带来信息安全隐患、贫富差距拉大、结构性失业激增、生态脆弱性加剧等难以预料的社会后果。美国著名科学史家乔治·萨顿提出建立一种新人文主义科学观,他还特别强调:"人们必须找到把科学和我们的文化的其它部分结合起来的方法,而不让科学作为一种与我们的文化无关的工具来发展。科学必须人性化,这意味着至少不能让它横冲直撞。它必须成为我们文化内的一个组成部分,并且始终是为其余部分服务的一部分。使科学人性化的最好方式,即使不是唯一的方式,就是对科学作历史的考察……使人们认识到每个时代的科学成就,从开始到最后,都是人的成就。"② 尽管这里讲的是科学人性化及其实现问题,但指向社会实践的技术活动同样如此,必须在彰显人文精神的伦理规训机制中不断深化和拓展,否则极易将人类置于高风险、不确定和不可控的尴尬境地。中国古代技术文化对"道"的偏好时常流露出厌恶或排斥作为工具手段的技术及其物质形态的情绪,不过也让技术实践总是受到伦理道德规范的制约,如儒家强调器物发挥维护秩序和

---

① 李三虎:《重申传统——一种整体论的比较技术哲学研究》,中国社会科学出版社2008年版,第121页。
② [美]乔治·萨顿:《科学史与新人文主义》,陈恒六等译,华夏出版社1989年版,第141页。

第七章 国外马克思主义技术批判理论的借鉴价值

教化民众的社会功能,道家提倡增道方式的技术而批判"机心"的不纯粹,墨家注重工匠的品行修养和"兼利天下"的技术选择。这些对技术的批判性和规范性分析,为重构现代技术的伦理向度、避免技术社会的风险、实现人的全面发展等方面提供了宝贵的思想资源,深入挖掘其当代价值是推动我国技术哲学繁荣发展的必由之路。

另一方面,基于中国技术实践和传统文化根脉,加强对中华优秀传统技术文化资源的创造性转化。习近平总书记关于"两个结合"的重要论述,不仅打开了理论和实践创新的广阔空间,而且指明了当代中国技术哲学追求的根本目标和承担的重大使命。面对构建具有"主体性"和"原创性"的技术哲学任务,我们既要坚定信心又要保持审慎,在对中国优秀传统文化、当代西方技术哲学和马克思主义理论的深度耕犁和视域拓展中,积极推动中国技术哲学从"封闭式创新"转向"开放式创新"。然而,我国传统文化所蕴藏的丰富技术思想并不是直接的,而是需要进行创造性转化和创新性发展。这是基于以下两个方面的考量:一是中国古代科技智慧根植于绵延数千年的宗法制度和封建文化,在思想上的封闭性和保守性使之在近代朝着自己的对立面转化,不仅阻碍西方先进科学技术的引进,而且严重制约我国现代化进程的发展;二是中国正处于中华民族伟大复兴战略全局与世界百年未有之大变局相互交织、相互激荡、相互影响的关键时期,不断推进当代中国技术哲学的发展也随之进入新的理论境界,这要求我们深刻把握传统技术文化崇尚自然和求真向善的精神,重新审视其当代形态的基本内涵、理论定位和发展方向。如果说第一点是从中国传统技术文化自身的局限性出发,阐明"中国特色"不是简单地套用或比附,那么第二点则是从新时代中国迈向世界科技强国之列的现实需要出发,它强调"中国特色"不是离开民族性的随波逐流。中国技术哲学的"当代性"必须突出其民族性、地方性和现实性品质,既不能"食古不化",也不能"食洋不化",对待传统技术文化和西方技术理论应当采取一种辩证态度,在理论的反躬自省和现实的使命感召下开拓创新。这在国外马克思主义理论家那里体现得淋漓尽致，他们从来不回避当代资本主义的新发展和新问题，特别是德国法西斯主义的兴起、苏联斯大林主义的实践以及美国消费资本主义的盛行，多种因素叠加造成工人阶级革命运动的挫败和反抗意识的消解，使技术批判理论蒙上了一层悲观色彩。尽管如此，他们始终把技术理性批判与资本主义批判联系起来探索走出总体性的可能道路，注重理论性与现实性相结合的做法是值得借鉴的。这启示我们在建构当代中国技术哲学的过程中要处理好过去与现在、理论与现实、共性与个性之间的辩证统一关系，因为"只有在民族性和人类性的内在统一关系中，主体性和原创性的、能体现自主知识体系品格的哲学形态才成为可能"①。我们要自觉抵制和拒斥形而上学的抽象立场，从历史唯物主义科学方法出发把握"民族性"和"世界性"的内在一致性，使"各民族的精神产品成了公共的财产。民族的片面性和局限性日益成为不可能"②，同时在推动中国传统技术文化的现代转型中构建具有自主性和原创性的技术哲学体系。具体来说，不仅要自觉把握和积极回应人类生存和发展面临的普遍性问题，使传统技术文化资源真正获得其"当代性质"和"中国特色"；而且要通过对话西方技术哲学激发我国传统技术文化的生命力，为中国式现代化新道路贡献思想力量。

三 以理论问题为导向，加强跨学科研究方法的灵活运用

研究方法既是展开学术研究的思维工具，也是理论发展的重要标尺，就像当代科学哲学家拉瑞·劳丹所认为的那样，"一个研究传统是一个关于所研究领域内的实体的过程的一般假定和在这一领域内用以研究问题和建构理论的适当方法的体系"③。当前我国技术哲学的发展呈现方兴未艾之势，它的基本论域得以廓清、学术团体不断壮大、理论成

---

① 贺来：《在"民族性"与"人类性"的内在张力中探索"主体性"和"原创性"的当代中国哲学》，《吉林大学社会科学学报》2024年第2期。
② 《马克思恩格斯文集》第2卷，人民出版社2009年版，第35页。
③ [美]拉瑞·劳丹：《进步及其问题》，刘新民译，华夏出版社1999年版，第83页。

果日趋丰富、研究视角走向多元。但相较于其他学科而言仍处于弱势地位，方法创新的迟滞是造成这一局面的重要原因之一。因此，中国技术哲学研究只有扬弃实证主义和人文主义的方法论原则，才能逐渐形成特色鲜明的研究路径并激励理论的创新发展。从西方马克思主义的理论缘起直到当代国外马克思主义的多元发展，一贯采用包括哲学、心理学、社会学、语言学等在内的多学科研究方法，既全面展现了现代技术参与资本主义权力体系的构造过程，还为我们不断开拓马克思技术哲学视域提供了重要的方法论启示。

其一，以跨学科研究为抓手拓展马克思主义技术哲学视域是繁荣作为纲领哲学的中国当代技术哲学的内在诉求。基于波普尔证伪主义和库恩历史主义的科学哲学思想，英籍匈牙利科学哲学家伊姆雷·拉卡托斯提出了科学研究纲领方法论，由此清扫了科学实现连续性和有序性发展的障碍。自此以后，一大批理论工作者都试图把"研究纲领"移植或拓展至其他领域，技术哲学家也不例外，他们从不同视角围绕技术过程及其物质形态建构一种相对稳定的整体性理论框架，如有论者认为启用中国古典哲学中辨识美德、道法、防御和律法四种对技术的调节力量，有利于解释"现实—虚拟"世界走向和谐秩序的应然性，在此基础上提出一种包含对称性、多样性和元伦理性三原则的技术哲学强纲领[①]。这实则意味着作为纲领哲学的中国当代技术哲学要在本体论层面解读技术现象，而不能只作为依附科学哲学的"寄生虫"，要着眼中国特色丰富和完善作为整体的技术哲学研究纲领是当代学人的理论使命。

毋庸置疑，"跨学科研究"已经成为当代哲学的流行话语，这内在地规定了研究者要以更为广阔的视野介入技术问题，因为方法与理论之间总是高度关联、相互推动，前者是获取理论的途径和工具，而后者则

---

① 李三虎：《元宇宙遇上中国哲学——走向技术哲学强纲领》，《长沙理工大学学报》（社会科学版）2022年第4期。

蕴含着特定的思想和方法。既然有什么样的理论就要有什么样的方法来处理，那么弄清楚理论就能抓住正确的思想方法。对于跨学科研究来说，一旦真正的理论问题得以明晰，与之相适应的方法及其使用也就是顺理成章的事情，我们理应以问题为导向展开具体的技术哲学研究。事实上，马克思、恩格斯早就以超前的意识扬弃人文主义与科学主义的对峙局面，从整体论视角开启了"技术—社会"批判的理论传统。但仅仅抓住只言片语讨论他们的技术哲学思想全貌，既容易造成削足适履式的理解，又遮蔽了蕴含其中的理论潜能。只有准确把握马克思主义的"理论总问题"，才能尽可能真实地呈现马克思主义技术哲学的思想图景，使理论的解释力和批判力得以更加充分地发挥。对此，法国哲学家路易·阿尔都塞在《保卫马克思》一书中直截了当地指出："……哲学的全部命运无非是要承认真实，即在回到真实那里去（产生人及其思想和行为的历史真实）的同时，完成自己的批判任务（即死亡）。研究哲学，那就是从我们自己的立场去重新开始青年马克思的批判历程，越过阻碍我们认识现实的幻想浓雾，最后到达唯一的出生地：历史，以便在历史中最终找到在批判的密切注视下所达到的现实和科学的协调。"①马克思和恩格斯运用辩证唯物主义与历史唯物主义的世界观和方法论，把包括技术生产力在内的社会进步归结为人的感性活动，以此为出发点深刻揭露和剖析了资本主义制度的种种弊端，其目的在于"改造世界"而非"解释世界"，为无产阶级完成逐步消灭私有制、建立共产主义的历史使命指明了方向和道路。他们对人类历史发展规律和资本主义运行机制的认识，不仅有力地驳斥了主观主义关于"客观性""可重复性""可证实性"等一般科学标准不适用于社会领域的错误看法，而且马克思主义的整体性质恰在其批判作为资本"帮凶"的机器体系中得以开显。所以说，研究马克思主义技术哲学不是局限于"离器而言道"的

---

① [法] 路易·阿尔都塞：《保卫马克思》，顾良译，商务印书馆2010年版，第11—12页。

抽象思辨，而是在现实的历史过程和生活过程中"即器而言道"①，从伦理学、经济学、社会学、历史学等不同学科视域出发考证科学技术及其实践过程。

西方马克思主义被公认为20世纪马克思主义发展史上最重要的理论流派之一，并构成了解读马克思主义思想历程不可或缺的一部分。尽管他们对资本主义的批判态度与马克思主义经典作家相一致，但在批判的维度和重心上发生了一定偏移，更侧重于对当代资本主义社会中的物化结构、文化工业、工具理性等现象展开批判和反思。卢卡奇注意到流水线生产过程对人的意识的物化作用，把作为精神整体性存在的人肢解为孤立的原子式个体，通过马克思、齐美尔和韦伯的思想融合揭示了物化过程对社会生活的全面影响，对当代资本主义遵循的"形式理性"原则进行深层批判。霍克海默在接替格林堡担任法兰克福学派研究所所长时，就明确提出研究所的任务是通过"哲学与社会科学的联盟"重新发现马克思主义，强调跨越学科藩篱的综合研究是"最精良的方法"，因为任何哲学或某个学科都没办法做到确保其发现就是事物的本质。此外，他还进一步指出走跨学科的研究道路，应该将辩证法继续推广至新的学科领域，只有这些具有前景的领域能在"哲学家、社会学家、经济学家、历史学家和心理学家长期跨学科的集体合作中"产生②，把哲学研究与社会科学研究结合起来，从而建立一种新型的社会批判理论。在这一共同纲领的激励下，阿多诺、马尔库塞、本雅明和哈贝马斯等人都不同程度地转向了现代社会科学，致力于实现历史唯物主义与社会学、心理学、音乐学、文艺学等的联合，尤其体现在对工具理性泛滥的成因解析与出路探寻方面。在芬伯格、鲍德里亚、维利里奥、罗萨等当代国外马克思主义理论家那里，主要借助社会建构主义、符号

---

① 参见杨国荣《问题与方法：哲学研究的若干思考》，《社会科学研究》2012年第1期。
② ［瑞士］埃米尔·瓦尔特-布什：《法兰克福学派史：评判理论与政治》，郭力译，科学文献出版社2014年版，第49—50页。

消费理论、时间政治学和其他社会科学的思想资源"重释"或"激活"马克思主义理论。毫不夸张地说,跨学科研究路径是国外马克思主义研究呈现一派繁荣景象的重要原因之一,同时使技术批判理论显现了开阔的理论视野和强烈的现实关怀。因此,在论及国外马克思主义技术批判理论的研究意义时,不仅强调其"批判"和"解放"的功能,也绝不能遗忘其跨学科研究方法,这对于中国当代技术哲学思想视域的拓展和理论生存权的确证都具有重要参考价值。这里需要特别注意的是方法与理论的适配问题,我们绝不能草率地将具体学科知识中的思想养分等同于"技术决定论"而弃之不顾,毕竟一旦跨学科研究方法企图挣脱它所指向的理论问题,那么技术哲学研究就难逃作为一门"生意经"的物化命运。

其二,以跨学科研究为抓手拓展马克思主义技术哲学视域是繁荣作为部门哲学的中国当代技术哲学的客观要求。在发展中国当代技术哲学的过程中坚持跨学科社会科学研究的合法性,既来自与日俱增的现实需求又源于学术前进的客观要求。一方面,科学与技术的一体化发展极大地提高了社会生产力,科技与生产的有机结合确立了理性的权威并逐渐溢出了生产领域,使当代资本主义朝着全球化的方向发展,这就迫切需要从理论层面对技术文化及其解放潜能进行学理性阐释;另一方面,我国技术哲学研究因深受西方技术哲学传统的影响而出现了学科高度分化、视域过于单一、理论原创性不足等局限性,从跨学科研究着手突破中国当代技术哲学发展的瓶颈不失为一计良策,因为"宽口径"的研究有利于形成优势互补、思想互鉴和理论创新。可以说,国外马克思主义正是着眼于此走上了"哲学与社会学的联盟"道路,方才使马克思主义技术批判思想的理论视域得到进一步拓展。这种基于跨学科研究的多元化视角是值得学习和借鉴的,有利于人们更深刻地认识自身所处的历史方位和时代境遇。

就前者而言,技术批判理论带有强烈的批判意识和实践精神,重视技术的合理性问题不仅是纯粹的理论探索,更是一个关乎人类社会可持

第七章 国外马克思主义技术批判理论的借鉴价值

续发展的现实问题。在 20 世纪初期,社会科学方法在哲学、自然科学、科学技术等相互影响下日益呈现多样化的特征,不同时期的批判理论家注意到了这一变化,都致力于实现"各学科的代表之间的持续合作,以及理论建构与经验方法之间的融会贯通"[①]。"大科学时代"的到来颠覆了传统科学研究的"单打独斗"模式,关于技术问题的理论研究同样如此,科学与技术的一体化发展使工具理性如一张"无缝之网"深度嵌套进社会的方方面面,并不断重构现代社会生活的整体面貌。因此,当代技术哲学所研究的理论问题之复杂性、整体性和综合性程度越来越高,只依靠个人力量或单一视角是很难窥其全貌的,开展多学科、多领域、多平台的合作性研究已成为推进中国技术哲学研究的重要趋势。随着改革开放和社会主义现代化建设事业的深入发展,科技创新作为引领发展的第一动力构成了中国式现代化的战略支撑,而突破"卡脖子"技术难题是一项系统性工程,除了技术哲学以外,还需要历史学、科学学、工程学、经济学、管理学等学科,从不同角度对技术整体进行各有特点的理论研究。唯其如此,我们才能更好地理解技术的本质和精准把握创新的方向,从而避免因盲目追求技术创新而忽视其潜在风险和社会责任的做法,特别是对原创性、颠覆性技术要保持一种审慎而乐观的态度。

就后者而言,中国当代技术哲学研究起步较晚,经过几代学人的不懈努力实现了跨越式发展,但仍然存在许多亟待解决的问题,尤其是如何有效避免学科过度分化和壁垒森严所造成的思想偏狭。如前所述,西方技术哲学内部有着工程主义和人本主义的理论传统,这两种倾向、两种范式和两套话语主要源于美国著名哲学家卡尔·米切姆在《技术哲学概论》一书中的划界标准,它作为较早传入我国且为数不多的国外技术哲学经典著作之一,对我国技术哲学发展产生了深刻影响。从积极

---

① [德] 罗尔夫·魏格豪斯:《法兰克福学派史:历史、理论及政治影响》,孟登迎等译,上海人民出版社 2010 年版,第 192 页。

方面看，工程传统和人文传统的技术哲学各有特色，使不少理论工作者在从事技术哲学研究的过程中有了明确的研究纲领和边界意识，有利于我国技术哲学的理论深化和学科发展；从消极方面看，技术哲学的"二分法"不免带有非此即彼的强制意味，研究者对这一观念的接纳和践行容易产生思维定式，特别是工程师与哲学家之间的不沟通、不理解和不信任，不利于中国技术哲学理论体系的建构与完善。针对这种情况，陈凡和朱春艳强调今后国内技术哲学研究要从单一化走向多元化，"应继续保持并发扬工程技术哲学与人文主义技术哲学的传统特色，摒弃学派间的局限，坚持多元化的研究视角，更多关注不同的技术哲学研究主题，促进中国技术哲学研究的全面繁荣"①。他们主要强调的是技术哲学共同体创造性发挥其他学科的核心范畴或分析方法，为顺利开展这一学科的理论研究提供新的范式和视域。但考虑到跨学科研究还包括多学科并置的情况，所以跨学科的技术哲学研究不能脱离具体实际而抽象地谈论技术与社会的关系。面对综合性、整体性和系统性的技术异化现象，注重精细化和专门化的学科性方法显然是无法胜任的，只有建立各相关学科研究者之间的"有机团结"机制，才能确保技术领域的理论延展不至处于停滞不前的困局，要把围绕共同主题及其不同方面展开研究取得的理论成果作为指引中国技术实践的发展方向。

归结起来，国外马克思主义技术批判理论作为一面思想棱镜，既丰富和发展了马克思主义技术批判思想，又促使人们在现时代条件下重新思考和积极探索走出技术控制的旋涡，为推动中国当代技术哲学的繁荣发展提供了极为有价值的思想理论资源。如果说构建中国技术批判话语和促成传统技术文化转型倾向于从内容方面揭示技术批判理论的思想参考价值，那么加强跨科学研究则更侧重于从形式方面澄清其方法论启示。只是批判理论家们始终没有摆脱对思辨体系的迷恋，从而导致技术理性批判的实践效能缺位，更有甚者对马克思主义产生了怀疑并主张重

---

① 陈凡、朱春艳：《技术哲学思想史》，中国社会科学出版社2020年版，第502页。

建历史唯物主义。因此，国外马克思主义技术批判理论的合理性和局限性给予中国当代技术哲学研究诸多启迪借鉴，一是坚持技术哲学研究的历史唯物主义立场，二是以问题为导向创造性地转化传统技术文化，三是注重运用"宽口径"的跨学科研究方法。

第二节 国外马克思主义技术批判理论的现实启示

物联网、大数据、云计算、智能机器等新兴技术的不断涌现宣告了智能时代的到来，作为后发国家的中国要想实现"弯道超车"就必须抓住新一轮技术革命和产业革命的发展契机。马克思在《〈黑格尔法哲学批判〉导言》中这样强调："理论在一个国家实现的程度，总是取决于理论满足这个国家的需要的程度。"[①] 只有充分考虑中国式现代化道路的根本方向和特殊定位，才能甄别国外马克思主义技术批判理论的实践指向及其借鉴意义。第54次《中国互联网发展状况统计报告》的结果显示："截至2024年6月，我国网民规模近11亿人，较2023年底增长742万人，互联网普及率达78.0%。"[②] 这从侧面反映以移动互联网为典型的高科技在人们的日常生活中占据着越来越重要的地位，新技术催生下的"互联网+"发展模式带来了高效化和智能化的生活，同时也不可避免地增加了信息摩擦、数字鸿沟、生态破坏、隐私泄露、大规模失业等一系列潜在社会风险。在马克思主义的指导下妥善处理技术与人性、消费、自然之间的复杂关系，是中国迈向世界科技强国之路亟待解决的理论和现实问题。国外马克思主义理论家以人性向物性的妥协、文化工业的崛起、消费主义的盛行、生态危机的全球化等现实问题为切入点对现代技术展开的激进批判和自我拯救，不仅极大拓展了经典马克思

---

① 《马克思恩格斯文集》第1卷，人民出版社2009年版，第12页。
② 中国互联网信息中心：第54次《中国互联网络发展状况统计报告》，2024年8月29日，第13页，https://www.cnnic.cn/n4/2024/0828/c208-11063.html，2024年10月6日。

主义技术批判理论的思想视域，而且作为"他山之石"为我国科技强国建设和实现高质量发展提供了重要的现实启示。

一 超越资本逻辑，坚持人民至上的根本宗旨

中国现代化进程具有"后发外生型"和"压缩式发展"的显著特征，"不是简单延续我国历史文化的模板，不是简单套用马克思主义经典作家设想的模板，不是其他社会主义实践的再版，也不是国外现代化发展的翻版"①，这就从根本上决定了我们不能生搬硬套作为"舶来品"的国外马克思主义技术批判理论。实际上，国外马克思主义理论家在秉承马克思技术批判思想的精神实质基础上进行了合乎时代情境的发挥，对技术蜕变为工具理性及其社会后果的担忧具有一定的合理性。尽管他们没有像后现代主义那样彻底放弃现代性方案，更没有拒斥技术进步，但囿于哲学文化批判的理论路径使其救赎方案陷入乌托邦式想象。恰恰在这个地方，我们要保持清醒头脑并增强理论自信，确立"科技为民"的价值准则和发展方向，警惕科技为资本所裹挟并沦为一种新型的社会控制形式。

其一，基于不同社会文化语境选择与之相契合的科技创新路径，认清西方借反技术霸权的名义限制发展中国家的真实意图，探索一条符合中国国情的技术实践之路。时至今日，对理性的本质追问和理论反思仍然没有过时，"完成从而认识理性是什么，从来会是并且永远是真正的哲学任务"②。国外马克思主义理论家对技术理性及其社会后果的批判，从来没有离开当代资本主义的现实状况，即发达资本主义国家利用科技意识形态捍卫其统治合法性，技术批判的主要目的在于唤醒主体的革命意识和重塑社会的否定向度。从经典西方马克思主义到当代国外马克思主义理论家，不仅没有为资本主义现代化制造的虚假繁荣所迷惑，而且

---

① 《习近平谈治国理政》（第二卷），外文出版社2017年版，第344页。
② ［德］卡尔·雅斯贝斯：《生存哲学》，王玖兴译，上海译文出版社2005年版，第44页。

第七章 国外马克思主义技术批判理论的借鉴价值

尖锐地批评了技术理性在社会普遍流行所产生的痼疾和危机。当前我国处在协调推进新型工业化和新型城镇化的进程中,工业化、信息化、数字化程度与发达资本主义国家还存在不小的差距,但我们绝不能错误地认为技术理性批判就是拒斥技术革新和工业生产。中国特色技术批判话语的建构应当充分考量技术体系的社会性和历史性,就如同恩格斯谆谆告诫的那样,"即使只是在一个单独的历史事例上发展唯物主义的观点,也是一项要求多年冷静钻研的科学工作,因为很明显,在这里只说空话是无济于事的,只有靠大量的、批判地审查过的、充分地掌握了的历史材料,才能解决这样的任务"①。对中国技术哲学研究而言,重审技术的合理性问题是为了斩断理性与资本之间的伙伴关系,并在汲取资本主义现代化经验教训的基础上,不断健全和完善科技创新新型举国体制,以实现对技术资本主义应用的根本性超越。那些在国外马克思主义家的技术批判话语中迷失方向,从而抹杀了科学技术对社会进步产生积极影响的做法是不可取的,这不仅背离了马克思主义经典作家关于"科学技术是生产力"的基本主张,而且对于正在进行现代化建设的发展中国家来说无异于杀鸡取卵。我们要牢牢把握科技现代化在中国式现代化实践中的关键地位,通过发挥新型举国体制的优势引导和驾驭资本,让科技进步带来更多的社会公平而非"创造性破坏",为人的自由全面发展提供坚实的物质基础。例如,倘若罔顾技术民主化的出场语境、理论缺陷与实践困难,一味强调加速这一进程的重要性以及盲目冒进行为,非但不利于技术进步和社会发展,反而会不慎落入资本和专制的圈套。

其二,明确科技创新为了谁的根本性质问题,始终把人民群众是否满意、是否有获得感和幸福感作为衡量科技创新及其实践得失成败的唯一标准。无论是出于拯救马克思主义理论危机,还是挣脱科技意识形态牢笼的目的,主体性逻辑都是国外马克思主义理论家重建历史

---

① 《马克思恩格斯文集》第 2 卷,人民出版社 2009 年版,第 598 页。

唯物主义和唤醒革命主体意识的必然选择。在论及现代技术问题时，他们大多是基于人本主义立场斥责技术理性对人的个性、尊严和思想的扼杀，主张通过"总体性""新感性""交往理性"等核心范畴重建理性的基础，以此避免理性因过度实证化、工具化和片面化而走向它的对立面。这些看起来大相径庭的救赎方案实则指向了同一理论主题——对晚期资本主义社会中人的生存境遇的深切关怀。正是透过这一批判性视域，我们更加清楚地认识到技术理性对效率和利益的追求与资本逻辑是高度契合的，由此造成了技术的解放向度为工具理性所遮蔽并逐渐被消解，随之兴起的技术官僚主义更是通过对知识的垄断使自身利益和地位得到不断强化。他们深入引发理性病变的社会文化结构内部，揭示工业资本与现代技术的内在联系，为克服科技意识形态负面效应提供了各具特色的解放方案。在这个意义上，国外马克思主义理论家敏锐地洞悉了技术理性的严重偏差，特别是对主体的丰富性、批判性和能动性的抹杀，对于合理规避推进中国式现代化进程中可能会重蹈的覆辙起重要的借鉴作用。这意味着我国加快建设科技强国的步伐，必须扬弃在资本逻辑为主导下追逐利益最大化的线性增长模式，将科技创新成果转化为推动社会发展的现实生产力以满足人民对美好生活的需要，重视它在现代服务业和生态环境等领域所起到的重要作用，促使科学技术在保障生命健康、提高生活品质和改善生态环境的同时向人的本质复归。在理论与实践的双向互动过程中形塑科技向善的价值理念和制度保障，从而"让科技更好增进人类福祉，让中国科技为推动构建人类命运共同体作出更大贡献"①。

其三，尊重人民的主体地位和首创精神，强调科技发展的根本力量来源于人民群众，激发全民创新潜能，助力高水平科技自立自强。马克思、恩格斯把社会发展的根本推动力归结于生产力，科学管理和技术革新是重要的生产力构成要素，劳动者则是生产力体系中最活跃的因素，

---

① 习近平：《加快建设科技强国　实现高水平科技自立自强》，《求是》2022年第9期。

第七章　国外马克思主义技术批判理论的借鉴价值

所以生产力的高质量发展离不开技术理性的支撑作用，而赋予技术理性以新的内容又依赖作为技术实践发起者和推动者的"现实的人"。然而，国外马克思主义理论家从更微观的、多元的视角展开技术理性批判，在不同程度上流露出了对作为技术主体的公众的怀疑态度，如法兰克福学派把大众视为"冷漠的烂土豆"，使无产阶级革命在文化批判话语中呈现了不可挽回的颓势。这种片面强调技术理性的消极作用和社会公众的顺从意识的做法是我们所不能同意的，因为"技术是连接人与自然真正的桥梁，人的本质与自然的本质只有在技术的或工业的劳动过程中才能得以表现"①。从生产实践出发，马克思指认技术的本质在于"作为社会实践的直接器官"和"作为实际生活过程的直接器官"②，从一开始就蕴含人文主义的向度，在推动"世界祛魅"的同时生产着整个自然界以及人自身。他的工艺学批判思想更是把机器与机器的资本主义应用区分开来，确证异化源头在于现代技术与资本逻辑的共谋，强调无产阶级的政治解放是走出技术奴役困境的前提。由此可见，要实现科技资源的优化配置、激发各类主体的研发热情以及投身现代化建设的责任意识，只有回到马克思及其资本主义生产关系批判，坚持"人民至上"的根本立场和发展理念，通过改革创新进一步破除制约我国科技事业高质量发展的阻碍因素，才能实现这一目标。尊重人民的主体地位和首创精神，就是要"善于从人民的实践创造和发展要求中完善政策主张，使改革发展成果更多更公平惠及全体人民，不断深化改革开放夯实群众基础"③。一方面，必须坚持"创新是第一动力，人才是第一资源"的发展理念，重视人民群众作为技术革新的主导性力量，着力培养兼具科学素养和人文素养的复合型人才；另一方面，始终把广大人民群众的根本利益作为创新发展的根本出发点和落脚点，以新时代美好生活为目标系明确技术发明和应用扩散的发展方向。

---

① 乔瑞金：《马克思技术哲学纲要》，人民出版社2002年版，第62页。
② 《马克思恩格斯文集》第8卷，人民出版社2009年版，第198页。
③ 《习近平谈治国理政》（第一卷），外文出版社2014年版，第68页。

二 驾驭工具理性，重塑现代技术的人文向度

我国百余年尤其是改革开放以来对中国特色社会主义道路的艰辛探索历程表明，尽管现代化是不同国家和民族孜孜以求的共同目标，但西方现代化道路并不是放之四海皆准的普遍适用模式。习近平总书记在党的二十大报告中简明扼要地指出："现代化道路并没有固定模式，适合自己的才是最好的，不能削足适履。每个国家自主探索符合本国国情的现代化道路的努力都应该受到尊重。"① 国外马克思主义理论家之所以通过技术理性批判重新审视资本主义的现代化进程，是因为资本主义与科学技术的联姻催生了技术理性及其同价值理性的分离状况，技术理性向社会各个领域的扩张把人们困于现代技术所缔造的工具理性"铁笼"中。在拯救理性的层面上，他们的技术人性化思想为致力于维护人的尊严和价值的中国式现代化道路提供了重要的思想资源。

从技术人性化的价值目标来看，国外马克思主义理论家对启蒙精神蜕变为注重效用的工具理性深感忧虑，认为凌驾于价值理性之上的工具理性成为西方社会的运行规则，非但没有给人们带来自由和幸福反倒招致了更大的祸患，如价值失落、思想匮乏、生态恶化、符号泛滥、速度暴力等一系列社会问题。所以，他们基于不同视角的工具理性批判旨在重塑人的批判意识和反叛精神，为无产阶级革命的发生准备主观条件。当前中国正处在全面建成社会主义现代化建设的新阶段，推进科技自立自强无疑是中国式现代化道路的关键要素和战略支撑。但在大力发展科学技术的过程中，我们必须吸取发达资本主义国家的经验教训，不仅要通过对技术理性的批判性分析全面认识其内在缺陷，而且还要对科技创新活动进行必要的伦理限制，使之朝着有利于人的自由全面发展的方向发展。

一方面，批判技术理性不是走向理性天平的另一端，而是要理顺工

---

① 《习近平著作选读》（第二卷），人民出版社2023年版，第510页。

第七章 国外马克思主义技术批判理论的借鉴价值

具理性与价值理性的关系,在二者的相互融合中重塑现代技术的人文向度,使科技创新成为守护生命尊严和增进人类福祉的"助推器"。国外马克思主义理论家通过反思启蒙理性的内在悖论揭示了技术异化的深层原因,指出工具理性与资本逻辑的合谋造就了意义世界的衰败,在对实证主义、文化工业、经济理性、消费主义、速度政治等的无情批判中激发主体的革命热情。他们对工具理性的批判无疑是振聋发聩的,使人们更清楚地知道"理性被工具化"的历史过程及其社会后果,从而萌生强烈的重建理性社会和反抗法西斯主义的政治诉求。但从工具理性批判滑向价值理性崇拜又是不可取的,因为在工具理性主导下的生产实践极大地拓展着人类的生存空间,倘若没有对工具理性的尊崇和科学技术的革新,人类可能依然在贫穷与落后中摸索着蹒跚前行。所以,我们要避免对国外马克思主义技术批判理论的简单移植,在以科技创新助推中国式现代化的实践中,既要充分肯定理性的工具功能,又要更好发挥理性的价值功能。尽管我国公民科学素养素质水平比例达到 14.14%、"对新技术应用风险的担忧程度和参与科技决策的意愿有所提高"[1],但总体水平与世界主要发达国家还存在着不小的差距,且相较于我科技事业的快速发展而言,人们对科技进步及其社会应用的伦理风险研判和防范意识仍有待加强,为全面推进中国式现代化夯实人力资源基础。这意味着在促成工具理性和价值理性、科学精神和人文精神、自然科学和人文社会科学的融通时,首先要确定主次关系,强调"人是根本,代表'人是目的'的价值理性是核心和本质,用'价值理性'来校正'工具理性',以'价值理性'来纠正现存文化理念的偏失,从而使'价值理性'成为全球时代与'工具理性'相契合的文化理念"[2]。

另一方面,批判技术理性并不意味着彻底摒弃工具理性,而是要合理驾驭工具理性为社会主义现代化服务,把更好地满足人的基本需要和

---

[1] 中国公民科学素质抽样调查课题组:《我国公民科学素质的发展现状——基于第十三次中国公民科学素质抽样调查的分析》,《科普研究》2024 年第 2 期。

[2] 刘大椿:《自然辩证法研究述评》,中国人民大学出版社 2006 年版,第 78 页。

促进人的全面发展作为根本出发点和落脚点。国外马克思主义理论家基于当代资本主义总体性统治的病理学诊断,从文化意识形态角度全面检视技术对人性、政治、生态、消费等不同领域产生的负面影响,主要目的在于重塑理性以避免现代性的隐忧,只不过因过分强调主体性而逐渐偏离了历史唯物主义的基本立场,使其在技术理性的激进批判话语中彻底陷入乌托邦式的解放幻象。但他们对技术理性片面发展及其拯救策略的思考,为中国特色科技文化和科技伦理治理体系的建构提供了一定借鉴。近年来,我们已经深刻认识到在工具理性主导下的粗放式增长带来了诸多的社会弊端,通过贯彻落实创新、协调、绿色、开放、共享的新发展理念,从而不断厚植中国式现代化的物质技术基础。然而,在"落后就要挨打"的历史教训、实用主义的处事原则以及科技助力社会发展的成效显著等因素影响下,"学而优则仕""重理轻文""科技万能论"等思想观念在人们心中根深蒂固,在很大程度上助长了工具理性战胜价值理性、物性压抑人性、理想屈从现实的不良社会风气。为了扭转上述不利局面,在大力推进科技事业高质量发展的过程中要合理地驾驭工具理性,把伦理道德、审美趣味、生态价值等彰显人文关怀的因素纳入社会主义现代化建设的考量范围。也就是说,以科技创新为驱动的中国式现代化道路,无论科学研究还是技术实践都必须面向广大人民群众的合理需要,而不是不加限制地满足人的一切欲望,那些基于感性偏好作出的行动决策往往损害了人类的长远利益。在社会主义条件下开展重点领域和关键技术攻关,不仅有利于进一步释放创新活力,而且为科技事业高质量发展提供了根本政治保证。对于科技异化及其社会后果,我们要从历史唯物主义立场出发坚定中国特色社会主义道路自信和制度自信,把"满足人民对美好生活的向往"作为科技创新的落脚点,并"将这种力量外化为一种制度安排,这样才能使道德之花结出丰硕的技术'善'果"[①],让科技创新发展进一步增强人民群众的幸福感、获得

---

① 王健:《现代技术伦理规约》,东北大学出版社2007年版,第173页。

感和安全感。

从技术人性化的实现方式来看，国外马克思主义理论家不同程度地诉诸艺术、审美、心理等主观因素来对抗工具理性，强调蕴含其中的否定性、超越性和反叛性维度对社会的解放功能。但他们并没有深入资本主义制度层面剖析科技异化问题，以至于无法辩证地看待科技对社会发展的积极作用，更难以帮助现代人找到真正走出科技意识形态牢笼的救赎方案。这种局限于人本学视角的技术批判及其解放规划表现一种理论的退却，在这个意义上，我们既不能像批判理论家那样把技术理性等同于资产阶级意识形态，也不能离开中国式现代化的现实语境抽象地讨论现代技术的人性化发展。当前我国科技发展面临"现代化经济体系建设的迫切需求与科技有效供给不足之间的矛盾"，这就意味着进一步加大科技创新力度及其人性化转向是制约经济高质量发展的重要因素之一。

一是推进科技人性化进程应该高扬人的主体性，充分调动广大科技人员的积极性、能动性和创造性力量。在国外马克思主义理论家看来，技术理性在日常生活领域的肆虐不仅取消了人的主体性地位，而且塑造了具有顺从意识和市场取向的社会性格，从而巩固了现代资本主义的统治合法性基础。为此，他们极力反对被资本裹挟的技术理性及其对生活世界的殖民，主张通过"否定辩证法""新感性""交往理性""生态理性"等范畴重塑现代技术的人文向度，并致力于建立一个彰显个性自由的健全社会。实际上，他们解决问题的思路带有一定的主观主义倾向，但在物性与人性之间始终保持人的优先性，培育独立、健康、成熟的主体人格的做法仍是值得激赏的。究其原因，人类文明的接续发展离不开科技进步，更离不开科技的人性化进程。中国式现代化与西方现代化的根本区别在于是否"以人民为中心"，这就内在地规定了我国科技现代化建设不仅为促进人的全面发展提供了丰裕的物质基础，而且有利于进一步激发广大科技工作者的积极性和创造性。对此，习近平总书记在专家学者座谈会上讲话时强调："要深化科研人才发展体制机制改革,完善战略科学家和创新型科技人才发现、培养、激励机制,吸引更多优秀人才进入科研队伍,为他们脱颖而出创造条件。"① 因此,我们必须高度重视培育富于批判意识和理性精神的创新型人才,使之在相对宽松的科研环境中充分发挥自身的主观能动性,为全面建设社会主义现代化国家贡献科技力量。

二是推进科技人性化进程应该谋求人与自然的和谐共生,既要通过科技创新赋能生态环境保护,又要以生态文明理念规约科技理性及其实践范围。适宜的自然环境是人类生存和发展的前提条件,促进人与自然的和谐共生是科技人性化不可或缺的重要内容。马克思、恩格斯注意到早期资本主义社会中科学技术的使用使环境污染成本社会化,加剧了人与自然之间的冲突和对立。生态学马克思主义理论家不同程度地拓展了历史唯物主义的生态视域,不仅驳斥了绿色资本主义编织的谎言,而且主张把生态运动引向激进的社会革命。在他们看来,仅仅依靠科技改良是不可能解决资本主义社会的生态危机的,"这种'现代化'技术的主要目的,就是使目前的单调生产永远持续下去,而不是解决生态问题"②。这启示我们单纯依靠技术手段无法真正走出生态困境,只有在变革资本主义制度的前提下深入推进绿色低碳转型发展,才能使科技创新成为生态文明建设的重要战略支撑。尽管新时代生态环境保护工作取得了显著成效,但仍处在压力叠加、负重前行关键期的生态文明建设面临新情况新问题,所以"必须构建生态环境科技创新体系,为广泛形成绿色生产方式生活方式、实现生态环境根本好转和美丽中国建设寻答案、要方法、找出路"③。一方面,坚持以科技创新引领推动经济社会发展全面绿色转型,为了满足人民日益增长的优美生态环境需要,依靠科技创新和产业变革不断拓宽生态环境治理的路径,切实改变"先污

---

① 《习近平谈治国理政》(第四卷),外文出版社2022年版,第337页。
② [美]约·贝·福斯特:《生态革命——与地球和平相处》,刘仁胜等译,人民出版社2015年版,第5页。
③ 李海生:《新时代生态文明建设呼唤生态环境科技创新体系》,《中国环境报》2022年3月7日第3版。

染后治理"的传统发展模式；另一方面，注重以绿色发展为航向激活生态科技的实践动能，把生态文明建设的核心理念、基本原则和价值目标融入科技创新的全过程，有效避免在科学研究和技术实践中漠视自然、急功近利和顾此失彼的错误做法。

三是推进科技人性化进程应该健全和完善中国科技伦理治理体制，跳出"西方中心主义"的思想误区。随着科学技术的突飞猛进及其在全社会的普及应用，科学技术的"双刃剑"效应愈发明显，如何在鼓励科技创新的同时对其展开伦理风险的评估和监管，使之更好地彰显生命尊严、维护主体权益以及防范技术失控，是完善科技伦理治理体系的当务之急和内在要求。"工具理性"之所以成为国外马克思主义批判理论的一个重要议题，是因为他们认为技术理性实际上就是"工具理性"的代名词，把实证哲学、科学研究、文化工业、行政管理等统统视为技术理性的表现形式加以拒斥，并诉诸文化心理革命以唤醒无产阶级的阶级意识和集体自觉。不难看出，国外马克思主义理论家着眼技术理性批判重建科学技术伦理基础的努力，只是没有深入资本主义经济关系层面思考技术异化问题，以至于他们无法看到造成技术理性泛滥的制度根源，最终没有找到摆脱技术困境的真正出路。对于国外马克思主义技术批判理论提出的许多创造性见解，我们在予以肯定的同时还要加以仔细甄别，有取舍地汲取蕴含其中的思想资源。新时代推进科技人性化进程，既不能像经典西方马克思主义那样侧重文化批判视域谈论科技伦理价值观的重构，也不能如当代国外马克思主义一般彻底否定技术进步和理性精神。对此，我们必须跳出"西方中心主义"的思想误区，基于中国式现代化实践的现实需要"健全科技伦理治理体制"，不仅要清醒地认识到实现人的自由不是某种抽象的精神解放，而是始终面向现实生活的交往实践，因为"作为主体性的人的历史作用始终是以实践的方式展开的"[①]；而且要加快健全符合中国国情、科技创新规律和阶段性

---

① 俞吾金：《马克思主体性概念的两个维度》，《复旦学报》（社会科学版）2007年第2期。

特点的科技伦理治理体系，使科技发展与治理始终坚守"向善而行"的伦理底线。

三 警惕消费陷阱，树立正确的劳动价值观念

消费异化问题是资本主义市场经济发展的必然产物，但绝不是专属于当代资本主义的特殊现象。自改革开放以来，伴随着我国经济政策的调整、国际合作交流的加强以及全球化进程的深入发展，历史虚无主义、新自由主义、民族主义、消费主义等西方文化思潮沉渣泛起，这对我国主流意识形态安全造成了极大的冲击。消费主义思潮的迅速蔓延和不断侵蚀，更是直接影响着人民群众的生活方式，具体表现为：从注重"量的满足"到追求"质的提升"、从趋同性消费到个性化消费、从线下实体到线上网络消费，这些变化表明消费活动逐渐成为人们获得幸福感和满足感的主要来源。然而，如果对肆意扩张的消费文化和初现端倪的异化现象不予理会，那么推进中国式现代化势必会遭遇不可逆转的增长困境、精神危机、生态恶化等一系列新问题。国外马克思主义理论家把马克思基于生产领域的异化理论拓展至消费领域，从不同侧面揭示了技术理性助长消费主义盛行的根源、危害和出路。这不仅有助于我们深刻认识消费主义文化的本质内涵及其同资本主义之间的内在关联，提升意识形态鉴别力和国家安全意识，而且对于扬弃物质主义幸福观、形塑新时代劳动幸福观和推动社会可持续发展都具有重要的借鉴意义。

第一，在比较视域中准确理解当代中国社会的消费主义文化及其生成过程，这是破解消费异化问题的逻辑前提。国外马克思主义理论家针对消费主义所作的严厉批判，从不同视角控诉了消费主义泛滥的后果在于对人与物之间关系的颠倒、非理性欲望的纵容和政治意识的弱化，为我们全面审视当前中国消费现状及其发展境遇提供了理论新窗口，这也是妥善处理消费与生产之间辩证关系的必要条件。就消费异化现象的共性而言，中西消费主义文化盛行的主要原因、表征方式及其社会后果具有高度的相似之处。宏观政策、科学技术和文化氛围等因素叠加催生了

消费主义思潮。第二次世界大战后,资本主义国家为了恢复国民经济、缓和社会矛盾,不仅通过宽松的货币政策和优厚的福利待遇来刺激消费,而且还借助广播、电视、广告等现代媒介技术大肆渲染消费主义价值观及其生存方式,使人们转而追求物质享乐、符号占有、交换价值,当代资本主义随之从以生产为主导的社会转型为以消费为主导的社会。同样地,消费主义文化在中国的发展路径也大抵如此,既离不开国家大力发展社会主义市场经济的政策支持,也得益于现代信息技术的推波助澜和消费主体结构的根本转变。随着改革开放的不断深入,我国彻底改变了长期以来的经济短缺和供给不足状况,一方面为了促进经济社会的繁荣发展鼓励和刺激消费,另一方面物质生活水平的普遍改善使人们的消费欲望和购买能力不断增强,尤其是因人口结构的变化塑造的新一代消费群体具有低储蓄意愿、高消费需求的特征。现代信息技术和互联网平台则进一步助推了消费主义文化的扩散和流行,如淘宝、京东、拼多多、抖音、快手等电商平台的强势崛起,不仅突破了传统购物模式对时空的严格限制,而且通过广告轰炸策略、暗示意义链和网络支付方式等的共同作用使冲动消费成为不可避免的事情。在资本向互联网平台的渗透过程中,"数字平台通过让利宣传、广告说辞等手段来美化数字平台,开展网上圈地运动,进而建立数字平台的控制权"[①],数字技术就顺理成章地成为捕获高额利润的有效手段。就消费异化现象的个性而言,消费主义文化与社会主义的本质规定性是不相容的,它之所以在当代中国蔚然成风则是因为社会主义市场经济体制恢复了消费的合法性地位,但又没有对过度消费进行合理引导和及时治理,加之"面子文化"和"人情社会"的心理认同助长了非理性的、炫耀性的、超前性的消费行为。然而,它与内嵌于当代资本主义的消费意识形态和物质主义幸福观是截然不同的,我国构建高水平社会主义市场经济体制旨在通过把扩大内需同改善人民生活品质相结合,从而发挥消费促进经济高质量发

---

① 王治东:《资本逻辑视域下的技术正义研究》,人民出版社2021年版,第136页。

展和实现人民美好生活需求的积极作用。

第二，着眼全面深化改革的实践，鼓励人们在创造性劳动中打破消费主义的思想桎梏。人们的思想观念往往与社会的发展变化有着紧密联系，"每一历史时期的观念和思想也可以极其简单地由这一时期的经济的生活条件以及由这些条件决定的社会关系和政治关系来说明"①。无论从资本主义生产的逐利本性还是维系其统治合法性的现实需要来看，发达资本主义国家都必然会选择"高生产—高消费—高污染"的发展模式以及与之相适应的消费主义价值观。当前中国消费主义呈现明显增长的趋势，主要得益于我国经济实力的提升、网购和移动支付的普及、社交媒体的不断渗透等因素，消费主义打着"我消费，故我在"的幌子正迅速向日常生活领地拓殖。如此一来，人们不仅更倾向于选择花呗、借呗、白条等分期付款方式满足其追求精致生活的欲望，通过疯狂的消费和对物的占有过程获得极大的满足感、幸福感和安全感；而且更愿意购买明星同款、网红产品或限量版商品来标榜社会地位和生活品位，形形色色的消费符号发挥着建构自我身份认同的作用。因此，我们立足新时代中国社会主要矛盾的变化，对消费主义文化展开批判性反思可谓正当其时，而要祛"消费主义"之魅、解"消费主义"之祸，必须始终坚持"以人民为中心"的根本宗旨，把满足人民日益增长的美好生活需要作为生产和消费的目的，转变"资源—劳动"依赖型的增长模式。这意味着既不能放任人民群众"不择手段"地满足其一切欲望，也不能把需要混淆为欲望、消费活动等同于幸福，而是鼓励人们通过创造性劳动领悟人生真谛和实现人生价值。这里强调人的创造性劳动对于克服"劳动—闲暇"二元论的重要意义，是因为"自由的有意识的活动恰恰就是人的类特性"②，它指向物质世界的同时也通向精神世界，前者是指根据社会需要制造自然界原本没有的各种技术物而使人向

---

① 《马克思恩格斯文集》第3卷，人民出版社2009年版，第459页。
② 《马克思恩格斯文集》第1卷，人民出版社2009年版，第162页。

自然生成，后者是指通过从事科学探索、文艺创作、技术研发等活动彰显人的尊严和生命之美而使人向自身生成，此时人们在自由自觉的活动中感受到劳动的幸福和生命的意义。就此而言，回归理性消费并不是反对一切消费活动，谈消费而色变实际上不过是一种因噎废食之举。我们必须旗帜鲜明地反对以资本增殖为目的消费主义意识形态，落实好以人民为中心的扩大内需战略，如为应对新冠肺炎疫情影响下世界经济的持续低迷和"逆全球化"思潮的冲击，我国颁布实施了一系列恢复和扩大消费的重要举措，有利于优化营商环境、提振消费信心和促进经济发展。

第三，提升大众传播媒介的舆论引导力和社会公信力，加强"反对浪费、崇尚节约"的适度消费观宣传力度。国外马克思主义理论家敏锐地洞察到发达资本主义国家主要依靠文化意识形态而非暴力手段来征服社会离心力，通过广播、电视、网络等现代信息技术向公众贩卖消费主义价值观和生存方式，使之沉湎于琳琅满目的商品世界而丧失了独立思考的能力，从而进一步维系了资本主义生产关系的稳定性和合法性。毫不夸张地说，技术进步及其非理性运用使异化消费成为可能，尤其是大众传播媒介的发展和网络电商平台的崛起，为超前消费行为提供了肥沃的现实土壤。当代资本主义利用大众传播媒介把消费主义推广到社会的各个角落，通过不断制造形形色色的"虚假需要"把所有人都纳入消费体系，既营造了"伪自由感"和"伪平等感"的美好幻象，又迫使人的价值高度依附商品符号，至此技术理性与消费主义实现了"珠联璧合"，并扮演着资产阶级意识形态的忠实拥护者角色。对于正处在现代化新征程中的当代中国而言，消费主义思潮的过度蔓延所导致的社会负面影响更大，如"及时行乐"的生活信条遮蔽艰苦奋斗精神、"用后即弃"的短视行为造成自然资源浪费、"拜物主义"的跟风消费抹杀人的主体性等，这对我国意识形态安全工作提出了前所未有的挑战。我们必须理顺技术理性、虚假需要和消费异化之间的关系问题，坚持党在社会意识形态中的领导作用以遏制资本主义意识形态的侵蚀，同时充分利用现代信息技术净化消费环境、培育正确消费观和倡导理性消费行为。特别是要善于发挥现代媒介技术辐射范围广、传播速度快、互动性强的优势，在全社会广泛宣传"反对浪费、崇尚节约"的适度消费观念，使健康、绿色、文明的生活方式深入人心，推动形成消费和生产相互促进的良性循环局面，为经济持续向好和人民生活更美好释放活力。

第四，大力弘扬社会主义生态文化，通过绿色消费促进社会可持续发展的转型。厚植低碳理念、推动绿色消费，构成了生态文明建设的内在组成部分。它不仅是发生在消费领域的一场重要革命，而且还引领着经济社会全面绿色转型发展。国外马克思主义理论家揭示了消费异化问题是导致全球生态危机的直接原因，对于我们避免非理性的奢侈消费加剧生态危机问题同样具有警示作用和参照价值。客观地说，目前我国生态环境质量在政府、企业和公众的通力合作下已经得到了持续性改善，但仍存在乱砍滥伐、偷食野味、过度包装等破坏生态的乱象，特别是在消费主义文化鼓动下的非理性消费行为，进一步加剧了破坏性生产和生态系统负荷。这倒逼人们对消费主义生存方式及其崇尚的物质主义幸福观进行深刻反省，更重要的是为了不断提高经济发展的"含金量"和"含绿量"，积极培育和践行中国特色社会主义生态文明观势在必行，正如习近平总书记强调的那样，"要加大宣传引导力度，大力弘扬中华民族勤俭节约的优秀传统，大力宣传节约光荣、浪费可耻的思想观念，努力使厉行节约、反对浪费在全社会蔚然成风"①。事实上，我国共享住宿、滴滴拼车、二手交易平台等经济模式的蓬勃发展绝非偶然，它提倡的共享消费理念与社会主义生态文明推崇的内涵式发展相契合。因为通过让渡闲置物品及其使用权提高资源的利用率，极大地改变了人们重占有而轻生存、重物质而轻精神的生活方式。在构建绿色消费模式的过程中，至少要做到以下两点：一是注重对中国优秀传统文化中"俭以

---

① 《习近平谈治国理政》（第一卷），外文出版社2018年版，第151页。

养德""少私寡欲""崇俭抑奢"等思想进行深度阐释，在全社会塑造"人—社会—自然"的和谐共生文化氛围，使人们自觉选择杜绝攀比的适度消费、避免盲从的理性消费和遏止污染的绿色消费方式；二是推动数字技术赋能绿色化转型，既要积极地宣传健康环保的生活理念，又要鼓励和支持绿色低碳技术的研发和应用，这样做不仅有利于人们充分认识到保护环境的紧迫性和必要性，而且为实现"内涵集约、高效绿色"的可持续发展提供了基础性支撑。

四 发展绿色技术，赋能高质量生态文明建设

纵观人类发展史，科技创新及其应用既是社会进步的"助推器"，又是诱发生态环境污染的"催化剂"。面对全球生态危机的日益凸显和人类文明的生态转向，扎实推进科技创新全面绿色转型，构筑人与自然和谐共生的高质量发展之路，是社会主义生态文明建设迈向"以生态保护促进社会发展"新阶段的必然选择。事实证明，西方国家以牺牲环境为代价的发展模式是得不偿失的，不仅造成了人类生存环境在总体上的持续性恶化，而且还严重阻碍了经济社会的可持续发展。所以，我们必须从资本主义的现代化过程中汲取经验教训，"通过了解西方世界所做的错事，避免现代化带来的破坏性影响"[①]。国外马克思主义理论家对西方绿色思潮的批判、资本主义逆生态性的论断以及生态社会主义社会的构想，为新时代中国生态文明理论创新、实践创新和制度创新提供了有益借鉴。

第一，坚持马克思主义环境正义的价值取向，在批判性地吸收当代西方绿色理论中合理成分的基础上，积极构建融工具价值与理性价值于一体的社会主义生态文明理论。我国生态文明理论的研究和探索始于20世纪80年代，在引介和阐释西方绿色理论的过程中起步，进而形成

---

① ［美］大卫·格里芬：《后现代科学——科学魅力的再现》，马季方译，中央编译出版社1995年版，第16页。

了或认同，或批判，或借鉴的不同理论态度。尽管研究进展迅速并取得了丰硕成果，但大多是在西方绿色思潮的基本框架中渐次铺成，对"西方中心主义"的价值取向及其理论限度缺乏审慎的思考。而随着我国生态文明建设的不断深入，聚焦于"人与自然和谐共生的现代化"主题建构中国形态的生态文明理论，不仅契合不断深化生态文明理论研究的发展逻辑，而且是全面推进美丽中国建设的内在要求。从总体上看，我国生态文明理论研究主要存在两种路向：一种是从哲学价值观视角展开的生态文明理论研究，另一种则是从技术视角展开的生态文明理论研究。前者因深受西方绿色理论的影响而拘泥于哲学价值观层面建构中国生态文明理论，不是以生态中心论为基础形成一种后现代主义研究范式，就是以人类中心论为基础形成一种现代主义研究范式。① 生态学马克思主义理论家对西方"深绿"和"浅绿"思潮的批判性反思，不仅无情驳斥了"生态中心论"和"技术决定论"的错误观念，而且进一步深化了生态文明理论的"历史唯物主义研究范式"，为中国特色社会主义生态文明建设理论和实践提供了重要的参考价值。生态学马克思主义理论家认为，无论是提倡生态中心主义价值观的"深绿"思潮还是秉持现代人类中心主义价值观的"浅绿"思潮，尽管内部存在差异，但它们之间也具有诸多共同点：在剖析生态危机的成因上缺乏历史主义的眼光、在价值立场上倾向于"西方中心主义"的叙事结构、在解决问题的方式上存在文化决定论的谬误。正因如此，第一种路向的拥趸始终无法找到走出生态困境的现实道路，更无法真正与"美丽中国建设"的生态实践有机结合。只有立足中国式现代化新道路、坚持以马克思主义生态哲学为基础、合理借鉴西方绿色思潮和生态学马克思主义提供的思想资源，才能建立和完善中国形态的生态文明理论体系，为全面推进社会主义生态文明建设提供科学的理论指导和行动指南。具体来说，作

---

① 王雨辰：《论构建中国生态文明理论话语体系的价值立场与基本原则》，《求是学刊》2019年第5期。

第七章　国外马克思主义技术批判理论的借鉴价值

为理论参照系的生态学马克思主义给予我们三个方面的思想借鉴：一是把历史唯物主义作为构建中国生态文明理论的基础，深刻认识我国现代化过程中出现的环境污染和技术异化问题，反对把生态文明与经济增长、技术进步对立起来；二是把实现社会正义作为理论旨趣，不仅要实现不同国家、地区和群体之间生态资源的合理分配，而且还必须在满足当代人需要的同时不损害后代人的发展；三是把全球生态协同治理与世界各国共同发展结合起来，在大力推进中国式现代化的过程中积极参与和引领全球生态环境治理，既突破了"西方中心论"的狭隘视野，又捍卫了发展中国家的发展权和环境权。

第二，避免科技创新为资本所裹挟并沦为工具理性，确立"科技为民"的价值准则和发展方向。生态学马克思主义理论家对科技异化现象的批判不是对科学技术的全盘否定，而是将其同资本主义价值体系勾连起来控诉它对外部自然和内部自然的深层控制，同时抨击了当代资本主义借助现代技术贩卖消费主义价值观及其生存方式的真实意图。在此基础上，他们揭示了资本主义高度一体化的现代技术结构与鼓吹"物质至上"和"效率优先"的现代性价值体系具有逻辑一致性，通过对工具理性的无情批判高扬人道主义的科技伦理选择，进而切断消费主义价值观与人的自由之间的内在联系，重塑人与自然和谐共处的生态价值观和劳动幸福观，倡导发展"以人为本"的知识和技术密集型产业。在我国开启全面建设社会主义现代化国家新征程、向第二个百年奋斗目标进军的新阶段，生态文明建设比以往任何时期都更加依赖科技力量，这是由于科技创新在破解生态难题、推动绿色发展、实现美丽中国目标等方面发挥着基础性和战略性的作用。生态学马克思主义理论家关于历史唯物主义与生态学的关系，技术异化、消费文化和经济理性加剧生态恶化，以及诉诸变革哲学价值观和社会制度的生态社会主义构想等论述，在不同程度上为新时代推进生态文明建设特别是生态环境科技创新体系的完善给予思想上的启迪。为了更有效地避免科技沦为资本赚钱的工具，在提升生态环境科技技术支撑能力的过程中，我们必须坚持以人民为中心的价值立场，"把满足人民对美好生活的向往作为科技创新的落脚点，把惠民、利民、富民、改善民生作为科技创新的重要方向"①。无论科学技术处于研发阶段，还是应用普及的过程，都应彻底摒弃在资本逻辑为主导下片面追逐利益最大化的技术发展观，将科技创新成果转化为推动社会发展的现实生产力以不断满足人民的生活需要，特别要重视它在现代服务业和生态环境等领域所起到的关键作用，使现代技术在保障生命健康、提高生活品质和改善生态环境的同时，始终朝着有利于人的自由而全面的发展方向前进。此外，新时代科技事业的高质量发展理应尊重人民的主体地位，明确科技创新为了谁的根本性质问题，把人民群众是否满意、是否有获得感和幸福感作为衡量科技创新及其实践得失成败的唯一标准，通过大力发展彰显社会性、普惠性和人民性的绿色科技，使科技成果切实为广大人民群众所及、所享、所用。这意味着必须紧抓科技自主创新这个推动社会绿色低碳高质量发展的关键环节，通过以下几个方面促成现代技术的生态化转型：一是把准科技创新的生态原则和发展方向，二是开掘生态环境科技的潜力及其广阔前景，三是深化生态环境科技创新体制改革等相关保障措施。② 如此一来，不仅使废弃物通过科学技术上的攻坚克难而变废为宝，而且还有利于减少污染物的排放和降低社会运行成本。

第三，在发挥中国特色社会主义制度优势的前提下，妥善处理技术进步与环境保护、社会发展以及人的需要之间的复杂关系。生态文明建设是一项极其复杂的系统性工程，不仅关乎经济社会的全面绿色转型，而且需要从总体上对上层建筑进行生态化重构。生态学马克思主义理论家认为，科学技术的运用方向是由社会制度的性质所决定的，资本主义条件下的技术使用只会加剧人与自然之间的冲突和矛盾，只有改变资本

---

① 《习近平谈治国理政》（第三卷），外文出版社2020年版，第249页。
② 参见包庆德《评阿格尔生态学马克思主义异化消费理论》，《马克思主义研究》2012年第4期。

主义制度及其生产方式才能保证技术进步的正确方向。然而，他们存在对于大规模技术的敌视态度有违科技发展规律、关于生态社会主义理想中科技社会功能的论述语焉不详等不足，这是加快推进社会主义生态文明建设过程中应当极力避免的。但透过生态学马克思主义的批判性视域，我们却能够清醒地看到：任何试图在资本主义条件下利用技术手段纾解生态困境的做法都是不切实际的，发挥科技向善功能的关键在于构建一个以环境正义为指向的生态社会主义社会。在这样的社会制度下，生态理性而非经济理性成为衡量社会发展的评判标准，生产的目的也随之转变为满足人的真实需要，人们不再把物质占有和盲目消费看作实现人生价值的唯一方式，此时的技术进步非但不会造成人与自然之间的分裂，反而有利于实现生态保护、社会发展与人的需要三者之间的协调发展。对于新时代中国科技事业的健康发展与科技成果的合理运用而言，同样离不开制度保驾护航，只有充分发挥中国特色社会主义制度的优势使科技资源配置不断优化，才能真正为科技创新及其实践确立合乎人性的发展目标，在不断改善生活品质的同时为人的自由全面发展提供物质基础。长期以来，我国的基础科学研究相对薄弱、科技成果转化率较低、高水平创新型人才短缺、科技伦理风险预判不足等体制顽疾阻碍了中国式现代化进程。因此，在努力建成科技强国的过程中需要注意两点：一是在坚定道路自信的同时健全科技创新举国体制。要实现对"卡脖子"关键核心技术的突破，必须"以国家需求为导向"集中优势力量，把维护好最广大人民的根本利益、服务于社会主义现代化强国建设作为科技创新的主导性原则，充分发挥政府决策与市场激励的协同作用，为实现科技资源分配的公正性和激发科研人员的创造性提供制度保障。二是在坚守伦理底线的同时处理好生态、发展与人民之间的辩证关系。既要摒弃把生态环境与技术进步、经济发展对立起来的错误做法，树立"保护生态环境就是保护生产力"的社会发展观；又要"依靠科技创新破解绿色发展难题"，促进科技与政治、经济、文化、社会、生态等各个领域的深度融合，"让人民享有更宜居的生活环境、更好的医疗卫生服务、更放心的食品药品"①。

当代中国技术哲学研究和实践面临的具体情境，不同于马克思、恩格斯当年对资本主义机器体系作用问题进行理论检视的 19 世纪，甚至与国外马克思主义理论家所处的 20 世纪中后期也有着天壤之别。面对第四次工业革命和人工智能革命的浪潮，我们非但不能"回避数字技术和人工智能给我们现实生活带来的实际冲击"②，而且应该立足中国现代化实践的现实基础，重新发现国外马克思主义技术批判理论的闪光点，努力破除资本对新技术的绝对垄断，以及勇敢地利用科技的力量创造美好生活。作为一种分析技术与社会关系的理论框架，国外马克思主义理论家对技术异化现象及其扬弃路径的探索，不仅为我们理解和应对科技意识形态带来的风险挑战提供了新的思路和方向，而且在我国推进马克思主义技术哲学研究和社会主义现代化建设的过程中起到极为重要的借鉴作用。在把握理论的基本特征和得失问题的基础上，我们应从思想和现实两个层面阐发其当代价值，具体表现为：一是着眼构建中国特色技术批判话语体系汲取思想养分，强调坚持技术哲学研究的历史唯物主义立场、推动传统技术文化现代性转化以及运用跨学科研究方法；二是立足中国特色社会主义现代化实践甄别合理因素，提出超越资本逻辑、驾驭工具理性、警惕消费陷阱和促进生态转型是推进我国科技事业高质量发展的重要着力点。

---

① 《习近平谈治国理政》（第二卷），外文出版社 2017 年版，第 273 页。
② 蓝江：《一般数据、虚体与数字资本：历史唯物主义视域下的数字资本主义批判》，江苏人民出版社 2022 年版，第 240 页。

参考文献

一　经典著作

《马克思恩格斯文集》第1—10卷，人民出版社2009年版。

《马克思恩格斯选集》第1—4卷，人民出版社2012年版。

《马克思恩格斯全集》第21卷，人民出版社2003年版。

《马克思恩格斯全集》第43卷，人民出版社2016年版。

《马克思恩格斯全集》第44卷，人民出版社2001年版。

《资本论》第1卷，人民出版社2004年版。

《列宁选集》第2卷，人民出版社2012年版。

《列宁全集》第33卷，人民出版社2017年版。

《列宁全集》第40卷，人民出版社2017年版。

《习近平谈治国理政》（第一卷），外文出版社2018年版。

《习近平谈治国理政》（第二卷），外文出版社2017年版。

《习近平谈治国理政》（第三卷），外文出版社2020年版。

《习近平谈治国理政》（第四卷），外文出版社2022年版。

《习近平著作选读》（第二卷），人民出版社2023年版。

二　中文著作

陈爱华：《法兰克福学派科学伦理思想的历史逻辑》，中国社会科学出版社2007年版。

陈昌曙:《陈昌曙技术哲学文集》,东北大学出版社 2002 年版。
陈凡、朱春艳:《技术哲学思想史》,中国社会科学出版社 2020 年版。
陈其荣:《当代科学技术哲学导论》,复旦大学出版社 2006 年版。
陈学明、王凤才:《西方马克思主义前沿问题二十讲》,复旦大学出版社 2008 年版。
陈振明:《法兰克福学派与科学技术哲学》,中国人民大学出版社 1992 年版。
高亮华:《人文主义视野中的技术》,中国社会科学出版社 1996 年版。
管锦绣:《马克思技术哲学思想研究》,湖北人民出版社 2015 年版。
金寿铁:《希望的视域与意义——恩斯特·布洛赫哲学导论》,商务印书馆 2016 年版。
孔明安:《物·象征·仿真——鲍德里亚哲学思想研究》,安徽人民出版社 2008 年版。
刘大椿:《审度:马克思科学技术观与当代科学技术论研究》,中国人民大学出版社 2017 年版。
蓝江:《一般数据、虚体与数字资本:历史唯物主义视域下的数字资本主义批判》,江苏人民出版社 2022 年版。
陆道夫:《文本/受众/体验——约翰·菲斯克媒介文化研究》,北京邮电大学出版社 2008 年版。
陆兴华、张生:《法国理论》(第八卷),上海文化出版社 2022 年版。
欧同力、张伟:《法兰克福学派研究》,重庆出版社 1990 年版。
乔瑞金:《马克思技术哲学纲要》,人民出版社 2002 年版。
孙承叔等:《重建历史唯物主义——西方马克思主义基础理论研究》,复旦大学出版社 2015 年版。
童世骏:《批判与实践——论哈贝马斯的批判理论》,生活·读书·新知三联书店 2007 年版。
王伯鲁:《马克思技术思想纲要》,科学出版社 2009 年版。
王华英:《芬伯格技术批判理论的深度解读》,上海交通大学出版社

2012年版。

王雨辰：《中国语境中的西方马克思主义哲学研究》，湖北长江出版集团、湖北人民出版社2010年版。

王雨辰：《生态文明与文明的转型》，崇文书局2020年版。

王治东：《资本逻辑视域下的技术正义研究》，人民出版社2021年版。

吴书林：《马克思和海德格尔技术思想比较研究》，中国社会科学出版社2020年版。

于春玲：《马克思技术与现代性批判及其当代价值研究》，辽宁人民出版社2022年版。

张亮、孙乐强等：《21世纪国外马克思主义哲学若干重大问题研究》，人民出版社2020年版。

张一兵：《文本的深度耕犁》，中国人民大学出版社2019年版。

三　中译著作

[德] A. 施密特：《马克思的自然概念》，欧同力、吴仲昉译，商务印书馆1988年版。

[德] 阿明·格伦瓦尔德：《技术伦理学手册》，吴宁译，社会科学文献出版社2017年版。

[美] 安德鲁·芬伯格：《可选择的现代性》，陆俊等译，中国社会科学出版社2003年版。

[美] 安德鲁·芬伯格：《技术批判理论》，韩连庆、曹观法译，北京大学出版社2005年版。

[英] 安德鲁·埃德加：《哈贝马斯：关键概念》，杨礼银、朱松峰译，江苏人民出版社2008年版。

[瑞士] 埃米尔·瓦尔特-布什：《法兰克福学派史：评判理论与政治》，郭力译，社会科学文献出版社2014年版。

[意] 安东尼奥·葛兰西：《狱中札记》，葆煦译，人民出版社1983年版。

[美] E. 弗洛姆：《健全的社会》，孙恺详译，贵州人民出版社1994年版。

[美] 奥尔多·利奥波德：《沙乡年鉴》，侯文蕙译，吉林人民出版社1997年版。

[加] 本·阿格尔：《西方马克思主义概论》，慎之等译，中国人民大学出版社1991年版。

[法] 保罗·维利里奥：《解放的速度》，陆元昶译，江苏人民出版社2004年版。

[法] 保罗·维利里奥：《消失的美学》，杨凯麟译，河南大学出版社2018年版。

[法] 贝尔纳·斯蒂格勒：《技术与时间1：爱比米修斯的过失》，裴程译，译林出版社2000年版。

[英] 戴维·佩珀：《生态社会主义：从深生态学到社会正义》，刘颖译，山东大学出版社2005年版。

[美] 丹·席勒：《数字化衰退：信息技术与经济危机》，吴畅畅译，中国传媒大学出版社2017年版。

[美] 道格拉斯·凯尔纳、斯蒂文·贝斯特：《后现代理论——批判性的质疑》，张志斌译，中央编译出版社2011年版。

[匈] 格奥尔格·卢卡奇：《历史与阶级意识》，杜章智等译，商务印书馆1999年版。

[德] 格尔哈特·施威蓬豪依塞尔：《阿多诺》，鲁路译，中国人民大学出版社2008年版。

[美] 赫伯特·马尔库塞：《工业社会和新左派》，任立译，商务印书馆1982年版。

[美] 马尔库塞：《理性和革命——黑格尔和社会革命的兴起》，程志民等译，重庆出版社1993年版。

[美] 赫伯特·马尔库塞：《审美之维》，李小兵译，广西师范大学出版社2001年版。

［美］赫伯特·马尔库塞：《单向度的人：发达工业社会意识形态研究》，刘继译，上海译文出版社2008年版。

［德］哈尔特穆特·罗萨：《加速：现代社会中时间结构的改变》，董璐译，北京大学出版社2015年版。

［德］哈特穆特·罗萨：《新异化的诞生：社会加速批判理论大纲》，郑作彧译，上海人民出版社2018年版。

［美］詹姆斯·奥康纳：《自然的理由》，唐正东、臧佩洪译，南京大学出版社2003年版。

［德］卡尔·柯尔施：《马克思主义和哲学》，王南湜等译，重庆出版社1989年版。

［英］克里斯蒂安·福克斯：《交往批判理论》，王锦刚译，中国传媒大学出版社2019年版。

［法］路易·阿尔都塞：《保卫马克思》，顾良译，商务印书馆2010年版。

［德］罗尔夫·魏格豪斯：《法兰克福学派史：历史、理论及政治影响》，孟登迎等译，上海人民出版社2010年版。

［德］马克斯·韦伯：《韦伯作品集Ⅰ：学术与政治》，钱永祥等译，广西师范大学出版社2004年版。

［德］马丁·海德格尔：《演讲与论文集》，孙周兴译，生活·读书·新知三联书店2005年版。

［德］马克斯·霍克海默：《批判理论》，李小兵等译，重庆出版社1989年版。

［德］马克斯·霍克海默：《理性之蚀》，郑兴译，上海人民出版社2024年版。

［德］马克斯·霍克海默、西奥多·阿道尔诺：《启蒙辩证法：哲学断片》，渠敬东、曹卫东译，上海人民出版社2006年版。

［英］尼克·史蒂文森：《认识媒介文化》，王文斌译，商务印书馆2001年版。

［法］鲍德里亚：《生产之境》，仰海峰译，中央编译出版社 2005 年版。

［法］让·鲍德里亚：《消费社会》，刘成富、全志钢译，南京大学出版社 2014 年版。

［法］让·鲍德里亚：《物体系》，林志明译，上海人民出版社 2018 年版。

［加］威廉·莱斯：《自然的控制》，岳长龄、李建华译，重庆出版社 1993 年版。

［加］威廉·莱斯：《满足的限度》，李永学译，商务印书馆 2016 年版。

［美］瓦尔·杜谢克：《技术哲学导论》，张卜天译，中信出版集团 2023 年版。

［德］尤尔根·哈贝马斯：《作为"意识形态"的技术与科学》，李黎、郭官义译，学林出版社 1999 年版。

［德］尤尔根·哈贝马斯：《理论与实践》，郭官义、李黎译，社会科学文献出版社 2010 年版。

［美］约翰·贝拉米·福斯特：《马克思的生态学——唯物主义与自然》，刘仁胜、肖峰译，高等教育出版社 2006 年版。

［美］约翰·贝拉米·福斯特：《生态危机与资本主义》，耿建新、宋兴无译，上海译文出版社 2006 年版。

［美］约·贝·福斯特：《生态革命——与地球和平相处》，刘仁胜等译，人民出版社 2015 年版。

［美］约翰·菲斯克：《解读大众文化》，杨全强译，南京大学出版社 2001 年版。

四 期刊论文

安维复：《走向社会建构主义：海德格尔、哈贝马斯和芬伯格的技术理念》，《科学技术与辩证法》2002 年第 6 期。

付文军：《论"技术之思"的三条路径——兼议马克思技术批判的超越性》，《中国地质大学学报》（社会科学版）2021 年第 6 期。

郭华：《生态学马克思主义的技术理性批判与范式重建探析》，《科学技术哲学研究》2018年第4期。

贺来：《在"民族性"与"人类性"的内在张力中探索"主体性"和"原创性"的当代中国哲学》，《吉林大学社会科学学报》2024年第2期。

胡大平：《解放政治学·生命政治学·无为政治学——现代性批判技术视角的旨趣和逻辑转换》，《学术月刊》2018年第1期。

刘光斌：《技术合理性的社会批判：从马尔库塞、哈贝马斯到芬伯格》，《东北大学学报》（社会科学版）2012年第2期。

李猛：《物化与技术解放的可能性——兼论社会批判理论技术观的政治伦理转向》，《科学技术哲学研究》2022年第2期。

李三虎：《元宇宙遇上中国哲学——走向技术哲学强纲领》，《长沙理工大学学报》（社会科学版）2022年第4期。

刘建明：《媒介环境学理论范式的局限与突破》，《武汉大学学报》（人文科学版）2009年第3期。

刘秦民、马希：《当今国外左翼加速主义思想研究》，《广东社会科学》2019年第5期。

孟飞、冯明宇：《数字资本主义的技术批判与当代技术运用的合理界域》，《东北大学学报》（社会科学版）2022年第4期。

王文敬、洪晓楠：《法兰克福学派的科学技术价值观批判》，《科学技术哲学研究》2017年第6期。

王雨辰：《技术批判与自然的解放——评西方生态学马克思主义的技术观》，《马克思主义研究》2008年第4期。

王雨辰：《论构建中国生态文明理论话语体系的价值立场与基本原则》，《求是学刊》2019年第5期。

吴国盛：《技术释义》，《哲学动态》2010年第4期。

于春玲、陈凡：《马克思技术批判视野中现代性追问的逻辑进程》，《中国社会科学》2015年第10期。

俞吾金：《从科学技术的双重功能看历史唯物主义叙述方式的改变》，《中国社会科学》2004 年第 1 期。

俞吾金：《从意识形态的科学性到科学技术的意识形态性》，《马克思主义与现实》2007 年第 3 期。

杨国荣：《问题与方法：哲学研究的若干思考》，《社会科学研究》2012 年第 1 期。

张成岗：《从意识形态批判到"后技术理性"建构——马尔库塞技术批判理论的现代性诠释》，《自然辩证法研究》2010 年第 7 期。

张一兵：《科学技术与机器生产对工人劳动的深刻变革——历史唯物主义的经济哲学构境》，《探索与争鸣》2022 年第 5 期。

郑飞：《韦伯与西方马克思主义中的技术批判理论》，《哲学研究》2017 年第 5 期。

卓承芳：《速度与生存恐慌——维希留的技术批判理论》，《哲学研究》2019 年第 5 期。

五　外文文献

André Gorz, *Capitalism, Socialism, Ecology*, London and New York：Verso Press, 1994.

Andrew Feenberg, *Transforming Technology*, New York：Oxford University Press, 2002.

Benjamin Noys, Malign Velocities, *Accelerationism and Capitalism*, Winchester：Zero Books, 2014.

Carl Mitcham, "Notes Towards a Philosophy of Meta-Technology", *Techné：Research in Philosophy and Technology*, Vol. 1, 1995.

Douglas Kellner, Jean Baudrillard, *From Marxism to Postmodernism and Beyond*, Stanford：Stanford University Press, 1989.

Finn Collin, David Pedersen, "The Frankfurt School, Science and Technology Studies, and the Humanities", *Social Epistemology*, Vol. 1, 2015.

参考文献

Filippo Tommaso Marinetti, "The Manifesto of Futurism", *Futurism: An Anthology*, New Haven and London: Yale University Press, 2009.

Henri Lefebvre, *Everyday Life in the Modem World*, London: The Penguin Press, 1971.

Joel Kovel, "What Is Ecosocialism?", *Canadian Dimension*, Vol. 6, 2007.

Jean Baudrillard, *Simulacra and Simulation*, Ann Arbor: University of Michigan Press, 1994.

Karl Lowith, Bryan Turner, *Max Weber and Karl Marx*, London and New York: Routledge, 1993.

Langdon Winner, *Autonomous Technology: Technics-out-of-Control as a Theme in Political Thought*, Cambridge, MA: MIT Press, 1977.

Paul Burkett, "Lukács on Science: A New Act in the Tragedy", *Historical Materialism-research in Critical Marxist Theroy*, Vol. 3, 2015.

Paul Virilio, *Speed and Politics: An Essay on Dromology*, New York: Semiotext(e), 2006.

Reiner Grundmann, *Marxism and Ecology*, London: Oxford University Press, 1991.

Raymond Williams, *Television: Technology and Cultural Form (Routledge Classics)*, London and New York: Routledge, 2003.

Robin Mackay, Armen Avanessian, *Accelerate: The Accelerationist Reader*, Falmouth: Urbanomic, 2014.

Taylor, Bob Pepperman, "Environmental Ethics and Political Theory", *Polity*, Vol. 4, 2009.

后　　记

　　文末搁笔处，忽觉岁月不居，万千思绪骤然而起。当在键盘上敲出最后一个句号的时候，我的心情并没有变得轻松，反而是多了一份沉重感，因为这部仍相当粗糙的书稿显示了我在学术研究上的不成熟和幼稚状态，对相关问题的理论探索工作还远未结束。

　　这本书是在博士论文的基础上重新打磨和修改完成的，从确定选题、撰写论证到最终成稿，都离不开导师王雨辰教授的悉心指导和亲切关怀。2017年9月，我毅然辞去家乡安稳的工作赴武汉攻读博士学位，人生何其有幸能遇到王老师！承蒙恩师不弃，不吝言传身教，为我指点迷津。在学业上，老师充分尊重我的学术兴趣，耐心地倾听我的不成熟想法，大度地包容我的唐突行为；在生活上，老师总能设身处地为学生着想，为了让我专注于学习而很少安排我替他处理日常琐事，更是在我延期毕业时自掏腰包发放生活补贴，使我免去生活的后顾之忧。之所以把国外马克思主义的技术批判理论作为研究主题，是基于两个方面的考量：其一，从不同视角思索科技时代人类所面临的生存困境及其解决之道一直盘桓在我的学习生涯中，特别是人工智能的狂飙猛进使我更加确定澄明这一问题的重要性；其二，我通过反复拜读王老师一部部深邃而隽永的学术专著，既领略到国外马克思主义哲学的思想魅力，又深深折服于老师对学术的坚守与热忱，更意外发现国外马克思主义的科技伦理观领域仍有待开垦。得知我的选题意向后，老师非但没有责备我意欲从思想史视域展开总体性研究的"胆

后　记

大妄为"，反而给予充分的肯定，还赠送了许多不易获得的宝贵学习资料。现在想来，研究这样一个兼有学术性和现实性的经典问题，倘若没有老师的鼓励和帮助，我几乎是难以在较短的时间内完成的。而这份关怀并没有因为我的毕业就戛然而止，反倒是以润物细无声的方式指引着我不断成长。

　　饮水思源，回顾我从本科到研究生的学习生涯，一路走来遇到了许多好的老师。想当初，我懵懵懂懂、跌跌撞撞地误入哲学的领地，还好在这块陌生的热土上得遇良师，是他们用渊博的学识和深厚的情怀引领我走进哲学的殿堂。至今仍清晰地记得我背着重重的行囊、搭上开往南宁绿皮小火车的情景，这是人生中第一次离乡远行，也是我迈向心理成熟和精神独立的重要开端。然而，对大学生活的期待和重获自由的喜悦很快就被晦涩难懂的专业课程击碎了，正在我对"哲学是什么？""哲学有什么用？""为什么要学习哲学？"等问题充满困惑之际，李红波教授、陆秀红教授以及广西大学哲学系其他老师为我拨开了思想迷雾，特别是两位老师讲授的"哲学导论"和"科学技术哲学概论"课程，使我感受到哲学作为系统化、理论化的世界观和方法论彰显的"爱智"本色，从而激发了我的学习兴趣，更坚定了我把科学知识社会学作为研究方向的信心。四年的学习使我愈发感到求知的乐趣和自己的浅薄，遂萌生了继续攻读硕士的强烈愿望，在陆秀红教授的无私帮助下，我被顺利保送到西南大学哲学系。一开始是跟随王静教授学习，她像一位"知心姐姐"给予我无微不至的关怀，但因工作调动而不得不将我转至孙道进教授门下。尽管此前与孙老师的接触并不多，他却欣然接纳了中途插队的我。老师对学术的执着、对生活的热情和对学生的关心深深地感染着我，他时常提醒我要沉下心来读原著、认真撰写论文以及积极申报课题，这种"做中学"的模式使我的专业基础更加扎实、理论视野也更加开阔。同时还特别要感谢邱德胜教授，他总是不厌其烦地为我释疑解惑、主动把办公室借给我学习、鼓励我参加学术交流……点点滴滴我都铭记于心。诸位老师的教导和爱护让我在逐梦的路上倍感温暖，同时让我人生的每一步都走得格外踏实。

"理想很丰满，现实很骨感"是曾经流行于网络的一句话，用它来形容我的研究过程再恰当不过了！为了清晰地把握国外马克思主义理论家对现代技术问题的总体看法，同时彰显国外马克思主义理论研究的中国立场，我将研究目标锚定在两大问题上：一是从理论层面回答"国外马克思主义技术批判理论究竟是什么"，二是从现实层面阐发"国外马克思主义技术批判理论对中国式现代化实践的借鉴作用有哪些"。然而，在一开始着手整理国外马克思主义对技术理性批判的历史脉络和基本观点时，就陷入了如何取舍相关论述和提炼核心观点的思想挣扎中，幸而得到来我校讲学的张一兵教授、陈学明教授、王凤才教授、郁庆治教授等学界前辈的点拨，认识到要从广义上把技术问题与国外马克思主义理论家关注的价值萎缩、消费异化、生态危机等社会困境勾连起来，在艰难的思想跋涉基础上重构了国外马克思主义技术理性批判的理论图景。紧接着，我又陷入如何把握国外马克思主义技术批判理论得失及其现实启示的畏难情绪，一方面根源于国外马克思主义理论家并不执着于统一的研究范式，使之对技术理性的批判呈现数次逻辑转轨和多元化发展趋向，这在客观上造成了理论评价的现实困难；另一方面则是由于自身的学养和积淀不深，一旦涉及深度挖掘其当代价值时就感到力不从心，以至于研究进展相当缓慢。令我重拾信心的则是哲学院的刘可风教授、陈食霖教授、龚天平教授、颜岩教授、张佳教授和黄小妹博士、高晓溪博士、陈松博士、郑雨晨博士、汪璐博士、陈紫文博士、饶婷博士，还有相识多年的黄永昌教授、周江平副教授、景勤博士、都潇雅博士以及张帆、曹旻、陈鸣凤等一众师友。另外，武汉大学的汪信砚教授和中国政法大学的文兵教授不辞辛苦地参加了我的论文答辩会，他们提出的宝贵意见使我茅塞顿开，在此一并致以诚挚的谢意！

科学研究从来不是一蹴而就的，正如马克思在《资本论》法文版序言和跋中所言，"在科学上没有平坦的大道，只有不畏劳苦沿着陡峭

后 记

山路攀登的人，才有希望达到光辉的顶点"[①]。参加工作以后，我不曾忘却师友的谆谆教诲和殷殷期盼，利用空余时间继续推进研究，通过追踪当代国外马克思主义技术批判理论的最新动态和把握全面建成社会主义现代化强国的现实需要，着重对发展趋向、理论得失及其借鉴价值进行深化和拓展。归结起来，本书得出以下结论：技术理性批判作为国外马克思主义理论家反思当代资本主义发展困境的一面棱镜，在本质上不同于西方技术哲学的"就事论事"态度，既从价值观和存在论视角展开对科技异化的批判性反思，又从制度视角考量内嵌于资本主义社会的科学技术及其发展产生的社会后果，从而把技术问题从"天国"拉回到"人间"，使之与人文主义、科学主义、生态主义、后现代主义等思潮区别开来。尽管中西方国家开启现代化进程的逻辑起点、发展模式以及价值诉求大相径庭，但是国外马克思主义技术批判理论对现代技术的本质追问和价值重建方面不乏真知灼见，不仅有利于我们深刻认识技术与资本之间耦合的意识形态性、参证中国道路的正确性和增强科技伦理治理的自信力，而且警示我们要把超越资本逻辑、驾驭工具理性、警惕消费陷阱和促进生态转型作为推动科技事业高质量发展的重要着力点。然而，作为初出茅庐的科研新手，我深知自身学识与学界同人相距甚远，围绕国外马克思主义技术批判理论展开的理论探索难免存在许多不足，对于数字资本主义的技术异化及其扬弃策略、马克思主义视域下的技术封建主义批判、新时代马克思主义科技观的创新性发展等热点问题的关注度亦不够。不过从总体上研究国外马克思主义的技术批判理论有助于把握其历史逻辑、理论逻辑和实践逻辑，希望对今后相关论域的研究能起到抛砖引玉的作用。

个人的学术成长离不开良好的团队氛围和科研平台，特别感谢中南财经政法大学青年学术文库和马克思主义学院学术专著出版计划提供的经费资助，以及湖北省社会主义核心价值观研究中心给予的大力支持，

[①] 《资本论》第1卷，人民出版社2004年版，第24页。

还有我的研究生马佳宁在文稿整理方面付出的努力。此外，由衷地感谢中国社会科学出版社杨晓芳老师的认真负责和高效工作，使书稿的内容质量和形式规范得到进一步的提升与完善。同时谢谢我最亲爱的家人，你们的陪伴和支持如同一盏明灯照亮我人生的方向，尤其是父母的无私奉献、爱人的鼓励鞭策和女儿的乖巧懂事，为我从事教学和科研工作提供了更多的时间和精力，更让我始终保持负重前行的勇气和永不言弃的决心。但囿于学养不深、积淀不厚、笔力不强等因素，书中恐有诸多错漏和偏颇之处，恳请各位专家和广大读者批评指正。

张星萍

2024年10月于武汉长城嘉苑居所作